Cet ouvrage a été réalisé sous la direction de François CHÂTELET et Gérard MAIRET,

*avec la collaboration de :*

*François CHÂTELET, Professeur à l'Université de Paris VIII*
*Hélène CLASTRES, Chargée de Recherches au C.N.R.S.*
*Christian DESCAMPS, Assistant à l'Université de Paris XI*
*André GLUCKSMANN, chargé de Recherches au C.N.R.S.*
*Michel KORINMAN, Assistant à l'Université de Dijon*
*Gérard MAIRET, chargé de cours à l'Université de Paris XII*
*Pierre-François MOREAU, Maître-Assistant à l'Université de Reims*
*Évelyne PISIER-KOUCHNER, Professeur à l'Université de Paris I*
*Maurice RONAI, Géographe au M.C. Institute*

# Les Idéologies

## Tome 3

## De Rousseau à Mao

marabout

Collection
**marabout université**



Les collections **marabout** sont éditées par la S.A. Les Nouvelles Éditions Marabout, 65, rue de Limbourg, B-4800 Verviers (Belgique). — Le label **marabout**, les titres des collections et la présentation des volumes sont déposés conformément à la loi. — Distributeurs en **France** : HACHETTE s.a., Avenue Gutenberg. Z.A. de Coignières-Maurepas, 78310 Maurepas, B.P. 154 — pour le **Canada** et les **États-Unis** : A.D.P. Inc. 955, rue Amherst, Montréal 132, P.Q. Canada — en **Suisse** : Office du Livre, 101, route de Villars, 1701 Fribourg.

# Introduction générale

*Cette série comporte trois tomes :* I. Des Pharaons à Charlemagne (jusqu'au VIIIe siècle de notre ère), II. De l'Eglise à l'Etat (du VIIe au XVIIe siècle), III. De Rousseau à Mao (du XVIIIe au XXe siècle). *Son objectif est à la fois ambitieux et modeste. Ambitieux puisqu'il s'agit rien de moins que de présenter, sous une forme claire et objective, les civilisations (et les cultures) qui ont marqué le devenir des sociétés aux prises avec l'adversité de la nature et déchirées par leurs conflits, et dont certaines ont légué des notions, des images et des valeurs constitutives de notre réalité actuelle. Modeste, car il n'est nullement question, ici, d'élaborer une histoire de la pensée, de ses aspects collectifs ou inconscients à ses expressions les plus réfléchies, religieuses ou philosophiques ; modeste aussi, puisque nous avons renoncé, sauf cas exceptionnel, à analyser les filiations et les influences et que nous avons voulu surtout marquer les émergences d'attitudes nouvelles inventées par les peuples pour affirmer leur identité, affermir leur pouvoir et s'y reconnaître dans les labyrinthes du ciel et de la terre, du désir et de la parole, des rêves et des réalités.*

*Pour caractériser ces attitudes en ce qu'elles ont de spécifique, nous nous sommes résolus à utiliser le terme* d'idéologie. *Celui-ci est, aujourd'hui, il est vrai, surchargé de significations : représentations collectives et ciment d'une société selon la sociologie classique, projection dans un imaginaire rassurant d'une situation réelle contradictoire et intenable pour Ludwig Feuerbach, voile intellectuel, « justification morale et arôme spirituel » diffusés par la classe dominante pour masquer et marquer sa domination selon Karl Marx, lieu d'une rhétorique incapable de justifier la production de ses concepts et expression détournée des intérêts d'une couche ou d'une classe sociale pour Louis Althusser, fourre-tout où l'on entasse pêle-mêle toutes les erreurs et toutes les sottises, c'est-à-dire les idées de l'adversaire, selon l'acception courante actuellement, l'idéologie est, à tout le moins, une notion confuse.*

*Nous demandons au lecteur de bien vouloir mettre entre parenthèses ces acceptions multiples et les débats qu'elles suscitent. Nous ne méconnaîtrons nullement, on le verra, l'apport du matérialisme historique en ce domaine : c'est lui qui, non seulement a souligné l'importance de l' « effet idéologie », mais qui a poussé le plus loin l'analyse de la relation que ce dernier entretient avec les données matérielles et les instances de pouvoir. Cependant à se limiter à cette seule perspective qui insiste sur la dimension d'illusion compensatoire des idéologies, nous n'obtiendrions qu'une illusion sans compensation. C'est pourquoi nous ne retiendrons qu'un seul sens qui, sans être pleinement distinct, a le mérite d'être clair et qui rend sensible le statut matériel des idées. Est qualifié ici* d'idéologie *le système plus ou moins cohérent d'images, d'idées, de principes éthiques, de représentations globales et, aussi, de gestes collectifs, de rituels religieux, de structures de parenté, de technique de survie (et de développement), d'expressions que nous appelons maintenant artistiques, de discours mythiques ou philosophiques, d'organisation des pouvoirs, d'institutions et des énoncés et des forces que celles-ci mettent en jeu, système ayant pour fin de régler au sein d'une collectivité, d'un peuple, d'une nation, d'un Etat les relations que les individus entretiennent avec les leurs, avec les hommes étrangers, avec la nature, avec l'imaginaire, avec le symbolique, les dieux, les espoirs, la vie et la mort.*

*Ce sens correspond, à peu près, à ce qu'on désigne en langue allemande par* Weltanschauung, *par vision ou conception du monde, étant bien entendu que celle-ci implique non seulement la connaissance, mais aussi les désirs, les passions et les pratiques. Une idéologie apparaît donc comme un assemblage de ces divers aspects. Elle est un moyen, le plus large probablement, de présenter une société dans ses traits empiriques les plus significatifs, dans la trame de sa vie quotidienne; elle s'adresse le plus souvent à ce que les historiens contemporains nomment la « moyenne durée », par différence avec la « longue durée », qui prend pour objet les modes et les rapports de production et les structures stables des aires de civilisation que sont les constantes linguistiques, par différence aussi avec la « courte durée », ponctuée par des événements, des actes historiques, des inventions singulières et des œuvres. Elle laisse, par conséquent, la place à d'autres types d'intelligibilité, à d'autres analyses portant sur des objets plus profonds ou plus brûlants. A nos yeux, l'étude des idéologies ainsi comprises constitue, d'un point de vue descriptif, une manière d'introduction à des recherches plus précises en même temps qu'une appréhension d'ensemble du statut des sociétés considérées. C'est aussi une façon de déceler des axes caractéristiques autour desquels s'inscrit la spécificité des cultures et de dresser des tableaux conflictuels, une culture trouvant, le plus souvent, sa propre identité dans sa tendance à en éliminer une autre.*

*Dans une telle perspective, il serait artificiel de prétendre ordonner selon une règle unique les aspects multiples des diverses configurations idéologiques : pour telle d'entre* *elles, les manifestations mythico-religieuses peuvent constituer la voie d'accès privilégiée, pour telle autre ce sera l'organisation politique, pour telle autre encore l'articulation du technique, des rapports de production et de l'imaginaire social. Car, répétons-le, il ne s'agit pas ici d'*expliquer *une culture, mais de la* présenter *selon ses modulations principales.*

*Cette présentation respecte globalement l'ordre traditionnel de la chronologie. Cependant, le lecteur ne manquera pas de noter à l'intérieur de chaque volume des chevauchements, des déplacements, des ellipses, des retours en arrière. S'il en est ainsi, c'est que les matières traitées ici, les assemblages idéologiques et leur contenu, ont exigé logiquement des regroupements ou des oppositions impliquant des entorses à la simple suite des temps. Celle-ci ne peut jamais constituer qu'un repérage, un cadre à l'intérieur duquel la recherche de l'intelligibilité maximale doit laisser jouer librement « l'esprit des peuples », selon ses manifestations essentielles et ses objectifs. C'est assez dire que nous n'avons souscrit ici à aucune philosophie de l'histoire qui assurerait, à partir d'un principe quelconque : Providence, Progrès, Retour éternel ou Raison, la nécessité du passé et l'ordre du présent. De plus, il nous est apparu qu'à l'intérieur de cette histoire, la disposition géographique est un facteur décisif et qu'aujourd'hui plus que jamais il convient d'en reconnaître l'importance.*

*Cette enquête — au double sens que donnait il y a vingt-cinq siècles Hérodote à ce terme, temporelle et spatiale — ne saurait prétendre à l'exhaustivité. Elle vise à dessiner, avec leurs pics, leurs vallons et leurs plaines, des territoires culturels, contigus, intriqués ou séparés et, du coup, à cerner des continents où s'entremêlent vents et rafales, où, paisiblement, s'écoulent les fleuves et où, comme dans* Macbeth, *des forêts humaines montent à l'assaut des forteresses.*

*Chacun des auteurs a été maître du texte dont il a pris la responsabilité. Nous ne lui avons demandé qu'une docu-*

*mentation dûment contrôlée, un rationalisme minutieux dans l'argument et une haute clarté dans l'exposition. Quant à l'interprétation, elle n'est d'aucune école. L'expérience de* l'Histoire de la philosophie *nous a montré en effet qu'il vaut mieux courir le risque d'une certaine disparité plutôt que de chanter à l'unisson les pauvres harmonies du dogme. Chaque chapitre est complété par une bibliographie simple et sélective permettant aux lecteurs de poursuivre leurs recherches si le thème évoqué les intéresse.*

*Cette histoire des idéologies est une tentative pour relier les mouvements de surface scandant la vie des sociétés aux conceptions profondes qui les constituent et qui les animent. Elle est aussi notre histoire. Car, que nous en soyons ou non aujourd'hui les héritiers, elle nous est présente, soit que nous nous en sentions solidaires, soit que nous y découvrions des origines que nous avions oubliées, soit — ce qui n'est pas moins significatif — que les étrangetés que nous pouvons y percevoir nous inclinent à comprendre que* maintenant *aussi est étrange.*

## Avant-propos

Ce troisième et dernier tome des *Idéologies* en vient à l'époque moderne. Les analyses du tome II ont présenté les assemblages d'idées, plus ou moins cohérentes, plus ou moins composites, qui ont marqué les transformations du cadre socio-politique en Europe, transformation conduisant du Saint-Empire romain germanique à la monarchie centralisée de Louis XIV de France, d'une part; et au royaume de Grande-Bretagne, occupé déjà à l'industrie, d'autre part. Ces deux pôles — le politique et l'économique —, en voie de conquérir leur autonomie de fait et, du coup, suscitant des problèmes, vont exiger des réponses et des légitimations. La théorie politique, puis l'économie politique se constituent comme champs de réflexion spécifiques. Plus largement, le XVIIIe siècle européen doit penser les multiples nouveautés qui surgissent de toute part, pour les intégrer et les réduire, mais aussi, s'il s'agit de ceux des intellectuels qui accueillent favorablement ces changements, pour en user à leur profit. On vient de parler des « intellectuels » : en effet, le mouvement amorcé au siècle précédent se renforce — le nombre de ceux qui écrivent et qui lisent s'accroît notablement. Les langues nationales l'ont emporté définitivement sur le latin. Voltaire s'attache à présenter au public « la philosophie naturelle de M. de Neuton » et à raconter l'histoire du règne d'un roi de Suède ; on se dispute les romans, mais aussi les récits des voyageurs qui arrivent d'Asie ou des Indes orientales ; l'Internationale des Lettres devient agissante et, contre l'Eglise ou, au moins, à côté d'elle, le projet d'une Société des esprits progresse.

De cette situation, qui, sous certains aspects, est encore la nôtre, on a essayé de rendre compte ici en ménageant la part des généralités idéelles et celle des inventions singulières lorsque celles-ci sont significatives ou lorsque, précisément, elles ont acquis une portée générale par la suite. S'il est question dans les pages qui suivent du juriste Vitoria, des philosophes John Locke ou Hegel, de l'économiste Adam Smith, de Saint-Just, de Marx, du géographe Ratzel, du « Che » Guevara ou de Truman, c'est en tant que la référence à leurs doctrines, à l'une de leurs phrases ou de leurs actions éclaire un ensemble idéologique important. La connaissance des idéologies exige ce va-et-vient du général à l'individuel, du doctrinal à l'événementiel, des écrits singuliers à ce que nous pouvons savoir de l'existence réelle ou rêvée de peuples...

Il se trouve que la composition des textes de ce volume possède une certaine symétrie. Les deux parties extrêmes, *l'Idéologie du progrès,* et *les Idéologies de la guerre ou de la paix,* renvoient chacune à une période. La première étudie l'élaboration des concepts principaux qui organisent la pensée de l'Etat-nation en voie d'affermissement : il y est question de l'Age des Lumières et des principes qu'ont utilisés la Révolution française et l'Empire napoléonien et dont s'est emparée la gestion bourgeoise, au XIXᵉ siècle et jusqu'à nos jours. La seconde s'adresse aux interrogations les plus vives et aux pratiques les plus marquantes du monde contemporain. La confrontation de ces deux ensembles est, en elle-même, significative de l'effondrement d'un certain nombre d'espoirs. Mais ce serait encore souscrire à l'absurde nécessité de la philosophie de l'histoire que d'en inférer un quelconque pessimisme. Plus précisément, s'il y a quelque mélancolie à constater que la réalisation partielle des idéaux qui animaient les Encyclopédistes ou les patriotes de la Révolution n'a pas porté les fruits que ceux-ci attendaient, il est bien léger de se draper dans les voiles noirs de l'héritier d'un legs désastreux et d'insulter les ancêtres. Un héritage se refuse. Et, pour procéder de façon pertinente à cette opération, il importe d'aller voir — en fonction de l'expérience présente — ce qui n'allait pas dans ces systèmes d'idées si pleines de promesses. C'est ce que Karl Marx a fait avec Hegel, et ce qui vaut encore dans son œuvre se situe à ce niveau.

Les deux parties centrales s'efforcent de faire apparaître avec plus de clarté deux notions qui ont joué et jouent un très grand rôle dans l'idéologie moderne : celle d'*homme* et celle de *conquête* (on a préféré garder ce terme classique plutôt que celui de *domination*, mais celui-ci est dans la continuité de celui-là ; ou, plus exactement, celui-ci généralise à tous les aspects de la situation contemporaine ce que celui-là limitait aux espaces de la géographie). Chacune de ces parties s'attache à restituer l'évolution de la notion considérée et, en même temps, à marquer des émergences : émergence de l'individualité libre, caractéristique de l'idéologie bourgeoise depuis le début du XIXe siècle, sujet juridico-moral, du citoyen propriétaire (et de la domination politique classique), du capitaliste et de son double : le prolétaire (et de la domination techno-bureaucratique), d'une part ; d'autre part, analyse des moments significatifs de cette entreprise de conquête faite au nom de la vérité de l'homme et qui suppose qu'il y a un homme autre, qui n'en est pas un (pas tout à fait ou pas du tout) : le Sauvage au XVIIIe siècle, le Voisin encombrant, l'Autre (quant à la couleur de la peau, à la religion, aux coutumes), et, enfin, l'éventuel

Martien, grâce à l'image de qui on peut faire débauche de moyens techniques exorbitants qui brillent dans le firmament comme autant de menaces brandies ici-bas.

François Châtelet

## *CHAPITRE PREMIER*

## L'IDÉOLOGIE DU PROGRÈS

### 1

### Société civile et civilisation

par Pierre-François MOREAU

Une idéologie ne laisse pas émerger n'importe quoi dans son champ de vision : elle est contrainte à des choix où l'invisible fait contrepoids au visible. Ainsi, l'importance donnée à l'Etat risque toujours de faire disparaître sous sa charge l'activité du corps social : il s'efface en se réduisant à son seul sommet. Toute la texture économique, sociale, intellectuelle est alors assimilée à ce qui la réglemente, et apparaît imaginairement comme une conséquence de l'Etat ou de ses décisions. Sous l'autorité de celui-ci se profile donc une société sans épaisseur, dans laquelle ses décrets entrent sans résistance. En somme, plus on insiste sur la puissance de la tête, moins le corps doit avoir de chair. La transparence exige la disparition des intermédiaires. De ce fait, tout ce qui dans la société échappe à cette réduction étatique sera saisi sous les apparences de la mauvaise particularité : vie, faction et complot. La morale se réintroduit là où on la croyait exclue, mais où elle n'était vraiment rejetée que du domaine du pensable. En revanche, ce qu'on a énoncé comme impossible, et qui insiste quand même pour exister, aura droit à ses foudres et à la répression qui peut l'accompagner.

Cependant, il faut bien un jour en venir à rendre compte

de ce qu'on avait tendance à rejeter, sous peine d'en voir la théorie annexée par ses adversaires. C'est à un problème de ce genre que se heurtait l'idéologie du Sujet : dans son principe, elle était portée à donner le pas aux sources de puissance, et, en particulier, à celle qui lui apparaissait essentielle : l'Etat, pensé d'ailleurs plutôt comme point de concentration de l'autorité que comme appareil ou réseau ramifié. La politique pouvait donc se réduire, à ses débuts, aux déductions par lesquelles on montrait la cause de cette puissance : volonté des individus, engagement et souveraineté. Il suffisait de dire pourquoi un peuple était un peuple, et comment l'Etat en était la vérité. Mais les innombrables analyses concrètes auxquelles s'était livré le Moyen Age finissant, la pratique des juristes, les nouvelles formes d'activité sociale qui prenaient de plus en plus d'importance — marchandes, financières, industrielles —, qui allait en rendre compte? On ne pouvait laisser revenir au jour l'aristotélisme, ni oublier indéfiniment ces réalités. Il fallait donc mettre au point une théorie de la société civile pour éviter d'en abandonner l'exploitation aux idéologies rivales. Dans un premier temps, reprendre le terrain aux « naturalistes », prompts à immerger la vie sociale dans les cycles naturels, puis esquisser une doctrine inverse, où les normes de la société organiseraient leurs relations sous la juridiction du pouvoir subjectif.

Il fallait d'abord battre en brèche l'argument majeur des adversaires : l'assimilation de la société à une totalité organique. Corps, plante ou famille : autant de métaphores où il est visible avant toute réflexion que le tout est autre chose et plus que la somme des parties. Alors que dans les métaphores inverses de la machine et du contrat, on a bien affaire à une composition d'individus ou d'instruments qui préexistent à l'opération. Dans la trinité sociale, tout se joue sur le Saint-Esprit : que l'Etat ait un entendement et une mémoire, nul ne le nie. Mais le troisième terme doit-il être volonté ou amour? Selon la réponse choisie, les liens sociaux seront de l'ordre de la volonté, ou de l'ordre de la reconnaissance affective. C'est toute l'alternative entre libéralisme d'un côté, romantisme et traditionalisme de l'autre, qui est déjà en germe dans cette opposition. En attendant, l'enjeu de cette lutte de métaphores est bien là : en enracinant la politique dans des unités prévolontaires, comme les phénomènes biologiques, on lui donne aussitôt l'aspect d'une organisation hiérarchique, où chacun a sa place reconnue et reçue mais non choisie; où ce ne sont pas les individus qui apparaissent au premier plan, mais les relations, les fonctions, les processus organiques qui s'enchevêtrent. Admettre ce type de réflexion, c'est laisser la porte ouverte à un système tout prêt; la vie y précède le jugement, et les liens d'amour y donnent un modèle à la société.

L'ensemble du jeu d'oppositions est très bien présenté, à la fin du XVIII^e siècle, par Herder. Situé du côté organiciste, il affecte les métaphores de la vie d'un signe positif et les autres d'un signe négatif : il écrit, dans *Idées pour une philosophie de l'histoire de l'humanité :* « La nature instruit les familles. L'Etat le plus naturel est donc celui d'une Nation qui possède un caractère national qu'elle puisse conserver pendant des siècles. » Pourquoi? parce que, « aussi bien que la famille, la nation est une plante de la nature, seulement ses branches sont plus nombreuses »; seuls subsistent longtemps « les Etats qui ont jeté de profondes racines » : toutes les équivalences sont énoncées d'un coup : société, famille, arbre, c'est-à-dire corps vivant et naturel. C'est à tout cela que s'opposeront les faux Etats, artificiels et inanimés : leurs morceaux hétéroclites « peuvent être rapprochés les uns des autres dans une frêle machine que l'on nomme corps social, mais sans qu'il existe entre eux ni lien, ni sympathie, ni esprit de vie ». Ceux qui font « de semblables machines » en une « union forcée et monstrueuse... jouent avec les hommes et les peuples comme avec des corps inanimés ». Métaphores de l'artifice, de la machine et du corps inerte, face aux métaphores de la vie, de la famille et de l'âme : chacun son camp.

Ces métaphores toujours présentes dans le discours politique, et qui y transportent des pensées efficaces avant d'être démontrées, l'espace théorique classique doit, soit les rejeter, soit les absorber. A l'égard de celle du corps, le travail est facile : l'idéologie mécaniste, qui réduit le vivant à une machine, permet de neutraliser le poids politique de la comparaison : l'Etat est un corps, mais le corps est une machine; dans cette biologie de l'inerte, il n'y a pas place pour un principe qui dépasserait les composantes pour les intégrer dans le tout. L'assimilation ne redeviendra dangereuse que lorsque les sciences de la vie verront triompher d'autres doctrines, affirmant la spécificité du vivant : animisme et vitalisme supposent dans l'ensemble autre chose qu'une simple juxtaposition des parties. La vie se retourne alors contre le droit individuel [1].

La famille, elle aussi, était un point d'ancrage de l'idéologie naturaliste. Elle jouait ce rôle de deux façons : par composition et par analogie. *Par composition* : l'Etat est une accumulation de familles, il hérite donc de leur autorité et de leurs formes d'organisation. L'idée est traditionaliste, mais on la voit surgir aussi chez des utopistes, qui, contre les prestiges de la propriété, tentent de jouer la carte patriarcale. Parmi les théoriciens de la souveraineté, Bodin l'accepte encore, sans que d'ailleurs cela l'empêche de justifier le pouvoir absolu du roi. Suárez la refuse : il a vu le danger : réduire la force de l'Etat au profit de corps intermédiaires. *Par analogie* : il ne s'agit plus cette fois de la nature de l'Etat, mais de l'origine du pouvoir. Le roi est comme un père parce que le royaume se transmet comme un patrimoine; à la limite, c'est d'Adam que chaque roi tire son pouvoir : il a sur ses sujets les droits que le père de tous

1. Cf. G. CANGUILHEM : *La Formation du Concept de réflexe*, P.U.F., 1955.

les hommes a sur ses fils [1]. L'analogie s'efface en généalogie. C'est au nom de ce principe que Filmer défend le droit divin des rois, dans la *Patriarchea.* Et Locke, porte-parole des libéraux, ne croit pas pouvoir faire moins que le réfuter minutieusement [2].

Mais plus que de réfuter l'argument familial, il apparaît qu'il vaut mieux le disloquer pour le faire changer de camp. C'est à quoi s'attache Rousseau, dans le *Contrat social* : il écarte assez vite l'idée généalogique (si on la prend au mot, n'importe qui est peut-être possesseur légitime du monde entier, par exemple celui qui écrit sur la politique autant que les souverains dont il parle) ; mais il consacre un chapitre à expliquer qu'après tout on peut bien concevoir l'Etat comme une famille, à condition d'avoir une juste idée de ce qu'est en réalité la famille : elle n'a rien de naturel, elle est un accord de volontés. C'est par volonté que mari et femme vivent ensemble, et volontairement qu'une fois élevés matériellement (ce qui prend peu de temps) les enfants demeurent avec les parents. Tout le sens de l'assimilation est bien entendu détruit : à quoi sert de régler l'Etat sur le modèle familial si on met préalablement dans le second ce qu'on veut trouver dans le premier : le triomphe du droit subjectif? Ce n'est certes pas à cela qu'avaient pensé les sectateurs du droit divin des rois. Diderot avait d'ailleurs utilisé déjà un argument de même type dans l'article *Autorité* de l'Encyclopédie : « Aucun homme n'a reçu de la nature le droit de commander aux autres, y écrivait-t-il... Si la nature a établi quelque autorité, c'est la puissance paternelle; mais la puissance paternelle a ses bornes, et dans l'état de nature, elle finirait aussitôt que les enfants seraient en état de se conduire [3]. » Il faut prendre au sérieux ces affrontements

1. Noter qu'un certain nombre de révoltes populaires retournent l'argument; quand Adam bêchait et quand Eve filait, qui alors était gentilhomme?
2. Locke : *Premier Traité du Gouvernement civil.*
3. Texte écrit une dizaine d'années avant le *Contrat social.*

sur des analogies : aucune idéologie n'est faite seulement d'arguments purement logiques. Tentative pour ordonner le monde, elle y cherche toujours des points de comparaison pour assurer ses thèses. La lutte du mécanisme et du vitalisme a un sens politique, exactement comme la question de la structure de la famille et de la validité de ses liens. La lutte idéologique est souvent une lutte pour imposer des métaphores.

Il ne suffisait pourtant pas d'empêcher l'adversaire d'occuper le terrain. Il fallait essayer de rendre compte de ce qu'il prenait en vue, et autrement. Si l'on avait réussi à éviter l'annexion par une idéologie de la Nature de tout ce qui dans les relations sociales n'était ni l'individu, ni l'Etat, il fallait y consacrer quelque développement, et la tâche était d'autant plus urgente que l'importance de la bourgeoisie d'affaires grandissant, elle avait besoin d'analyser ses propres activités. La seule théorie de l'état de nature et du Contrat s'y prêtait assez mal. On allait donc successivement rendre compte des relations d'échange, de commerce, de la production, etc.; puis en montrer la supériorité sur les autres types de société. Autrement dit : édifier une théorie de la société civile, puis une théorie de la civilisation.

Déjà, Locke donne beaucoup plus d'importance aux possibilités de vie dans l'état de nature que ne l'avait fait Hobbes. Ce n'est plus l'état de guerre : on y produit, on y échange, l'individualité s'y développe et s'y confronte aux autres. Il y a donc une réelle consistance des relations sociales avant la fondation de l'Etat. Il y règne certes, des injustices, et ce sont elles que l'Etat doit corriger, mais sa nécessité est loin d'être aussi pressante que chez les autres théoriciens du droit naturel. On voit donc naître un autre objet théorique, sous la juridiction des problématiques de l'Etat et du Contrat, mais ne demandant après tout qu'à s'en libérer. Ce qui est mentionné chez Locke peut passer sur le devant de la scène et reléguer la politique proprement dite au second plan.

C'est chez Mandeville que s'achève la constitution de la société civile comme objet autonome. Chez lui, peu de considérations sur l'Etat et rien sur l'injustice. Ce dont il parle, c'est ce qui tiendra le devant de la scène au XVIIIᵉ siècle : le luxe, le profit, les relations commerciales et le bonheur. On sait le sujet de la *Fable des Abeilles (1705)*[1] : vices privés, bénéfices publics. Dans une société où règnent le gaspillage et la corruption, le commerce marche, les oisifs font prospérer la production et tout le monde s'enrichit. Dès qu'on y instaure l'honnêteté, la frugalité, la vertu, tout s'effondre ; les vrais moteurs de la vie sociale et économique résident en fait dans ce que théologiens et moralistes condamnent comme passions. Si on parvenait à les supprimer, on n'obtiendrait que le malheur et la pauvreté. Il faut choisir : ou la vertu ou le bonheur.

On aurait tort d'en retenir une apologie de l'immoralisme.

Certes, Mandeville souligne comme à plaisir la distance entre société civile et morale, et il multiplie les paradoxes pour mieux la faire sentir. Mais il s'agit surtout d'autre chose : un principe de relations entre individus, qui ne passe pas par la volonté. Le Contrat peut reculer à l'horizon, parce qu'il y a dans le Sujet autre chose que son pouvoir d'artifice et d'engagement : il y a l'intérêt, le besoin, et les passions qui les aiguisent. La société civile est précisément le lieu des intérêts et des besoins.

Lorsque l'idéologie du Sujet a coupé le monde en deux — en termes cartésiens, d'un côté la *res extensa*, de l'autre la *res cogitans* —, elle a effectué la même coupure dans les individus. Pour penser les relations de ceux-ci sans tomber dans l'ordre d'une nature préétablie, il n'y a que deux moyens : soit passer du côté de la *res cogitans*, et s'appuyer sur les volontés pour dépasser les individus (on obtient alors les diverses variations contractuelles), soit passer du côté de la

1. Cf. la traduction Carrive, Vrin, 1974.

*res extensa* et tabler sur ce qui dans le sujet n'est pas la volonté tout en étant néanmoins l'expression de sa puissance individuelle. On obtient alors une autre forme de construction du tout social : par le jeu des intérêts. L'individu est donc d'autant plus sociable qu'il recherche le plus assidûment son intérêt privé. C'est ce que formulera le mieux d'Holbach : « L'intérêt, ou l'amour éclairé de soi, est le fondement des vertus sociales. »

Après Mandeville, le phénomène dégagé est étudié. Le terme de « société civile » qui, longtemps, a été considéré comme synonyme de « société politique » tend à s'en détacher et à désigner plutôt ces multiples relations d'échange, de consommation et d'utilité réciproque qui sont saisies comme la trame du tissu social. L'*Encyclopédie* subordonnera nettement la politique aux problèmes économiques, et une relative indifférence à la forme du gouvernement affecte une partie de l'opinion au XVIIIe siècle.

Mais il ne suffit pas de relever le déplacement d'objets qui affecte alors la pensée. Il permet aussi de voir, selon son mode, bien sûr, ce qui n'était pas ou plus aperçu. C'est sur ce terrain que l'économie politique pourra enfin se séparer des considérations monétaires où elle se cantonnait depuis Bodin et Malestroit. C'est aussi par ce biais que se réintroduit le thème de la division du travail, qui peut enfin être réfléchi autrement que sous une analogie biologique. Ce n'est pas dans la hiérarchie naturelle mais dans l'utilité sociale qu'elle trouve son fondement. On observe qu'elle renforce les inégalités [1], mais on l'accepte généralement comme un moyen inéluctable du bonheur. L'inégalité apparaît même, en tant que système de compléments échangeables, comme

1. Ferguson consacre toute une partie de son *Essai sur l'histoire de la société civile* à montrer :
— que la séparation des arts et des professions est nécessaire au progrès;
— qu'elle provoque une inégalité encore plus forte que celle de la nature et des propriétés.
(*Essai...*, trad. Bergier, Paris 1783, IVe partie).

une condition nouvelle de l'unité sociale, et donc en fin de compte de l'intérêt individuel. D'Holbach, encore : « L'inégalité que la nature a mise entre les individus, loin d'être la source de leurs maux, est la vraie base de leur félicité. Par là les hommes sont invités et forcés à recourir les uns aux autres et à se prêter des secours mutuels [1]. » L'argument est si fort qu'on le retrouve même chez des utopistes, qui pourtant critiquent égoïsme et propriété [2].

Toutes les nations pourtant n'ont pas toujours été aussi riches, aussi habiles ou aussi raffinées. Elles n'ont pas toutes connu le vaisseau de guerre et l'opéra. Une nouvelle idée peut alors s'introduire; c'est celle de la *civilisation* [3]. Elle se place au carrefour de l'idée de progrès et du thème de la société civile. Si le jeu des intérêts est la rationalité supérieure de la société, cette rationalité est cachée aux individus qui pourtant jouissent de ses bienfaits; il y a là une sorte de ruse de la raison, mais qui n'aboutit jamais qu'au bonheur individuel. Si une téléologie se dessine, c'est sous la forme d'une lente évolution de l'homme, à travers les états successifs de la société civile. L'homme est donc perfectible; et dans ses variantes les plus fines, cette perfection peut passer par ses propres erreurs. Il n'est pas sûr qu'un tel retour sur soi empêche pour autant le progrès de la civilisation d'être autre chose qu'un délayage de l'origine. Il garde toujours quelque chose de linéaire et d'irréversible qui l'empêche de modifier beaucoup la conception classique du temps. Ce que cette théorie de la civilisation apporte de plus nouveau, au fond, c'est peut-être du côté de la formation de l'individu qu'il faut le chercher.

1. *La Politique naturelle,* 1773.
2. Cf. MORELLY : *Code de la Nature,* 1755.
3. Le mot apparaît lorsque les penseurs du XVIIIe siècle cherchent, par opposition à *police,* « un mot qui désigne, disons en termes qu'ils n'auraient pas répudiés, le triomphe et l'épanouissement de la raison, non seulement dans le domaine constitutionnel, politique et administratif, mais dans le domaine moral, religieux et intellectuel » (L. Febvre). Noter que le mot a souvent un sens actif : « La civilisation des peuples n'est pas encore terminée », écrit d'Holbach dans le *Système social.*

En effet, si l'évolution de la société affecte le bonheur et les lumières de l'individu, et si on reconnaît de plus en plus d'importance à ces fins, alors on commence à admettre que l'individu n'est pas indifférent à la société où il échange, travaille et désire. Avant Hegel, chez qui le concept de *Bildung* reprendra cet acquis, c'est ce que disent d'Holbach et Condorcet : la Nature n'a fait les hommes ni bons ni méchants, c'est la société qui les rend utiles ou pervers, apprend-on dans *La politique naturelle*; plus subtilement, le *Tableau historique des Progrès de l'esprit humain* voit « la Raison humaine se former lentement par les progrès naturels de la civilisation ». Il est vrai que déjà la forme classique du droit naturel n'attestait la permanence que du seul Sujet; l'aspect concret des individus, elle en admettait les variations — mais elle les tenait pour incertaines et peu pensables. Ici, c'est l'essentiel même qui évolue. Il faut nuancer encore : il n'y a pas plusieurs formes historiques de la Raison, mais c'est plutôt la Raison qui se révèle lentement à elle-même, à l'occasion des variations de la société civile. C'était la forme la plus extrême que pouvait accepter l'idéologie du Sujet de droit, sans se nier elle-même.

**Bibliographie**

Sur la société civile :

Un utile répertoire des thèmes et des études consacrées à ces questions se trouve dans le livre de L. Colleti : *De Rousseau à Lénine,* trad. 1974, Gordon et Breach, pp. 209-290.

Sur la civilisation :

Febvre (L.), Mauss (M.), etc. : *Civilisation, le mot et l'idée,* (1re semaine internationale de synthèse), La Renaissance du Livre, 1930.

Benveniste (E.) : *Civilisation, contribution à l'histoire du mot* (Problèmes de linguistique générale), tome I, N.R.F., 1966, p. 336 *sq.*

Hazard (P.) : *La pensée européenne au XVIIIe siècle,* Boivin, 1946, p. 135 *sq.*

## 2

# Nature, Culture, Histoire

par Pierre-François MOREAU

S'il est un concept qui revient souvent à l'âge classique, c'est bien celui de Nature. Arts, politique, sciences et morale s'y réfèrent. Les époques ultérieures en ont fait souvent un emblème du classicisme, idéologie vague où elles mêlent leurs propres préjugés aux normes du passé.

Ces fausses reconnaissances historiques, fondées sur l'éloge et l'évidence, ont plus accru la difficulté de l'analyse qu'elles n'ont aidé à tracer les grandes lignes de démarcation nécessaires. Elles avaient du moins raison quant au concept central : encore faut-il s'entendre sur son sens. Terme polysémique, la « nature » a été au point de croisement de nombreux courants idéologiques, et il importe de les distinguer. Le naturalisme de la Renaissance n'a pas grand-chose à voir avec l' « état de nature » de la politique classique. Le premier est chargé souvent de références magiques et astrologiques, et il repère au cœur de toutes les choses une force qui vit, agit et les anime selon des réseaux de correspondance étroits entre macrocosme et microcosme. L' « état de nature », quant à lui, appartient à un registre fort différent; le seul point commun des deux principes, si on veut à toute force en dégager un, réside sans doute dans leur activité : tous deux sont au fond du réel actuel. La nature n'est jamais perdue, juste recouverte ou obscurcie.

Puisqu'il faut choisir, on s'attachera donc ici surtout au sens juridique et politique du terme, mais il ne faut pas oublier l'aura que forment autour de lui les autres secteurs théoriques : ils n'en sont pas complètement séparés et l'aident toujours à pénétrer la conscience commune.

### De la nature à la nature humaine

Pour l'essentiel, l'âge qui s'ouvre avec la Réforme et la Contre-Réforme renvoie à une crise de la notion de Nature. Le terme, dans les courants de pensée qui avaient précédé, avait connu deux sens principaux (si l'on excepte la Renaissance italienne, qui n'a guère d'importance pour la théorie juridique) :

— Comme ordre d'un cosmos immuable, créé et organisé une fois pour toutes, tirant sa permanence juridique de sa permanence physique, elle volait en éclats, sous les coups des recherches effectuées en mécanique et en astronomie, dans le mouvement qui, depuis l'Ecole de Paris, allait aboutir à Galilée. Juristes et théologiens ébranlaient les conséquences morales en même temps que s'effondrait le soubassement cosmologique.

— Une autre conception remontait au jour avec la Réforme et d'autres tendances parallèles : une condamnation de la nature saisie sous les couleurs du mal et de la négation de l'être : ce qu'il y avait de plus extrême dans l'héritage augustinien rappelait que l'homme est une masse de perdition et que ce qui ne vient pas directement du Créateur n'est pas vraiment de l'être. Dans la mesure où on rejetait l'origine naturelle des lois et des rapports sociaux, pour les constituer à partir des individus, le droit risquait de s'enfoncer dans le péché, et la vie sociale d'être exclue de nouveau de la dignité de la pensée. Le droit subjectif, dégagé depuis Occam, s'effacerait ainsi, écrasé sous le droit divin. La lettre qu'adresse Luther aux paysans insurgés n'a pas d'autre sens : il leur reproche d'attacher de l'importance aux biens de ce monde et de réclamer des « droits humains » ; à quoi il oppose la Croix : « Souffrir ! Souffrir ! Telle est la leçon du Christ, et il n'y en a pas d'autre. »

Il fallait donc, si l'on voulait poursuivre l'aventure du droit subjectif, le défendre contre l'emprise augustinienne et faire émerger un nouveau principe de stabilité qui remplacerait avantageusement l'ancien ordre de la nature et permettrait d'assurer les droits de l'individu. C'est là que les droits des Indiens allaient permettre à Vitoria de faire le point.

Dès le début de la conquête de l'Amérique, les Espagnols avaient rencontré de nouveau un problème qu'ils connaissaient déjà avec les Maures, mais cette fois assez accentué pour qu'ils soient forcés d'en faire la théorie. S'installant sur le sol d'étrangers non chrétiens, dans quelle mesure avaient-ils le droit d'annexer leurs territoires, de leur prendre leurs propriétés, voire de les réduire en esclavage? Puisqu'on n'agissait pas ainsi avec des chrétiens, même ennemis, la seule différence de religion justifiait-elle une telle différence de traitement? C'est-à-dire : est-ce que seul le fait d'être chrétien donnait le droit d'avoir un Etat, la liberté et la propriété? D'autant plus que le problème menait loin : si l'infidèle n'avait pas ces droits, l'hérétique les perdait-il? Et celui qui, tout en gardant la foi, avait une conduite immorale? On risquait vite d'en venir à subordonner la plénitude du statut juridique à la qualité de *bon* chrétien. Cependant, avec les Maures, le problème ne se posait pas encore dans toute son ampleur : on pouvait toujours dire qu'ils avaient eux-mêmes pris les terres de ceux qui maintenant les dépossédaient — et la Conquête était une Reconquête. Mais les Indiens? Au nom de quoi les Espagnols s'installaient-ils en Amérique, et que pouvaient-ils y faire? Ils n'y reprenaient certainement pas une possession ancienne — alors qu'est-ce qui justifiait qu'ils agissent là-bas autrement qu'avec les peuples chrétiens d'Europe? Autrement dit, le problème se posait avec le plus de pureté possible : les Indiens avaient-ils des droits?

On sait comment les *conquistadores* résolurent la question. Quant au pouvoir central, il tergiversa (le roi reconnaît les Indiens comme hommes libres, mais un peu plus tard le Conseil des Indes autorise leur réduction en esclavage) et, sur le plan politique, chercha surtout à s'assurer pour lui-même un pouvoir incontesté : il pouvait donc lui être assez utile de faire reconnaître qu'il n'appartenait pas à n'importe qui de s'approprier les territoires américains [1]. Ces fluctuations auraient pu continuer longtemps, et l'exploitation assez radicale qui les accompagnait dans les faits, sans l'intervention de Las Casas, nommé « procureur des Indiens » par Charles Quint. Il entame, en 1516, le long combat qui allait aboutir, trente ans plus tard, à l'interdiction des expéditions de conquête par une cédule impériale [2]. De fait, ces décisions contribuèrent à aménager l'oppression des Indiens, sans pour autant la supprimer : l'empire espagnol faisait sa fortune de l'or des Amériques. Du moins la lutte menée par Las Casas empêcha-t-elle la généralisation des premiers excès. Dans la limite du possible, il avait abouti à ce résultat : faire reconnaître les Indiens comme des hommes à part entière.

Mais il fallait en faire la théorie. C'est Francisco de Vitoria, théologien de Salamanque [3], qui intervint pour faire la démonstration : le simple fait que les Indiens soient des hommes (même infidèles, même païens) leur assure des

1. En 1500, la reine Isabelle fait libérer les esclaves indiens ramenés en Europe; en 1512, par les lois de Burgos (qui ne furent d'ailleurs pas appliquées), Ferdinand proclame que les Indiens sont des hommes libres et condamne les mauvais traitements qui leur sont infligés; en 1523, Charles Quint crée le Conseil des Indes qui, après la conquête du Pérou, autorisera l'esclavage des Indiens.

2. Qui fit suite à l'Assemblée de Valladolid, où Las Casas polémique contre Sepúlveda, en présence de deux disciples de Vitoria (mort quatre ans avant) : De Soto et Melchor Cano.

3. C'est l'enseignement de Vitoria à Salamanque qui marque les débuts de la Seconde Scolastique.

droits. Ou, si l'on préfère : bien qu'il n'y ait pas de nature où repérer l'ordre des choses, il y a une *nature humaine*, universelle et donc indépendante de la foi. C'est ce qu'énoncent entre autres les deux *Relectiones* (leçons extraordinaires) prononcées en 1539 : *Sur les Indiens* et *Sur le droit de guerre*. On s'accorde traditionnellement à voir dans ces textes la naissance du droit international; mais plus profondément, ils marquent l'apparition d'une figure hors de laquelle nul « droit international » n'était alors possible.

Certes, les conclusions de Vitoria sont ambiguës : souvent il permet d'un côté ce qu'il interdit de l'autre — la colonisation pure et simple est proscrite, mais il ménage suffisamment de cas de « guerre juste » pour permettre l'intervention et la conquête [1]. Son œuvre n'a peut-être pas servi à étendre les droits effectifs des Indiens beaucoup plus loin qu'ils ne l'étaient par l'action de Las Casas. Mais l'essentiel est ailleurs : il affirme une philosophie juridique qui, à l'occasion de cette question, la dépasse de beaucoup : il y a en tout homme, sous les différences de foi, de statut ou de morale, une nature unique. Et c'est d'elle — de ce fond sans variations — que procèdent les droits subjectifs. L'individu apparaît donc double, mélange d'un universel sujet de droits et d'une personne concrète; seuls les faits (et ils peuvent être lourds) relèvent de la seconde. L'innovation était de taille [2] :

1. Pour la défense du droit de société et de communication, pour l'évangélisation, pour défendre les Indiens convertis, pour raison d'humanité (contre un tyran), pour assister des alliés, etc.

2. Surtout si l'on pense que ceux qui, avant Vitoria, avaient esquissé une théorie des droits des Indiens, s'en tenaient encore aux variantes strictes de l'augustinisme politique : pour Matías de Paz ou Palacio Rubos, l'autorité est transmise par Dieu à la collectivité incarnée par le vicaire du Christ sur la terre, et c'est ce dernier qui attribue la propriété des terres aux princes chrétiens. Il est donc parfaitement en droit de leur attribuer des terres inconnues nouvellement découvertes (Cf. J. BAUMEL : *Les problèmes de la colonisation et de la guerre dans l'œuvre de Francisco de Vitoria*, 1936, p. 107). Il faut se rappeler qu'en 1493, par la bulle *Inter ceteras*, le pape Alexandre VI avait divisé le monde à découvrir en deux, pour en attribuer une part aux Espagnols et l'autre aux Portugais. Vitoria, quant à lui, considérera ces décisions comme attribuant aux uns et aux autres un simple droit d'évangélisation. Il ne reconnaît nullement

les siècles précédents admettaient assez facilement qu'on pouvait être chrétien avant d'être espagnol, ou français; mais cette fois il est énoncé qu'on est homme avant d'être chrétien ou païen. Cette thèse va à l'encontre de la vieille tendance à considérer l'homme comme tout d'une pièce, thèse qui avait été réactualisée, à l'époque du Grand Schisme, par Wyclif : pour lui le péché entraînait pour l'homme l'impossibilité du *dominium* (civil et politique : propriété et pouvoir d'Etat), si forte était dans l'individu la solidarité de tous ses aspects.

Il est justement remarquable que dans ces *Leçons,* Vitoria prenne soin de réfuter Wyclif et Luther : la Réforme (et ceux qui l'ont préparée) et la découverte des Amériques ne sont pas, au XVIe siècle, deux faits séparés : par leurs conséquences théoriques, elles apparaissent comme deux faces d'un même moment idéologique — celui qui pose le problème du rapport entre foi et droit; ou, mieux, de l'universalité du droit.

Toute la première partie du *De Indis,* consacrée à montrer que les Indiens possédaient un réel pouvoir, public et privé, avant l'arrivée des Européens, s'efforce de tracer une ligne de démarcation nette entre l'humain et l'inhumain — ce sera d'ailleurs par la suite un lieu commun du droit naturel. A l'humain seulement, mais à tout l'humain, peut s'attribuer le *dominium*; et cela parce que Dieu a créé l'homme à son image. Argument théologique? oui, mais il faut y prendre garde : il exclut toute référence à la foi ou à la bonne conduite; l'homme demeure à l'image de Dieu quand bien même il l'ignore ou le bafoue — le chrétien n'a donc d'autre supériorité sur les païens que de savoir qu'ils ont des droits mieux qu'ils ne le savent eux-mêmes, mais il ne possède certainement pas le pouvoir de les leur retirer. L'argument s'appuie sur un passage de la Genèse; le Créa-

le pape comme maître du monde. Il lui accorde simplement le droit de désigner un prince chrétien pour un peuple qui se convertit dans sa grande majorité et qui le lui demande.

teur dit : « Faisons l'homme à notre image et à notre ressemblance pour qu'il domine sur les poissons de la mer... » (I, 26). Vitoria en conclut : « Il semble donc que le pouvoir se fonde sur l'image de Dieu »; en langage plus précis, il s'agit de la puissance rationnelle; mais elle n'implique pas l'usage immédiat de la raison. C'est, d'une part, ce qui permet de reconnaître le droit de propriété aux enfants et d'en exclure les animaux — car les premiers possèdent l'image de Dieu, que n'ont pas les créatures irrationnelles. C'est, d'autre part, ce qui permet de répondre aux tenants de la grâce, qui invoquaient le même texte en un autre sens : « Je retourne l'argument invoqué par nos adversaires. Ils disent que le pouvoir se fonde sur l'image de Dieu. Or, c'est par sa *nature* que l'homme est l'image de Dieu, c'est-à-dire par ses puissances rationnelles... Le péché mortel ne fait donc pas perdre le pouvoir. » Ainsi la nature humaine sur quoi se fonde le droit est antérieure et indifférente aux variations morales et religieuses qui viennent s'y greffer; et, comme toujours, c'est une métaphore climatique qui vient assurer cette indifférence : « De même que Dieu fait lever son soleil sur les bons et les méchants et tomber sa pluie sur les justes et les injustes, de même il donne les biens temporels aux bons et aux méchants [1]. » On ne peut donc refuser le *dominium* aux Indiens, ni parce qu'ils ignorent la vraie religion, ni parce qu'ils commettent des actes qui sont immoraux, ni même parce qu'ils seraient insensés. Qu'ils l'utilisent bien ou mal, il suffit qu'ils aient leur libre arbitre pour être maîtres de leurs actes et donc de leur corps : Vitoria fait ici pression sur une tradition chrétienne pour en faire la base d'une théorie juridique. Si le libre arbitre peut s'interpréter comme liberté du corps, c'est qu'on peut assimiler liberté et propriété, comme le fera après lui une durable tradition.

L'idéologie de la nature humaine, qui prend ici son

1. C'est par une comparaison du même genre que Spinoza ouvre son *Traité politique* : il s'agit pour lui de faire entendre que les lois de la Cité sont irréductibles à la morale.

essor, va se retrouver présente durant plus de trois siècles dans le droit, la morale et la politique; les théories jusnaturalistes et l'économie politique classique lui seront asservies; de Grotius à Ricardo, chacun présuppose cette anthropologie et s'en sert comme d'un matériau incontestable pour édifier sa propre doctrine; c'est elle qui donne un air de famille à tant de discours théoriques, qu'ils traitent de la tolérance en matière religieuse, du meilleur gouvernement ou de la rente foncière et de l'impôt. Les distinctions de détail, les polémiques et les oppositions bien réelles mais portant sur d'autres points ne doivent pas masquer cette communauté fondamentale : sous la figure inchangée du sujet du droit, elles renvoient toutes à la stabilité de la nature humaine, telle qu'elle est apparue dans cette querelle des Indiens. La question se pose alors : qu'avait-elle de nouveau, et quelles lignes de démarcation traçait-elle avec les idéologies qui l'avaient précédée? Non seulement celles que résumaient saint Augustin et saint Thomas, mais aussi celle qui s'était établie sur leurs ruines et dont Guillaume d'Occam avait amorcé la victoire?

A cette question, on peut répondre que dans l'histoire du sujet volontaire, l'époque de Vitoria est le moment de la dénominalisation du sujet. On a critiqué avec Occam l'existence réelle des genres et des espèces, on a affirmé qu'il n'y avait pas d'homme en général, mais seulement cet homme-ci ou cet autre. Avec Vitoria, on passe de *cet homme* à l'*humanité*. On réintroduit une unité des hommes, mais plutôt politique et morale que spécifique; on trace de nouveau le cercle de l'universalité humaine, parce que celle-ci n'a plus l'aura dangereuse de la nature préindividuelle : elle est, au contraire, au fond des individus et dans leur collection; l'ordre consiste dans la répétition indéfinie des sujets, et non dans leur distribution à des fonctions et des statuts différenciés. Le modèle n'est plus biologique, mais moral. Il sera bientôt mécanique.

La *tendance* de l'idéologie volontariste s'est donc réalisée historiquement selon des formes différentes, en fonction des forces qu'elle avait à affronter à chacune des étapes de son développement. Dans un premier temps, il s'était agi de briser l'ordre de la nature finalisée qui à la fois encerclait et pénétrait de toute part les individus; face à cette théorie ennemie, qui s'incarnait assez bien dans le thomisme, le strict nominalisme permettait de briser le réseau entourant l'individualité, et de faire de celle-ci l'origine première de ses actes et de ses pouvoirs. D'où la critique de tout type d'ensemble (logique ou social), le droit subjectif, le volontarisme, etc. Thèses théoriques qui se diffusent d'autant mieux qu'elles sont relayées par des formes d'art et de religion qui, elles aussi, mettent l'accent sur l'individu : c'est l'époque de la naissance de la peinture sur tableau, consacrée au début au portrait [1], l'époque où le gothique finissant consacre ses forces à individualiser les figures des saints et de la Vierge, plus proches du croyant; où le sentiment de la mort personnelle est assez puissant pour que les principaux monuments religieux soient les tombeaux des Grands; où le bourgeois *Roman de Renart* achève de dissoudre l'idéologie des romans de chevalerie en la parodiant.

Dans une deuxième étape, il ne s'agira plus de s'opposer à un univers de la nature, mais aux nouvelles variantes de la théorie augustiniste qui, sous la Réforme, devenaient le danger dominant. Il fallait alors modifier et développer l'espace théorique qui avait commencé d'apparaître grâce au nominalisme. Il y avait donc là un tournant à prendre, et un problème que l'on pourrait formuler ainsi : il faut garder l'individu éparpillé, non supporté par un ordre antérieur, mais il faut pourtant révéler en lui une certaine stabilité non individuelle, pour éviter de laisser s'établir, dans le vide ainsi dégagé autour de lui, un rapport trop immédiat de l'homme à Dieu, — brèche par où s'engouffre aussitôt l'augustinisme juridique. Pour y parvenir, il fallait conserver

1. Le Portrait de Jean le Bon au XIVe siècle, Fouquet et le Maître de Moulins au XVe.

ce qui dans le nominalisme correspondait à la tendance profonde du droit subjectif, et se débarrasser du reste. Donc garder la propriété conçue comme pouvoir individuel, et même quelque chose de la conception consensualiste du tout social [1]; mais abandonner le nominalisme logique [2] et réintroduire une certaine théorie de l'ordre naturel. Pour cela, le thomisme, désamorcé comme espace, va être utilisé, dans la lettre de ses thèses, comme une sorte d'échafaudage permettant de mettre au point un dispositif antiaugustiniste.

La doctrine de Vitoria, et plus généralement de la Seconde Scolastique, n'est donc nullement un mélange de thomisme et d'occamisme, comme on le dit parfois : les deux héritages ne sont pas sur le même plan, et ce n'est par celui qui est le plus voyant qui joue forcément le rôle essentiel. Les arguments thomistes sont utilisés au service d'une tendance qui n'est pas celle de saint Thomas. Ils viennent comme les peuples vaincus par les légions romaines étaient enrôlés en tant qu'auxiliaires pour combattre de nouveaux ennemis [3].

Ainsi, alors qu'au Moyen Age, l'homme individuel se trouvait dépassé deux fois, en direction de l'espèce humaine et en direction de la Cité, chez Vitoria et ceux qui le suivront, la notion d'humanité mélange les deux domaines, logique et social. Dans l'ancienne formule, la distinction était nette : cet homme, l'individu que voilà, est l'égal des autres dans l'espèce humaine (on n'est pas plus ou moins homme);

1. Lorsque la notion de contrat n'est pas explicitement présente, le renforcement du droit subjectif lui réserve la possibilité de réapparaître par la suite.

2. Vitoria et, surtout, Dominique de Soto en font la critique.

3. Les maîtres de Salamanque choisissent la *Somme théologique* de saint Thomas comme texte d'explication, plutôt que les *Sentences* de Pierre Lombard, qui servaient de manuel depuis le XIIe siècle : ils se défient sans doute de son augustinisme.

Il faut noter que tout ce qui vient d'être dit sur les maîtres de la Seconde Scolastique vise surtout Vitoria, Soto, et, après eux, les jésuites (Suárez, Vázquez, Molina); car les dominicains reviennent avec Bañez à un thomisme plus orthodoxe que ne l'avait été la version de Cajetan ou celle de Vitoria lui-même.

mais cette appartenance n'est pas une relation politique ou sociale : elle n'impose pas de lois, seulement une forme commune. Dans la cité, en revanche, cet homme-là a une place, ou remplit une fonction : il n'y a pas d'égalité de droit dans ces relations politiques et sociales. Chacun occupe un lieu propre dans un ensemble qui le dépasse, et qui ne peut fonctionner normalement, comme un corps humain, que si chaque organe conserve son rôle, qui n'est pas celui d'un autre. Et si l'on pense à unifier l'espèce humaine, c'est dans la Chrétienté et non en tant qu'humanité.

Au contraire, du fait du remplacement de la nature par la *nature humaine,* l'humanité est, autant que la forme, le système des relations entre les individus. C'est pourquoi l'unité des humains n'est pas seulement spécifique : le *droit de société* est inscrit dans les droits naturels de l'homme. C'est pourquoi encore on ne fait plus le détour par le concept de Chrétienté (qui n'est pas une relation) : il n'est plus nécessaire.

La laïcité devient alors une composante normale de l'horizon idéologique, et les théologiens de Salamanque ont beaucoup fait pour que s'achève ce déplacement d'objets qui affecte alors la pensée politique : l'existence de cette nature humaine sociale qu'ils dégagent organise une sphère relative indépendante, dans laquelle peuvent s'énoncer des règles propres. C'est très important, car c'est précisément cette sphère qui va être le lieu de la « société civile » ; ainsi la théorie du libéralisme pourra ultérieurement apparaître comme discours *de* la société civile, et non *de* la théologie morale *sur* la société civile.

Du même coup, les théologiens, qui en ont favorisé l'éclosion, se trouveront périmés par la victoire même de leurs concepts. On continuera à parler de ce à quoi pensaient Occam et Vitoria, mais on le parlera dans un langage qui ne sera plus le leur, bien qu'ils en aient créé la syntaxe à partir de la leur propre. C'est Grotius qui longtemps passera pour le fondateur du droit des gens — d'ailleurs parce qu'on sous-estime couramment chez lui l'importance des préoccupations théologiques.

Trois séries de thèmes essentiels vont s'affirmer à partir de cette théorie de la nature humaine : la propriété du corps; la doctrine de la sociabilité; l'unité du genre humain. Il suffira de noter les principaux axes pour montrer l'étendue des thèses produites dans la mouvance du remaniement idéologique qu'on vient d'analyser.

1°) L'individualisme possessif : le fait que l'homme soit propriétaire de son propre corps va devenir un axiome du droit, et c'est peu à peu sur lui que vont se fonder les justifications de la propriété en général. Jumelé avec la vieille idée chrétienne d'un communisme originaire, il servira à reconstituer un mythe de l'appropriation : celui qui est maître de son corps, est maître du travail qu'il fournit avec ce corps, donc des produits de ce travail, donc de ceux de ces produits qu'il ne consomme pas immédiatement, donc de ce qu'il se procure avec cette épargne, etc. Après Vitoria, qui reconnaît l'homme « dominus sui corporis », à la différence des animaux, ce qui lui sert à expliquer que ces derniers ne peuvent être propriétaires alors que l'homme peut l'être, Suárez reprend le raisonnement : « L'homme, par lui-même, et parce qu'il a l'usage de la Raison, détient le pouvoir sur lui-même, sur ses facultés et sur les membres destinés à leur usage, et pour cette raison il est naturellement libre [1]... » La liaison est nette : raison (l'image de Dieu) implique propriété de soi, c'est-à-dire aussi liberté. Si on se souvient qu'avec un argument similaire, saint Thomas démontrait le caractère spontanément social de l'homme (c'est-à-dire *le contraire* de ce qu'affirment nos auteurs), on mesure combien le paysage conceptuel a changé. C'est avec Locke que le système est définitivement au point [2] et que l'édifice entier de la propriété privée s'appuie sur ce

1. *Tractatus de legibus seu Deo legislatore,* 1612.
2. *Deuxième Traité du Gouvernement civil,* 1690.

point originaire : la possession légitime et évidente, par l'individu, de son propre corps. La doctrine est si parfaite qu'elle n'a plus besoin d'évoluer : on la retrouve exactement sous la même forme, deux siècles plus tard, dans le pamphlet *De la propriété,* par lequel en 1848, Adolphe Thiers tente de réfuter les critique socialistes.

2°) Vitoria insiste sur l'existence d'un *droit naturel de communication et de société entre les hommes.* Ayant tous la même nature en eux, ils ne peuvent dresser ou laisser dresser de barrières les uns à l'égard des autres. C'est pourquoi chacun a le droit d'aller chez les autres, d'y demeurer, d'y faire du commerce, à condition de ne pas leur porter préjudice. Ainsi, les Espagnols ont le droit de se rendre chez les Indiens, et ils peuvent « par exemple leur apporter les marchandises qui leur manquent, et ramener de l'or, de l'argent, et d'autres biens qu'ils ont en abondance ». Le refus de ce droit par les Indiens pourra même être l'occasion d'une juste guerre : « En empêchant les Espagnols de jouir du droit des gens, les barbares commettent une injustice envers eux. Par conséquent, s'il est nécessaire de faire la guerre pour obtenir le respect du droit, les Espagnols peuvent légitimement le faire. » L'argument est promis à un assez bel avenir, jusqu'aux guerres de l'Opium et à quelques autres. En attendant, il signifie tout simplement l'exigence de faire éclater les barrières que lieux et circonstances dressent entre les hommes et qui freinent tant le commerce que la circulation des idées. Liberté individuelle et libéralisme économique s'en réclameront. Grotius l'utilisera dans le *Mare liberum,* et à travers les alternances du protectionnisme et du libre-échange, les grandes puissances sauront s'en souvenir et l'imposer aux autres chaque fois que cela leur sera avantageux.

3°) La sociabilité, conçue comme système des rapports d'échange entre individus, joue un double rôle : elle coupe court à la sociabilité spontanée de la tradition aristotélicienne, et elle organise une dimension sociale fondée sur le droit subjectif. C'est là que peut se déployer le nouveau type d'unité humaine repéré plus haut. Ici encore, la thèse de Vitoria sera suivie; Suárez écrit à son tour : « Bien que divisé en plusieurs peuples et royaumes, le genre humain a toujours une certaine unité, non seulement spécifique, mais aussi pour ainsi dire politique et morale. » C'est même pour cela, selon lui, qu'il existe un droit des gens, car les Etats faisant partie de cette communauté humaine, « ils ont donc besoin d'un droit qui les dirige et les gouverne convenablement dans ce genre de relations et de société ». On voit en passant la solidarité entre les différents thèmes; on peut noter aussi à quel point cette idée de communauté humaine est compatible avec celle d'Etat national : il n'y a pas d'antagonisme profond car les deux notions font couple pour s'opposer ensemble à la conception féodale de la Chrétienté. Et c'est à ce couple que renvoie la distinction entre droit positif (celui des Etats) et droit des gens (hors Etats) : le travail est bien réparti.

C'est, bien sûr, au XVIIIe siècle que l'idée d'humanité s'épanouira et prendra la consonance sentimentale qu'elle a conservée depuis; mais ce n'était que le développement d'un thème théorique antérieur. De même, une fois constituée cette notion de communauté humaine, le passage à celui de la paix perpétuelle était inéluctable sans être jamais facile : car il posait le problème de l'effacement au moins relatif de l'autorité des Etats. Cela n'empêche pas le thème de se développer, dès la fin du Moyen Age jusqu'à l'abbé de Saint-Pierre. Kant donne peut-être la clef de la difficulté en faisant de la paix universelle un vœu ou un Idéal.

### Nature, Société, Culture

C'est le concept très particulier de nature dont on vient de lire la constitution qui est au centre de l'âge classique. Le XVII<sup>e</sup> et le XVIII<sup>e</sup> siècles vivent largement sur son acquis, et, même en critique littéraire, c'est à sa lumière qu'ils infléchissent sans même s'en rendre compte les doctrines de la *Poétique* d'Aristote. C'est surtout sur le terrain ainsi tracé que le « droit naturel » classique va prendre son essor. On ne saurait trop le souligner : il n'a plus rien à voir avec le droit naturel aristotélicien, à part le nom. Ni sa référence : il s'appuie sur l'ensemble des pouvoirs du Sujet; ni sa forme : il peut être exposé à part, comme une liste de préceptes; ni son lieu théorique : il sert à constituer un mécanisme originaire qui fonde les lois positives existantes ou à créer.

Fonder : tout est là. Ni facteur d'anarchie, ni simple doublure justificative du réel, le droit naturel remplit désormais une fonction bien spéciale, qui n'est ni de justifier ni de critiquer ce qui est (l'un et l'autre sont des conséquences, et chaque auteur ou chaque courant pourra choisir, selon son parti ou son époque), mais d'abord de faire savoir que ce qui est s'appuie sur ce qui *doit être*. Cette dislocation du réel est typique de l'espace de pensée classique, et on ne saurait demander ce qui, dans d'autres idéologies, joue un rôle de fondation équivalent : c'est l'idée même de *fondation* qui lui appartient en propre.

Ce procès de fondation est essentiel, car il est à la fois à l'origine du droit et à l'origine du mouvement qui fait penser toute la société en termes de droit. La métaphore juridique est aussi une métaphore *du* juridique. Le mouvement qui consiste à isoler l'individu n'est pas une fin en soi. Si la théorie du sujet détruit les totalités naturelles, ce n'est pas sans les reconstituer sur une autre base. Mais il faut pour cela construire une machinerie idéologique complexe : état de nature, loi naturelle, état social, droit naturel, pacte, etc. L'ensemble est d'une construction assez minutieuse pour devoir être étudié rouage par rouage.

*L'origine*

Le « mythe » de l'origine ne fonctionne que si on admet au départ le postulat de l'atomisme social. Pour rendre raison d'une totalité comme la société, il faut en revenir aux éléments les plus simples, la dissoudre par la démarche originaire pour mettre à nu ce qui la compose. Or ce sont les individus qui sont ces particules élémentaires, et c'est d'eux qu'il faut partir pour saisir le reste.

L'hypothèse de l'état de nature correspond précisément à cette décomposition. L'état de nature, c'est l'état originaire où les hommes vivent séparés les uns des autres, libres de tout lien social, tout en ayant en eux le pouvoir de fonder la société. L'homme n'est donc pas un animal spontanément social, mais il n'est pas non plus définitivement isolé : il peut créer ce lieu qui lui manque. Il *faut* même qu'il le fasse. L'important est qu'on puisse ensuite se souvenir que si le lien existe, c'est parce que l'homme l'a fait. S'il n'est pas animal social, il est du moins animal sociable. Et c'est là qu'est la clef de la procédure : nulle idéologie peut-être n'a autant souligné que la société n'est pas spontanée, et que l'homme perd donc quelque chose en y entrant. Mais elle affirme dans le même mouvement que s'il est asservi, ce n'est ni par décret divin, ni par l'effet d'un ordre naturel. Au sens strict, s'il est asservi, c'est qu'il l'a bien voulu.

*Etat de nature — état de société*

C'est dans cette perspective qu'il faut comprendre la pluralité d'« états » où les théories jusnaturalistes distribuent la condition humaine : état de nature, état de guerre, état de société. On se méprendrait à les considérer comme les étapes d'une succession historique — et on se condamnerait à se demander vainement pourquoi ceux qui les analysent ne prennent jamais la peine d'entreprendre la moindre recherche réellement historique. S'ils ne s'intéressent pas au passé, c'est tout simplement que l'état de nature n'est pas dans le passé. Il s'agit de figures théoriques et non de légendes dont il importerait de vérifier la véracité [1]. Toute la difficulté consiste à rejeter dans l'homme (en tant que sujet) ce qui ensuite devra se retrouver dans la société — ou du moins assez de possibilités pour le développer. Ainsi, la « culture » détermine la nature : rétrospectivement, par tout ce qu'elle y reporte pour pouvoir se justifier par elle. Si l'on veut entériner l'esclavage dans la société, il faut placer, dans le sujet à l'état de nature, un droit de se vendre irréversiblement. Si on veut un Etat faible, il faut montrer déjà l'état de nature comme comportant un début de société civile sans Etats : on pourra alors introduire celui-ci comme une nécessité importante certes, mais admettant des contrepoids; si au contraire on doit justifier un Etat où le souverain possède un pouvoir absolu, il faut peindre l'état de guerre.

Ainsi, selon les auteurs et les courants, la nature humaine, telle que la révèle sous sa forme pure, comme à l'issue d'une analyse chimique, le recours à l'origine, comporte des variations considérables. Mais ce qui est invariant, c'est la nécessité d'y lire avant l'heure ce qui caractérisera la société constituée. C'est pourquoi, en un sens, rien ne ressemble plus à l'état social que l'état de nature. Tout y est déjà, et même la nécessité de son propre dépassement. La rupture y est toujours inscrite en filigrane, et même la façon dont elle s'effectuera : plus on veut la rendre brutale, plus on est amené à diminuer et à limiter les possibilités de la nature humaine; il y aurait une longue histoire à écrire sur

1. Bien sûr, une référence peut être fournie par les mythes de la Chute (certains arguments sont empruntés à la Bible ou aux Pères de l'Eglise; d'autres peut-être aux doctrines dualistes ou gnostiques qui ont, elles aussi, fourni l'Occident en images de ce genre); mais les matériaux comptent moins que la théorie qui les organise; on rendrait singulièrement pauvre le droit naturel classique à n'y voir qu'une laïcisation du christianisme.

les rapports entre la question de la Grâce et celle de la souveraineté; on y verrait que souvent ceux qui donnent le plus au libre arbitre contre la Providence sont ceux qui reconnaissent le plus de consistance à la société civile et en conséquence limitent le plus les droits du souverain, et tendent à le restreindre au rôle de simple gardien de la règle du jeu, dans un monde où la régularité des choses l'emporte.

Quoi qu'il en soit, il ne faut pas considérer cependant l'état de nature comme une simple répétition idéale de la réalité objective : car si on y trouve déjà tout, on le trouve autrement : les rapports sociaux, le procès de travail, la distribution des pouvoirs et des richesses ne s'y laissent apercevoir que par leurs répercussions dans les individus, transformées en sources subjectives d'où pourra se déduire leur système. C'est à la volonté, à l'entendement, au besoin et aux passions que se trouvent ainsi ordonnés la politique, le langage et la richesse des nations. Tout cela permet d'effacer tout ce qui, dans ces relations, dépasse l'individu ou le transgresse, tout ce qui pour se comprendre exige autre chose que la répétition d'un Sujet toujours semblable à lui-même. Au fond Robinson Crusoé représente fort bien le héros de ce temps : à la fois par ce qu'il prétend — reconstruire un monde à partir de rien — et par ce qu'il oblitère — que le rien avec quoi il commence contient déjà tout en puissance : les savoirs et savoir-faire qu'il amène avec lui des régions civilisées, et les instruments qu'il trouve dans le navire. Dans le roman, comme ailleurs, l'origine ne mène à la fin que parce qu'elle la contient déjà.

*La loi naturelle*

Le rapport qui lie la loi naturelle aux lois positives n'est pas plus chronologique que celui qui lie l'état de nature à l'état de société. La loi de nature est un commandement qui n'a rien pour être obéi; c'est cela qui tend de plus en plus à devenir sa caractéristique. Cela s'explique d'autant mieux que la séparation entre l'entendement et la volonté s'impose à la philosophie de l'âge classique comme un axiome (Spinoza le lui reprochera assez) : dès lors on peut très bien *lire* la loi naturelle là où elle est inscrite sans pour cela la *vouloir*, ou sans qu'on puisse la mettre en application. Qu'elle demeure la prescription gravée par Dieu dans ses créatures raisonnables, comme l'avait enseigné le christianisme [1], ou qu'elle se laïcise pour n'être qu'une déduction rationnelle (*dictamen rectae rationis*, dit Grotius, qui donne tôt l'exemple), elle demeure de l'ordre de la représentation et non de l'action. L'écriture du cœur est à la fois éternelle et impuissante.

Situation paradoxale : comme dans l'état de nature elle perd toute valeur du fait de son inutilité, tout le problème consistera à trouver un moyen de la mettre en application; ce moyen sera le passage à la société civile, mais cette application sera le plus souvent sa suppression, puisque ce sera la loi positive qui la remplacera. La première n'était donc là que pour laisser place à la seconde. « Loi » et « état » ne se recouvrent donc pas exactement :

— La loi de nature, ce n'est pas forcément la loi qui est appliquée à l'état de nature.

— C'est en revanche une loi qui est *présente* à l'état de nature. Ce qui renvoie à son double caractère; évidence et universalité.

— Mais si on se souvient de ce qu'est vraiment l'état de nature, alors se découvre le sens véritable de la loi : elle est ce qui, dans le sujet, fonde sur la nature humaine les lois positives. Autrement dit : ce qui projette dans l'individu, comme une nécessité de sa nature ou une acceptation de sa volonté, le système des lois de la société où il vit. Il suffit d'en avoir préalablement abstrait tout le poids collectif, toute la pesanteur d'institutions historiques, de traditions, de coutumes qui auraient pu en déterminer concrètement le sens

1. Cf. dans le tome II : *Du cœur gravé au Corps mystique*.

pour tel lieu ou telle époque. Après cette soigneuse épuration, ce qui reste peut se déduire comme une nécessité purement logique de quelques préceptes généraux, empruntés par exemple à la morale stoïcienne (rendre ce qui a été prêté) ou au christianisme (la charité et l'amour du prochain).

*Le droit naturel*

C'est, dit par exemple Hobbes, « la liberté que possède chaque homme de se servir de sa puissance à son gré, pour préserver sa nature et sa vie ». Ce droit se fonde donc sur une puissance individuelle. Pourtant, il n'est pas la même chose que cette puissance : il en est la doublure subjective. On est, en effet, dans un univers de la scission où toutes choses se disent deux fois, une fois sur le plan de l'être, et une fois sur le plan du devoir-être; c'est des rapports entre les deux niveaux que dépendent le statut des objets et la possibilité même qu'ils peuvent avoir d'être pensés : ce qui ne trouve pas de place sur le plan du doit-être finit par s'éloigner à l'horizon, si forts soient ses effets réels. C'est cette scission de l'être qui trace la ligne de démarcation entre les théories jusnaturalistes et les doctrines apparentées d'une part, et d'autre part ceux qui refusent de l'intégrer à leur conception de l'individu : Machiavel et Spinoza.

Le droit est au sujet ce que la puissance, la force sont à l'individu : non une partie mais une essence universelle. Si les individus n'ont pas tous la même force, ils ont tous le même droit — le paradoxe étant, bien sûr, que ce droit égal repose au cœur de la force inégale, et qu'il est secrètement déterminé par elle. Mais, comme c'est le droit qui est pensé, et non le système complexe de rapports sociaux qui font et déterminent la force, celle-ci n'apparaît que comme l'ombre insignifiante et seconde du droit. Sa puissance impensée donne en fait mesure à ce dont elle est censée être la conséquence. Le droit n'est donc que la force ramenée au sujet — et à ce qu'il y a de plus subjectif en lui : la volonté. C'est pourquoi l'un ne saurait entrer en contradiction avec l'autre : à regarder de près leur fonctionnement, les droits naturels également possédés par tous les hommes apparaissent vite comme des formes vides où peuvent venir se couler des contenus extrêmement différents. Tout homme a en lui la puissance morale (c'est-à-dire le droit subjectif) d'être propriétaire; il est en tant que tel l'égal de tous les autres, et si la propriété est attaquée, c'est son droit naturel, à lui comme à tous les autres, qui est attaqué. Mais, de fait, seuls certains hommes ont la puissance effective à quoi correspond le droit théorique de propriété, alors que d'autres ne l'ont pas, ou ne l'ont plus : or pour l'idéologie du Sujet, tout cela est du domaine de l'accident, comme le fait, également contingent, qu'en général les seconds travaillent pour les premiers. Quant aux ensembles sociaux où ces puissances effectives prennent racine, ils sont devenus dans l'opération littéralement invisibles. Si tout prend sa source dans le Sujet, l'absence de ce que laissait prévoir le droit y trouve elle aussi sa raison. Entre des centaines d'autres, Malthus aura de beaux accents pour le révéler : ceux qui ne s'enrichissent pas par leur travail (on a vu que c'était, après le corps, la voie royale de la propriété), c'est qu'ils sont paresseux, ou qu'ils ne savent pas épargner.

C'est pourquoi les auteurs énoncent sans cesse que l'égalité naturelle n'empêche pas l'inégalité sociale; et que les droits innés ne concernent pas la fortune [1]. C'est pourquoi aussi la Révolution française proscrira les auteurs de lois agraires : coupables d'avoir confondu sujets et individus, zone du fait et zone du droit, égalité formelle et égalité réelle.

*Le pacte*

Si tout est dans le sujet, la seule issue aux impossibilités de l'état de nature sera dans l'engagement volontaire

1. « Dans la démocratie, même la plus parfaite, l'entière égalité entre les membres est une chose chimérique », Diderot, article *Citoyen* de l'*Encyclopédie*; cf. aussi l'article *Egalité naturelle* (de Jaucourt).

par un pacte qui unit la collection des Sujets pour faire du peuple un peuple. La seule injustice possible sera donc celle du pacte lui-même. Proposition lourde de conséquences.

Le pacte social marque non seulement le passage de l'état de nature à l'état de société, mais aussi celui de l'individu non réalisé (le sujet à l'état pur) à l'individu réalisé (c'est-à-dire non abstrait du système où il s'enracine). La « culture » n'est donc nullement l'opposé de la nature. Elle en est — même chez Rousseau — le développement. S'il y a, avant la culture, place quand même pour une nature, il ne faut pas se laisser prendre aux mythes du bon sauvage, ou aux descriptions aimables ou terrifiantes où la doctrine se délaie en romans philosophiques. La nature dont il s'agit alors, surtout au XVIIIe siècle, n'est qu'un moyen de manifester de façon *sensible* la consistance théorique de l'état de nature. La nature peut être peinte comme une marâtre hostile ou comme une mère féconde et attentionnée. S'introduit alors la possibilité d'un changement de signe du contrat : si la nature était si bonne, le contrat risque de n'être qu'un leurre. A côté du pacte heureux qui permettait enfin de sauver ce qui pouvait l'être advient le revers de la médaille : le mauvais contrat, signe et moyen de la corruption des mœurs. Cependant le bon contrat n'est jamais définitivement impossible. Si le devoir-être passe du côté de la critique du réel plutôt que de sa justification, ce n'est jamais que pour justifier un réel futur; c'est ainsi que l'idée de révolution se constitue dans un espace de pensée qui au départ semblait fortement lié au pouvoir établi. Le droit naturel ne s'aventure à critiquer les lois positives que pour en proposer d'autres, plus conformes à la nature humaine. La souveraineté qu'il refuse au pouvoir qu'il qualifie de despotique, il la confère aussitôt à celui qu'il établira en renversant le premier.

Dans les pages qui précèdent, on a délibérément sacrifié l'analyse des doctrines successives, et des solutions que chaque juriste, chaque théoricien de la politique apporte aux problèmes qui lui sont posés. C'est que la vérité des différentes problématiques individuelles n'est permise que par le jeu des rouages théoriques qu'on vient d'exposer. Ce jeu nécessaire, antérieur aux auteurs, rendu évident avant même le raisonnement sur tel ou tel objet, constitue une réalité permanente, à laquelle il faut toujours revenir en dernière instance. Sous des formes sensibles et vulgarisées, elle se diffuse aussi par le roman ou le conte philosophique [1], elle est présente dans la morale qui voit dans l'ouvrier l'artisan de sa misère et dans l'éducation le moyen principal du progrès. Elle constitue autant l'atmosphère d'une époque que le soubassement d'une pensée : c'est, sans doute, une définition possible de l'idéologie.

Système de déploiement d'évidences, elle ne flotte pas en l'air cependant : elle ne les déploie que pour les imposer — c'est-à-dire pour écraser d'autres systèmes possibles, cohérents ou embryonnaires. C'est ainsi qu'elle a servi tour à tour à combattre ce qui restait de l'augustinisme et du thomisme, puis les théories de la royauté de droit divin et celles qui appuyaient les nostalgies seigneuriales sur l'histoire des conquêtes germaniques; enfin quand la Révolution française victorieuse interdit les corporations, il se révéla que l'arme était à double tranchant : sous couleur de rompre les liens du passé, elle allait servir au nom de la liberté à proscrire l'organisation des travailleurs. Au long du XIXe siècle, c'est sans changer beaucoup d'arguments qu'elle tournera sa logique contre le socialisme et le mouvement ouvrier. L'abstrait enchaînement des concepts et des figures, de l'origine à la loi naturelle, ne cesse jamais d'être ce qu'il fut à ses débuts : une machine de guerre.

1. Témoin la mode des voyages imaginaires ou des *Lettres* écrites de pays lointains.

## Origine, Temps, Histoire

L'état de nature, on l'a dit, malgré les apparences, n'est pas situé dans le temps. Le retour à l'origine n'est donc pas une remontée dans le passé. Est-ce à dire qu'il n'y a pas de place pour l'histoire? Elle est du moins reléguée à un rôle secondaire, et, quand elle intervient sur le plan théorique, fort affectée par les dimensions du devoir-être. C'est dans sa perspective qu'il faut considérer le temps, et c'est donc moins à la pratique des historiens qu'il faut en demander la clef qu'au discours des idéologues : Rousseau (« Ecartons tous les faits... », mais il n'est pas le seul à le dire) compte plus alors que Mabillon, et le Voltaire de l'*Essai sur les Mœurs* plus que celui du *Siècle de Louis XIV*.

Ce qui apparaît, c'est que le temps est vide : il s'y passe une foule d'anecdotes, mais elles répètent indéfiniment les mêmes vérités, qui ne sont pas soumises à l'histoire : la propriété, immuable de la Chine au Pérou, les passions humaines, dont la liste varie selon les auteurs, mais dont la constance est toujours hautement proclamée. Toutes choses que l'on pouvait savoir avant d'étudier l'histoire, par la seule connaissance du cœur humain, dont la transparence est bien plus générale que la science qu'on pourrait tirer des cas particuliers.

On peut cependant importer dans ce temps inerte un à-peu-près de l'histoire : la réalisation de l'origine. Il faut pour cela que le devoir-être vienne se nouer à l'être, dans le temps de la fondation, ou, au futur, celui de la révolution. Si rien ne se passe dans le temps, parce que tout est donné dans l'instant originaire, une chronologie peut s'organiser autour de cet instant. Très simple, d'ailleurs : elle se divise immédiatement en un avant où il n'y avait rien, et un après où tout est advenu; avant, ce qui était bafouait le doit-être; après, il le réalise. Figures de la perversion et de la coïncidence, du despotisme et du bonheur, incessamment renouvelées. Dans les variantes les plus conservatrices, l'origine est reportée au début de l'histoire : il n'y a désormais plus rien à changer. Dans les plus radicales, le programme est modifié par simple déplacement de l'instant originaire sur l'échelle du temps : promis à l'avenir, c'est le moment présent qu'il fait glisser dans la perversion. Despotisme, corruption, abus, privilèges, inégalités — autant d'entorses au droit naturel à l'égard desquelles il n'y a aucun ménagement à prendre; on ne peut que les dénoncer puis les détruire. Il y avait dès le début quelque chose de sourdement violent dans la puissance affirmée du droit sur le fait. Car si le temps est vide, il est aussi sans force : ce qui dure depuis longtemps n'en tire pas plus pour cela de droit à l'existence, sous l'œil implacable du doit-être. Aussi on peut n'importe quand critiquer ce qui est, et lui demander d'exhiber ses titres : aucune institution n'a plus de poids que celui de sa rationalité. C'est ce que Fichte démontre longuement, dans ses *Contributions... sur la Révolution française,* en réponse à Rehberg qui invoquait les droits de l'histoire; et cette réponse s'applique tout aussi bien à Burke, qui, dès 1789, avait formulé une critique fondée sur la même logique.

Les seuls qui ont une autre conception de l'histoire, durant toute cette période, ce sont justement ceux que l'on rattache parfois un peu vite à une tradition « féodale » : ceux qui, de Boulainvilliers à de Bonald en passant par Burke, refusent de ranger les réalités concrètes dans les tiroirs de l'universel. Pour eux, le poids historique d'une institution, la charge de nuances et d'équilibre qu'elle a accumulée au cours de son long rodage historique, la correspondance qu'elle a pu acquérir avec les réalités locales, les mœurs et les traditions, tout cela constitue un acquis irremplaçable et qu'il est irresponsable de soumettre aux décrets d'une raison intemporelle, froide et géométrique, à qui échappent les finesses du concret et les stratifications multiples du temps. C'est la force des siècles qui donne droit d'exister, et non la déduction géométrique. Il y a un ordre des choses, et c'est un ordre historique, où le droit se spécifie irréductiblement dans les mœurs et les coutumes nationales. Si le droit naturel auquel se réfère Burke est bien plus proche de saint Thomas que de Rousseau, il y a en outre chez lui ce trait marquant, développé tout au long de sa critique de la Révolution française : la croyance à un temps plein, matrice des formations vivantes de la société, lieu d'enracinement du concret et de l'expérience. C'est au nom de la multiplicité de celle-ci qu'il refuse la transparence classique, au nom de sa nécessaire particularité qu'il rejette les mythes de l'universel. S'il faut chercher une attention à l'historique, c'est dans ce courant qu'on la trouve et non chez ses adversaires. C'est en critiquant le mythe de l'origine qu'on part à la recherche du concret. Concret passablement illusoire parfois, mais qui a au moins un mérite : laisser entrevoir les déchirures de ce tissu opaque, la « nature humaine ».

### Bibliographie

BAUMEL (J.) : *Les problèmes de la colonisation et de la guerre dans l'œuvre de F. de Vitoria, Montpellier*, 1936.

BAUMEL (J.) : *Les leçons de Francisco de Vitoria sur les problèmes de la colonisation et de la guerre*, Montpellier, 1936.

DÉRATHÉ (R.) : *Jean-Jacques Rousseau et la Science politique de son temps*, Paris, 1950.

GROETHUYSEN (B.) : *Philosophie de la Révolution française*, Paris, 1956.

POLIN (R.) : *La politique morale de John Locke*, Paris, 1960.

STRAUSS (L.) : *Droit naturel et histoire*, trad., Paris, 1954.

VILLEY (M.) : *La formation de la pensée juridique moderne*, Paris, 1968.

VILLEY (M.) : *Critique de la pensée juridique moderne*, Paris, 1976 (voir en particulier l'étude consacrée à Burke).

## 3

# Peuple et Nation

par Gérard MAIRET

### Qu'est-ce qu'un peuple?

C'est en confondant « peuple » et « nation », selon des modalités que nous aurons à spécifier, que s'est affirmée, développée et consolidée la puissance de l'Etat contemporain [1]. Mais, dans ce couple, c'est *le peuple* qui est dominant au point qu'on ne saurait sérieusement, aujourd'hui comme hier, nourrir une ambition politique pour soi-même ou pour tous, si on ne tient pas pour une évidence que le peuple est souverain. Ce peuple apparaît bien en effet comme le référent obligatoire, la source et la norme de toute politique depuis qu'ont résonné en Europe et dans le monde les « idéaux », comme on dit, de la glorieuse Révolution française.

L'idéologie du peuple peut ainsi se comparer à un miroir magique qui dit la vérité d'une politique — d'un pouvoir — chaque fois qu'on l'interroge. L'Etat doit, *c'est un devoir*, être démocratique, ou plutôt l'être de l'Etat est de nature « populaire », ce qui permet de le déclarer démocratique. Le

1. C'est à dessein que nous employons l'expression d'Etat *contemporain* pour désigner non seulement le XXe siècle mais encore l'ensemble de la période inaugurée par la Révolution française et qui commence effectivement avec la fondation de la République « Une et Indivisible », 1792, « l'An I de la Liberté ».

peuple n'est donc pas une population, c'est un principe, et l'idéologie du peuple est l'ensemble systématique des significations de toutes sortes déduites de ce principe. Mais cette idée du peuple n'est pas absolument transparente et il faut toujours se demander : qu'est-ce qu'un peuple? C'est d'ailleurs en répondant à cette question que Hobbes et Rousseau ont le plus contribué, sans qu'ils l'aient eux-mêmes voulu, à la fondation de la République. Le premier, explicitement, définit le peuple comme un corps structuré homogène soumis au souverain par contrat, le second définit le peuple distingué de la « multitude », comme ce souverain. A certains égards, donc, la Révolution française instituera ce que la philosophie concevait seulement; mais il s'agit de savoir ce qui est institué quand le peuple est placé au poste de commande car, pour ne citer que ce contre-exemple, Thomas d'Aquin ne posait-il pas déjà : « Tout pouvoir vient de Dieu *par le peuple* »? Il est vrai que le peuple est, chez lui, la multitude précisément.

D'où la question qu'il faut toujours poser[1] : qu'est-ce qu'un peuple? Question qui se double en cette autre : quand le peuple est souverain, que veut dire souveraineté, autrement dit, le fait de désigner le peuple comme détenteur de la souveraineté et, par conséquent, faire de lui la véritable substance de l'Etat, cela ne porte-t-il pas atteinte à l'Etat ou, ce qui est pire, au « peuple » lui-même? L'idéologie du peuple tient dans cette vaste ambiguïté.

On pourra mesurer cette difficulté en faisant parler l'auteur de *De la guerre*. Clausewitz n'est pourtant pas un théoricien proprement politique mais, et c'est ce qui nous importe, ce général prussien sans gloire militaire, qui voyait en Napoléon le « dieu de la guerre » en personne[2], avait clairement compris la signification de l'idéologie du peuple quand elle prend corps dans une idéologie nationale. « Tandis que l'on plaçait tous les espoirs, d'après les vues tradi-

1. C'est ce que font Lénine, Mao et les autres.
2. Hegel voyait bien en lui la « liberté à cheval ».

tionnelles, en une force militaire très limitée, une force dont personne n'avait eu l'idée fit son apparition en 1793. La guerre était soudain redevenue l'affaire du peuple et d'un peuple de trente millions d'habitants qui se considéraient tous comme citoyens de l'Etat. Sans entrer ici dans le détail des circonstances qui entourèrent ce grand événement, nous nous bornerons aux résultats qui nous intéressent pour le moment. La participation du peuple à la guerre, à la place d'un cabinet ou d'une armée, faisait entrer une nation entière dans le jeu avec son poids naturel[1]. »

Cette remarque de Clausewitz est ce qui charpente toute sa démonstration : sa pertinence tient sans doute à ce qu'elle lui a été inspirée lors des combats qu'il menait. Il en est ainsi quand on veut se mesurer aux dieux. Mais que dit Clausewitz? que le peuple est une force par où c'est la nation qui est en guerre et non plus seulement une armée. Il peut, partant de là, conceptualiser la guerre totale comme guerre « populaire » — une notion dont se souviendront plus d'un siècle plus tard aussi bien Mao Tsé-toung que le général Giap. Mais ce qui compte pour nous c'est que ce « grand événement », comme dit l'auteur de *De la guerre,* est possible : de 1789 à 1793, c'est « le peuple » qui entre en scène. L'avènement du peuple, et avec lui de la nation, est d'une importance essentielle, décisive, pour la période qui s'ouvre et dans laquelle nous sommes encore aujourd'hui même. Or, ce que Clausewitz repère comme théoricien de la guerre, nous pouvons le repérer au plan de la théorie politique. Si l'idéologie du peuple — idéologie nationale — donne à penser le « concept » de la guerre, elle nous autorise pareillement à réfléchir la structure de l'Etat contemporain.

Le peuple est ce sans quoi les « républiques » non seulement eussent été impensables, mais encore et surtout impossibles. L'histoire, depuis ce « grand événement » dont Clau-

1. Clausewitz : *De la guerre,* Paris, 1955, p. 687.

sewitz entreprend de son point de vue, de nous livrer le secret — le secret d'Etat si l'on veut — est l'art d'accommoder le peuple à la démocratie. Nous n'avons pas su, à l'instar de Clausewitz (pas même Hegel, pas même Marx non plus), tirer les *leçons* de cette histoire pour retenir ici un vocable ailleurs suspect. De même que le général prussien, transfuge de sa patrie, pense la guerre à partir de sa prise en charge par le peuple, nous avons à penser la puissance quand elle s'exécute et s'exerce au nom du peuple. Or, une telle réflexion ne se peut mener sur l'exemple immédiatement contemporain des pratiques politiques. Le fait que des constitutions s'élaborent dans les pays socialistes où il est question de « l'Etat du peuple tout entier » ne peut pas servir de point de départ pertinent : cette idéologie juridico-politique de l'Etat du peuple tout entier ne nous livre pas son sens si on ne la replace pas dans la tradition du modèle étatique tel que l'Occident l'inaugure au XVI^e siècle. Ce qui est en question, ici, c'est bien la souveraineté sans laquelle cette notion du « peuple tout entier » perd toute signification. Ici, en effet, derrière le peuple il y a le parti. Or, le parti est la figure achevée, complexe, du prince, ce même prince dont, déjà, Machiavel entendait produire le portrait.

Le projet d'une théorie du modèle étatique est donc conceptuellement requis comme exigence préalable à une théorie du peuple — reprenons le thème clausewitzien de la guerre du peuple construit dans le sillage de la nation armée et que développe *De la guerre* : c'est celui de l' « essence absolue » de la guerre. Ainsi sera rendue sensible, par la vertu d'une analogie qui n'est pour nous qu'exemplaire et peut être aussi pédagogique, la notion même d'un Etat qui, quand il repose sur la « souveraineté du peuple », révèle, du même coup, son *essence absolue* : l'Etat est par essence « populaire » — faisons donc parler Clausewitz : « On pourrait douter de notre notion d'essence absolue (de la guerre) si nous n'avions pas vu de nos jours la guerre réelle dans sa perfection absolue. Après la courte introduction de la Révolution française, l'impitoyable Bonaparte l'a poussée jusqu'à ce point. Avec lui, la guerre était conduite sans perdre un moment jusqu'à l'écrasement de l'ennemi, et les contrecoups se suivaient presque sans rémission. N'est-il pas naturel et nécessaire que ce phénomène nous ait ramené au concept originel de la guerre avec toutes ses déductions rigoureuses [1] ? »

Mais l'analogie cesse, en quelque sorte, au moment où elle devient pertinente : pouvons-nous dire en effet que « l'Etat du peuple tout entier » porte l'Etat à sa perfection absolue? On peut le dire sans doute, mais à la condition de le saisir comme la conclusion d'une séquence à trois termes, celle même de la souveraineté : prince, peuple, parti. On voit que le peuple, par sa position médiane, est la catégorie qui permet de rendre compte, en aval, de la naissance de l'Etat « moderne » et, en amont, de sa perfection dans l'Etat « contemporain ». Or, et c'est ce qui nous importe ici, ce « peuple » qui jette une lumière claire-obscure sur le devenir politique général, on doit en remarquer l'avènement théorique dans Rousseau et pratique dans la république jacobine. C'est à partir de là — « grand événement » comme dit Clausewitz de son point de vue — que deviennent intelligibles, pour ne s'en tenir qu'à eux, et Louis XIV et Lénine.

On voit peut-être mieux, maintenant, ce qu'il convient d'entendre par l'idéologie du peuple ou, ce qui est la même chose mais affectée d'une détermination historique révolutionnaire, idéologie de la nation. Le peuple est le fondement de la souveraineté moderne, il est si l'on ose dire l'âme du modèle étatique. Mais surtout nous avons à le comprendre comme le signifiant majeur de la domination moderne dans l'Etat; il est par conséquent à lui seul, mais pas le seul, un authentique *mythe de puissance* [2]. En effet, quelle est aujour-

1. *Ibid.*, p. 672.

2. Pas le seul, venons-nous d'écrire, il en est d'autres en effet et nous en avons déjà repéré ailleurs. Il suffira de nommer, à titre indicatif, la nature, l'âme, l'homme, etc. Un travail est à faire dont l'objet serait de dresser le tableau de ces mythes de puissance.

d'hui comme hier et comme jadis l'ambition de l'Etat ? N'est-ce pas d'agir en sorte que le peuple obéisse en son nom même : chacun obéissant à tous, nul n'obéit à personne. C'est au fond la leçon de Rousseau qui est par cela même le plus fin de nos démocrates *et* le plus assuré des philosophes despotes. Mais cette leçon est aussi une solution, précisément celle de la démocratie : la pensée politique est bien le lieu où l'on tente de découvrir la formule susceptible d'assurer la domination du peuple avec son consentement. Ainsi la démocratie, qui déclare que le peuple *est* le prince, est cette formule toute trouvée : l'individu n'y est-il pas à la fois sujet *et* citoyen, par conséquent un *homme* ?

### Prince et peuple

La question du peuple se résume donc à la question du prince : elle en procède, le problème ayant été depuis le XVIe siècle de savoir comment faire que le peuple soit le prince ou, ce qui est plus aisé, comment faire pour qu'il ne le soit pas. On remarquera que la première possibilité est le renversement de la seconde et que ce renversement a pour nom l'histoire.

Quoi qu'il en soit, il faut partir du prince, c'est-à-dire du *principe*, car il s'agit de repérer la transformation de la séquence relevée plus haut : prince, peuple, parti [1]. Dans cette transformation, qui est l'œuvre de la Révolution française — tout comme le passage du parti est l'œuvre de la Révolution russe —, c'est la *nation* qui joue le rôle décisif ; il s'agit, en effet, de situer la place de la nation non seulement vis-à-vis du peuple mais surtout, et c'est le point capital, vis-à-vis du roi. On peut dire que, du point de vue qui est le nôtre ici, c'est par la solution fournie à ce problème

1. Naturellement, nous ne nous occuperons pas du passage Peuple-Parti : la chose est hautement édifiante, pourtant, mais n'a pas sa place ici.

que le passage du prince au peuple, c'est-à-dire la formulation de la souveraineté du peuple, a été rendu possible. Le problème théorique qui forme l'horizon du débat politique pendant les quarante dernières années de l'Ancien Régime est celui de savoir quelle place donner au roi, si le peuple est souverain. C'est, par conséquent, celui de l'unicité du principe qui est en cause; de sorte que la signification de la constitution de 93 apparaît finalement être celle-ci : elle résume et exprime quarante années de conflits théoriques et institutionnels dont l'enjeu était de vider le monarque de toute centralité. Alors que l'Ancien Régime plaçait le roi au centre, d'où le titre de monarque qui lui convient mieux, signifiant ainsi l'unité de son pouvoir, la République, elle, fait de la nation le centre. Du coup, elle est déclarée souveraine.

En maintenant la souveraineté comme principe de l'Etat, les révolutionnaires perpétuaient *le prince*, c'est-à-dire le modèle étatique tel que les théoriciens, de Machiavel à Hobbes, le concevaient. Cette perpétuation de la puissance est bien en effet une caractéristique *essentielle* de la souveraineté : Bodin en est le penseur conséquent [1]. Celle-ci — la puissance — existe alors pour elle-même, par elle-même, elle est le cadre à l'intérieur duquel se joue la vie politique. La Révolution, de ce point de vue, doit être considérée comme le re-commencement du modèle étatique : il est significatif que la « nation » ait joué un rôle décisif dans la lutte contre le despotisme de l'Ancien Régime pour affermir le thème de la souveraineté du peuple.

Comment comprendre, alors, le discours que Robespierre présente au Comité de salut public le 25 décembre 1793 et qui porte sur les *principes du gouvernement révolutionnaire*? « La théorie du gouvernement révolutionnaire est aussi neuve que la Révolution qui l'a amenée. Il ne faut pas la chercher dans les livres des écrivains politiques qui n'ont

1. Cf. Tome II, *La Genèse de l'Etat laïque* (IV. 4).

point prévu cette révolution, ni dans les lois des tyrans qui, contents d'abuser de leur puissance, s'occupent peu d'en rechercher la légitimité; aussi ce mot n'est-il pour l'aristocratie qu'un sujet de terreur ou un texte de calomnie, pour les tyrans qu'un scandale, pour bien des gens qu'une énigme, il faut l'expliquer à tous pour rallier au moins les bons citoyens aux principes de l'intérêt public [1]. »

La volonté marquée de Robespierre de ne pas rapporter la Révolution à un modèle autre qu'elle-même est tout à fait contestable. Certes le gouvernement de Salut public se trouvait face à une situation qui, naturellement, était sans précédent, mais le thème de la nouveauté de la tâche est usurpé dans son principe. L'intervention de Robespierre repose d'ailleurs sur la distinction de l'œuvre de la Révolution et de celle de la Constitution : si ces deux plans de l'action politique ne sont pas séparables, faisant ensemble partie de la vie politique du moment, ils le sont, du moins, dans leurs objets et dans leurs buts. C'est ce que déclare Robespierre : « La fonction du gouvernement est de diriger les forces morales et physiques de la nation vers le but de son intention — le but du gouvernement constitutionnel est de conserver la République; celui du gouvernement révolutionnaire est de la fonder. » C'est là, très exactement, reprendre presque mot pour mot la définition que donne Machiavel de la politique, celle-ci est l'action du prince, c'est-à-dire la stratégie de conquête : fondation et conservation. Quand on sait que le problème auquel est confronté l'An I de la Liberté est celui de sa défense à l'extérieur comme à l'intérieur, on mesure l'étendue de la nouveauté dont parle Robespierre : sur le plan du *principe* de l'instauration de l'Etat, il n'y en a pas : le principe du pouvoir d'Etat est le même que celui énoncé par le secrétaire florentin.

Cette précision est essentielle à notre propos : 1792 n'inaugure pas une ère *nouvelle* en politique, mais rénove,

1. *Discours et Rapports à la Convention,* édité par Marc Bouloiseau, Paris, U.G.E., 10/18, p. 19.

réactualise le modèle étatique élaboré en théorie comme en pratique du XIVe au XVIe siècle. Si 1792 est cependant un « grand événement » (Clausewitz), c'est justement parce que cette rénovation n'a pu se faire que par l'avènement du « peuple » et de la « nation » sans renier pourtant — il s'en faut même de beaucoup — le thème sacro-saint, quoique « profane », de la souveraineté de l'Etat. Il a donc été question en 89 et 93 de reconstituer la souveraineté, laquelle jusqu'alors était confisquée par le « tyran » : il importait que cela fût fait au nom du peuple, même si cette promesse de liberté était grosse d'ambiguïté pour l'avenir.

Quoi qu'il en soit, c'est la nation qui donne corps au peuple. Robespierre pour sa part parlera surtout de « patrie », là où Danton préfère parler de « nation ». Cette distinction recèle une opposition : celle de l'universalisme et du cosmopolitisme dont se réclame Robespierre, et du nationalisme français, qui finalement triomphera, et que défend Danton[1]. Le 24 avril 1793, lors de la discussion du projet de Déclaration des droits à la Convention, Robespierre critiquant le projet du Comité fit cette proclamation : « On dirait que votre Déclaration a été faite pour un troupeau de créatures humaines parqué sur un coin du globe, et non pour l'immense famille à laquelle la nature a donné la terre pour domaine et pour séjour. » La « nation » est d'abord celle du « genre humain », c'est pourquoi les articles que propose Robespierre seront tout imprégnés d'universalisme. Article I : « Les hommes de tous les pays sont frères, et les différents peuples doivent s'entraider selon leur pouvoir, comme les citoyens du même Etat. » A cela le dantoniste Robert devait répondre : « Laissons aux philosophes, laissons-leur le soin d'examiner l'humanité sous tous ses rapports; nous ne sommes pas les représentants du genre humain. Je veux donc que le législateur de la France oublie

1. Nous suivons ici les analyses très neuves de J.-Y. GUIOMAR, dans *L'Idéologie nationale — nation, représentation, propriété,* éditions Champ libre, Paris, 1974. Nous lui empruntons les citations suivantes pp. 146-147.

un instant l'univers pour ne s'occuper que de son pays. Je veux cette espèce d'égoïsme national sans lequel nous trahirons nos devoirs, sans lequel nous stipulerons ici pour ceux qui ne nous ont pas commis, et non en faveur de ceux au profit desquels nous pouvons tout stipuler. J'aime tous les hommes, j'aime particulièrement tous les hommes libres; mais j'aime mieux les hommes libres de la France que tous les autres hommes de l'univers. Je ne chercherai donc pas quelle est la nature de l'homme en général mais quel est le caractère du peuple français. » Comme le remarque Guiomar, c'est de ce mois d'avril 1793 que date le nationalisme français.

On voit que pour se référer à la nation, les définitions qu'on en donne sont loin d'être semblables : égoïste ou universaliste, l'idée de nation est pourtant hautement révolutionnaire. S'il en est ainsi, c'est parce que derrière ce vocable de nation, est proclamée la lutte des peuples contre les tyrans. En plaçant la nation au premier rang de la scène politique, les révolutionnaires déplaçaient le monarque. Il reste que dans cette vaste transformation on n'a cherché qu'une chose : occuper la place désormais vide du roi, par le peuple ou ses représentants. On n'a pas cherché à détruire la souveraineté : la République, au contraire, lui a redonné vie. La destruction de l'Ancien Régime s'est donc effectuée sur le plan de la destruction de l'appareil de l'Etat monarchique. En d'autres termes, là où le tyran abusait de son pouvoir, le peuple, en démocratie, ne fera qu'en user.

Le peuple devenant prince, la puissance se perpétue, donc la souveraineté se conserve. Est-ce à dire que nous sommes, en 1793, en totale illusion? Non, car s'effectue alors, comme on le remarquait, le passage du « prince » au « peuple ». Pour saisir la nature de cette transformation — révolution authentique — il faut regarder en arrière pour voir ce qui sépare la figure du prince de celle du peuple.

### Prince et nation

Les « miroirs du prince » qui fleurissent au XVI^e siècle et dont *Le Prince* de Machiavel n'est peut-être pas le meilleur exemple, donnaient du roi une image où la vertu, c'est-à-dire la présence du Bien dans le Beau, est posée comme première condition à l'exercice du pouvoir par le monarque. On pourrait, à ces textes, ajouter les portraits de Prince. La peinture, ici, dit la même chose que les lettres. Il suffit de mentionner pour François I^er, Guillaume Budé : *L'Institution de prince,* écrite en 1518-1519, et le tableau de Clouet. Dans tous les cas, c'est la majesté du roi qui est mise en valeur, or, cette *majesté est celle du corps.* Si la chose est évidente pour Clouet, elle ne l'est pas nécessairement pour Budé. Il suffit pourtant de voir le soin que met l'humaniste à louer de façon équivalente la beauté du corps et celle de l'âme de son monarque. Dans ces « miroirs », la description du prince est d'abord la représentation de la monarchie sous forme d'un corps : le modèle organique est ce qui représente le mieux le pouvoir tel que l'exerce le monarque et tel qu'il en est le dépositaire [1]. Dieu, la nature et la fortune font les bons princes : une âme pure dans un corps beau pour permettre des actions héroïques. Dans ce texte de Guillaume Budé [2] il n'est guère question du peuple : il est surtout question des « subjectz ». « De ces biens dessus dictz qui viennent de grâce divine vous êtes grandement obligé à Dieu, non seulement d'en rendre grâce, mais aussi d'en bien user au salut de vous et de vos subjectz [3]. » Comptable devant Dieu, le roi ne l'est pas devant le peuple : il *use* de sa puissance pour son salut personnel et pour celui de ses sujets. Mais cette description du roi compte surtout en ce qu'elle

1. Dans *The King's two Bodies,* Princeton, 1957, H. Kantorowicz a montré que la monarchie britannique reposait pour une part sur le symbolisme de deux corps du roi : un corps naturel et physique, mortel et un corps public, immortel celui-là.
2. Cf. édition de C. Bontems, P.U.F., 1964. Voir bibliographie.
3. P. 84.

constitue le roi et son royaume en un corps dont il est lui-même la tête.

Cette métaphore organique se développe donc considérablement dans tous les « miroirs du prince » : ce que ces textes n'ont pas, en raison de leur pauvreté théorique évidente, ils le compensent cependant en fondant une idéologie du corps du roi dont avait besoin pour son propre usage la conception naissante de la souveraineté : la monarchie depuis est représentée — symbolisée — par le corps du monarque et le royaume est lui-même un corps. On sait quelle fortune aux XVIIe et XVIIIe siècles, la métaphore aura dans la pensée politique [1] : c'est celle du « corps politique ». Or, ce point importe ici car nous tenons avec lui le signifiant pertinent permettant d'éclairer comme il convient l'idéologie du peuple au moment où les révolutionnaires français, au nom de la « souveraineté de la nation » (ou du peuple), proclameront la République « Une et Indivisible ».

C'est que, en effet, le « corps politique » est d'abord l'idée de l'unité du royaume et ensuite celle de l'unicité du centre de pouvoir. La tête est séparée du corps mais elle y tient, et ensemble nous n'avons qu'un corps. Au reste Hobbes représente Léviathan sur le frontispice de son livre, en 1651, comme un homme immense affublé des attributs du pouvoir, dont le corps est constitué d'une infinité de petits hommes qu'il semble avoir digérés, que le monstre en tout cas s'est approprié en tirant d'eux sa propre substance. L'illustration du Léviathan représente ainsi un chef et son peuple, unis, quoique distincts comme peuvent l'être la tête et le tronc, le contenu et le contenant.

Cette unité de corps est celle-là même de la nation; affirmer que la nation est un corps, *indépendamment* du corps

1. Naturellement la métaphore organique n'est pas une invention des miroirs du prince. Ceux-ci, toutefois, l'appliquent systématiquement à la description du prince souverain, contribuant de la sorte à faire pénétrer la notion dans la pensée politique en Angleterre comme en France. Son origine dans la pensée moderne est à chercher dans une désacralisation de la notion de « corps du Christ ».

du roi et, ainsi éliminer le roi — et par conséquent la monarchie avec lui —, c'était proclamer l'avènement du peuple souverain et celui de la république sinon de la démocratie. Cette tentative définit et caractérise le mouvement d'idées qui parcourt les quarante dernières années de l'Ancien Régime, et sa concrétisation institutionnelle en 1792. L'idéologie du peuple est une idéologie de la résistance : résistance au tyran, au monarque, à l'Ancien Régime.

C'est là ce qu'avait bien compris Louis XV, montrant en cela une perspicacité digne de Louis XIV. L'unité roi-nation est consubstantielle à la monarchie; que celle-ci vienne à être menacée, autrement dit que la nation fasse corps à part si l'on peut dire et c'en est fini de la couronne. Le 3 mars 1766, sentant ce principe essentiel contesté, Louis XV tient ce discours au Parlement car, quand les représentants font corps, c'est que la nation qu'ils représentent est elle aussi animée d'un même mouvement : « Les droits et les intérêts de la nation, dont on ose faire un corps séparé du monarque, sont nécessairement unis avec les miens et ne reposent qu'en mes mains. Je ne souffrirai pas qu'il se forme dans mon royaume une association qui ferait dégénérer en une confédération de résistance le lien naturel des mêmes devoirs et des obligations communes, ni qu'il s'introduise dans la monarchie un corps imaginaire qui ne pourrait qu'en troubler l'harmonie; la magistrature ne forme point un corps ni un ordre séparé des trois ordres du royaume [1]. » Ce qu'entrevoit Louis XV, c'est donc la possibilité d'une « confédération de résistance » si la nation fait corps. Cette idée de « résistance » est capitale : elle est au centre de l'idéologie du peuple et, de ce point de vue, Louis XV a parfaitement compris le sens des trente années à venir. La constitution de 1793, en instituant la souveraineté du peuple, reconnaissait le droit de résistance; il est vrai que cette constitution — la plus démocratique que la France ait jamais connue — n'a

1. Cité par Guiomar, *op. cit.*, p. 39.

pas été appliquée. N'importe : le passage est désormais irréversible; malgré des retours en arrière, le XIXe siècle bourgeois consolidera finalement le principe de la souveraineté du peuple de façon, certes, théorique mais néanmoins définitive.

Donc le peuple est le prince; il occupe la fonction du prince, c'est pourquoi le passage du « prince » au « peuple » et par conséquent le re-commencement de l'Etat revient, de la part du peuple, à s'approprier la souveraineté : c'est là la fin de l'activité révolutionnaire. Robespierre organise en effet son discours à la Convention du 5 février 1794 autour de ce thème, pour développer la « vertu » dans la République. « Non seulement la vertu est l'âme de la démocratie; mais elle ne peut exister que dans ce gouvernement. Dans la monarchie, je ne connais qu'un individu qui peut aimer la patrie, et qui, pour cela, n'a pas même besoin de vertu; c'est le monarque. La raison en est que de tous les habitants de ses Etats, le monarque est le seul qui ait une patrie, n'est-il pas le souverain, au moins de fait? N'est-il pas à la place du peuple? Et qu'est-ce que la patrie, si ce n'est le pays où l'on est citoyen et membre du souverain [1]? » Héritier, ici, à la fois de Rousseau et de Montesquieu, Robespierre représente assez bien les ambiguïtés de l'An I de la Liberté. La structure étatique n'est pas mise en cause ou, s'il advient qu'elle le soit, elle se maintient finalement. En ce sens la Révolution française est l'héritière de la philosophie politique anglaise et française. Or, ce qui traverse la réflexion politique aux XVIIe et XVIIIe siècles, c'est la question du prince et non pas celle du roi. Les avis sont partagés sur les bienfaits de la monarchie absolue ou constitutionnelle. C'est celle de la souveraineté, c'est-à-dire de l'Etat. Le discours politique est un discours étatique où le Léviathan, quelque forme qu'il prenne chez Hobbes ou chez Rousseau, n'est jamais contesté en tant que tel.

1. *Discours et rapports*, *op. cit.*, p. 215.

En ce sens la République « Une et Indivisible » a considérablement contribué à affermir dans les mœurs le modèle étatique, et cela au nom du peuple et de la nation. Quelle est en effet la signification de ce thème du « prince »? C'est d'avoir introduit le « peuple » dans la politique moderne : le monarque gouverne le peuple au nom du peuple, mais c'est *lui* qui détient le principe de ce gouvernement, d'où sa souveraineté. Celle-ci est en effet disponible si l'on peut dire, elle existe indépendamment de celui qui l'exerce; elle est donc, comme le voulait Machiavel, un objet de conquête, et un théoricien comme Grotius au XVII<sup>e</sup> siècle, la pense explicitement comme un bien susceptible d'une appropriation. Or, il est certain que si la souveraineté n'est pas mise en œuvre elle n'existe plus, en sorte qu'elle ne subsiste que dans la mesure où le prince se l'approprie. Dans ces conditions, l'*unité* est absolument requise par l'Etat souverain selon des modalités ou des figures historiques particulières. Le passage du prince au peuple est donc bien la conservation du prince dans le peuple, autrement dit la conservation de l'unité. Non seulement le peuple fait un (c'est le thème du « peuple en corps ») pour lui-même, mais surtout il fait *un* avec la souveraineté qu'il exerce. Or, c'est là très exactement la structure du prince : le monarque fait corps avec la nation, il fait *un* avec la souveraineté.

On sait qu'un critique de l'époque (le père Berthier) reprochait à Rousseau d'avoir, dans *Du Contrat social,* retiré la souveraineté au roi : le reproche, certes, est justifié, mais il s'en faut que Rousseau ait pour autant retiré la souveraineté au « prince » — *puisque ce prince c'est le peuple.* Cette notion du prince, dans le sens que nous lui donnons ici, est donc essentielle; elle nous permet de comprendre ce qui change et ce qui demeure au cours des transformations. Le modèle étatique est le modèle du prince, que celui-ci soit le monarque, le peuple ou le parti. Ce qu'apporte la Révolution c'est donc, sans aucun jeu de mots, la révélation du prince, autrement dit de l'Etat. Nous avons dit que le

XVI^e siècle élaborait (sur des bases qui remontent au XIV^e) la doctrine de l'Etat moderne : cette doctrine est l'avènement du peuple comme catégorie politique. Qu'il ait fallu trois siècles pour que le peuple soit, par la Constitution, déclaré souverain ne change rien : il apparaît clairement au grand jour en 1793, cependant il est déjà une force essentielle tant chez Machiavel que chez Bodin. La I^re République le révèle à lui-même en se déclarant « une et indivisible », or, l'instrument de cette révélation est la *nation*. Celle-ci est un corps, unique et homogène et peut par conséquent recevoir la souveraineté, c'est-à-dire l'exercer, fût-ce par représentants interposés. En effet, dès lors que la nation est un corps, le roi n'est pas le corps de la nation, on ne peut donc pas parler de la « nation-roi », pas plus d'ailleurs que du « peuple-roi ». Mais il faut parler maintenant du *peuple-prince*, ancêtre bourgeois du parti-prince dans les républiques de prolétaires [1].

### Le Peuple et la loi

Cette perpétuation de la puissance d'Etat, au profit d'une classe sociale qui, de la sorte, se donnait les moyens nécessaires à assurer et préserver son pouvoir, nul mieux peut-être que Saint-Just ne l'a ressentie comme nécessité. C'est en fait le règne du droit et de la loi qu'inaugure l'avènement révolutionnaire du peuple souverain. « Dans l'état de nature, écrit-il, l'homme n'a point de droit, parce qu'il est indépendant. Dans l'état de nature la morale se borne à deux points, la nourriture et le repos. Dans le système social il faut y joindre la conservation, puisque le principe de cette conservation pour la plupart des peuples est la conquête. Or, pour qu'un Etat se développe, il a besoin

1. C'est dans cette perspective qu'il convient d'analyser les thèses de Gramsci sur le « prince nouveau » : il apparaîtrait que le but visé par Gramsci n'est pas celui que l'histoire, depuis 1917, a atteint.

d'une force commune, c'est cette force qui est le souverain; pour que cette souveraineté se conserve, elle a besoin de lois qui règlent ses rapports infinis, pour que ses lois se conservent, il faut que la cité ait des mœurs et de l'activité; ou la dissolution du souverain est prochaine [1]. » Le commentaire de ce texte admirable doit être cherché dans les *Fragments sur les institutions républicaines*. Ces textes expriment au plus près la volonté de la Révolution parfaitement mise en lumière par la République « jacobine » et qui peut se résumer ainsi : là où règne la loi, règne la liberté. Dans son ensemble le XVIIIe siècle atteste ce point; il est remarquable que ce mouvement ait été structuré par la montée du « peuple » contre la tyrannie du roi.

Si donc, comme on le remarquait, l'idéologie du peuple est l'idéologie qui se constitue autour du « peuple » comme mythe de puissance, cette idéologie est celle-là même de la liberté par la loi. Quand le prince-peuple accède à la souveraineté, c'est le droit qui accède au pouvoir; la loi civile et politique prime, dès lors, sur la loi de nature. Si l'essence du peuple est d'être libre cette essence ne s'exprime que dans les lois. C'est pourquoi l'activité législative des révolutionnaires fut considérable et que Saint-Just s'est fait le grand défenseur de la thèse selon laquelle l'absence de loi opprime, alors que l'existence des lois est garantie de liberté. « Le corps législatif, écrit-il, est pareil à la lumière immobile qui distingue la forme de toutes choses et à l'air qui les nourrit... Il est le point sur lequel tout se presse; il est l'âme de la constitution, comme la monarchie est la mort du gouvernement. *Il est l'essence de la liberté* [2]. » On voit combien la Révolution, qui ne change rien au principe étatique, change radicalement le rapport du peuple au pouvoir, ou, ce qui est la même chose, le rapport du citoyen à l'Etat. La notion même de citoyen, aux lieu et place de celle de sujet,

1. *L'Esprit de la Révolution*, édition R. Maudrou, U.G.E., 10/18, Paris, 1963.
2. *Ibid.* p. 83 (ce qui est souligné l'est par moi).

suffirait à elle seule à nous en convaincre, d'où le mot célèbre de Saint-Just : « Lorsqu'on parle à un fonctionnaire, on ne doit pas dire *citoyen;* ce titre est au-dessus de lui. »

Si l'on a raison de parler de l'individualisme bourgeois, on doit le faire cependant sans perdre de vue que le milieu de l'individu est le peuple et, à travers lui, la cité ou mieux la *société civile* ou *politique.* Si bien que l'avènement du peuple, non seulement comme catégorie politique (au XVIe siècle), mais surtout comme mythe de puissance et comme sève de l'Etat républicain, est l'avènement de la loi et du droit et plus encore de l'idée de société civile [1]. C'est à partir d'elle que le libéralisme contemporain se constitue; il est remarquable que ce soit la Révolution qui l'institue.

Qu'est-ce que cette « société » telle que les révolutionnaires, à partir de 1789, s'y réfèrent? Elle n'est pas séparable de la nation et de la « patrie »; elle signale une appartenance à la communauté. Ce que l'Ancien Régime ne connaissait pas, c'est précisément cette communauté, ce *bien commun,* auquel chaque individu participe en tant qu'individu. « La patrie n'est point le sol, dit Saint-Just, elle est la communauté des affections, qui fait que chacun combattant pour le salut ou la liberté de ce qui lui est cher, la patrie se trouve défendue. Si chacun sort de sa chaumière son fusil à la main, la patrie est bientôt sauvée. Chacun combat pour ce qu'il aime : voilà ce qui s'appelle parler de bonne foi. Combattre pour tous n'est que la conséquence [2]. » On ne doit pourtant pas se représenter cette société comme une réalité empirique : ce n'est pas le pays, pas plus que la nation ou la patrie ne sont un territoire. C'est d'abord une entité morale ou plutôt éthique : elle fonde une obligation. Du coup, droits et devoirs se répartissent. L'homme est

1. Sur la formation de cette notion de « société civile », cf. notre article dans le tome II : *La Genèse de l'Etat laïque* (IV. 4) et ici même, notre analyse du *Libéralisme*.
2. *Fragments..., op. cit.* p. 144.

déclaré citoyen et, partant, on peut lui reconnaître des droits. Il a donc aussi des devoirs sans lesquels sa liberté propre ne serait rien, puisque ces devoirs sont ceux qu'il a envers la communauté.

On peut voir ainsi toute la différence qu'il y a entre l'Ancien Régime qui repose sur le prince et le nouveau qui repose sur le peuple. Nous évoquions plus haut les « miroirs du Prince » qui fleurissent au XVIe siècle. En représentant le roi, ces œuvres représentaient la puissance, celle-ci n'étant précisément que dans le monarque. Ces représentations du prince constituaient l'image du pouvoir souverain : en sorte que l'autorité était bien visible. Le *sujet* se rapportait directement au roi, c'est d'ailleurs pour cette raison, explicitement invoquée, que Guillaume Budé s'adresse à François Ier : il lui dit que tout le monde a les yeux sur lui. Ce faste des rois est requis par le pouvoir qu'ils exercent. Qu'en est-il maintenant du fait que le peuple est le prince, maintenant que le corps du prince *est* la nation? Le citoyen, et non plus le sujet, est en rapport seulement avec la loi, c'est pourquoi la première tâche de la Révolution, son souci permanent aussi est d'élaborer une Constitution, une Déclaration des droits. La *Loi* en république démocratique est le seul centre vers lequel se tournent les regards. L'Etat, alors, n'est que l'instrument de la loi et le citoyen n'a affaire qu'à elle. La transformation radicale sur le plan de la forme de l'Etat introduite par la Révolution française, consiste à transférer à la loi l'autorité détenue par le monarque. Ce transfert marque bien la naissance de l'Etat contemporain dans la droite ligne du modèle étatique élaboré entre le XIVe et le XVIe siècle.

Dans la séquence de la souveraineté, le moment du prince qui correspond grosso modo à la monarchie absolue, le principe de la puissance forme une *unité* indissoluble avec la forme en laquelle cette puissance l'exerce : la monarchie est une monocratie. La loi est alors la volonté du monarque et le rapport à la loi est le rapport au monarque, d'où la majesté dont sait s'entourer le souverain. Le moment du peuple qui correspond à la période inaugurée par la Révolution française réalise lui aussi l'unité du principe et de l'exercice de la puissance. La loi est alors la volonté du peuple et la république est une démocratie. Elle ne cesse pas pourtant d'être un Etat. C'est ce qui importe ici. Alors que le rapport d'obéissance était transparent sous le monarque, le sujet ayant affaire directement au roi, ce rapport subsiste toujours, mais considérablement obscurci. C'est seulement par un artifice de rhétorique que l'on peut dire qu'en démocratie le peuple obéit à lui-même obéissant à la loi : l'argument étant qu'on ne peut être que libre en obéissant à ses propres décrets. En fait, ce que le moment du « peuple » introduit dans la séquence de la souveraineté, c'est l'*autonomie de la loi dans l'Etat.* Quand le peuple est souverain et donc aussi législateur [1], l'*exercice* de la puissance ne saurait être le fait que de l'Etat, ce gardien de la loi pour tous. L'Etat peut donc justifier son principe dans le peuple et, par la loi, justifier son autorité sur lui. L'Etat apparaît alors comme la traduction juridique du « peuple » et celui-ci comme un véritable mythe de puissance.

Le citoyen, en démocratie, est « membre du souverain », comme disent ensemble Robespierre et Rousseau : il ne cesse pas pour autant d'obéir; ne pouvant plus obéir au roi, il se soumet à la loi qu'il se donne à lui-même, du coup il obéit à l'Etat, puisque Léviathan *est* dans (et par) le peuple, et que le peuple c'est lui.

## Peuple et révolution

On ne cherchera donc pas ici à justifier cette idéologie du peuple, ce serait justifier l'Etat. D'ailleurs, l'histoire, depuis lors, a eu pour tâche de mener à bien une telle justi-

1. Nous raisonnons ici sur le cas « idéal » de la démocratie étatique « directe ».

fication. On ne donnera donc pas raison, mais pas non plus tout à fait tort à Saint-Just quand il déclare que c'est la loi qui libère et que la tyrannie est précisément l'absence de loi. Quoi qu'il en soit, le problème auquel s'est heurté la Révolution française est moins celui de la destruction de la monarchie d'Ancien Régime que celui de la fondation de la démocratie. Autrement dit, la lutte *contre* la tyrannie est-elle le meilleur moyen d'agir *pour* la démocratie [1] ? C'est là le problème qui est à l'horizon des débats pour ce qui est de déterminer la ligne du gouvernement révolutionnaire. Cette question, depuis, a été souvent agitée sous une forme ou sous une autre : elle est toujours actuelle.

Mais on n'aurait pas suffisamment remarqué les tendances secrètes ou avouées qui constituent l'idéologie du peuple si nous ne remarquions aussi que l'*esprit* auquel participe cette notion du peuple est l'*esprit de la révolution*. Ce serait se méprendre que de considérer que ce thème de la révolution naît avec 89 et qu'il en est même tout l'esprit. Certes 89 est à l'origine de notre notion de révolution. En fait ce thème est, parmi tant d'autres, déjà nettement présent au XVIe siècle, non pas comme doctrine constituée mais comme support des représentations mentales, comme cadre de l'action. Au reste, Machiavel participe largement de cet état d'esprit; le prince est fondateur, il instaure et il lutte. Ce qu'apporte 89, c'est la révolution comme *évidence* si l'on peut dire : depuis ce temps la révolution est le tout de la pensée et de la stratégie politique. Si la révolution devient évidente, c'est que 89 la manifeste, or cette manifestation de la révolution est le fait du peuple. C'est le peuple qui fait la révolution et celle-ci se fait au nom du peuple. Ce que le XVIe siècle n'avait pas du tout envisagé clairement, le XVIIIe le met en lumière : le couple peuple-révolution forme le cadre de la vie politique depuis ce temps. La tradition socialiste au XIXe comme au XXe siècle, est dépendante de ce

1. Sur ce problème de la démocratie, voir chapitre suivant : *Liberté, Egalité.*

schéma directement issu de 89 et la répartition des doctrines peut se faire à partir d'un couple secondaire : réforme et révolution. Cette alternative faisant écho à une autre à laquelle était suspendu le destin de la république jacobine : révolution ou restauration. Mais, on l'a dit, depuis Machiavel la politique est l'art d'instituer, c'est celui de la fondation et l'on a vu Robespierre parler littéralement comme le secrétaire florentin : il est remarquable qu'il le faisait pour invoquer la nouveauté de l'œuvre qui restait à faire puisque le thème révolutionnaire est largement celui de l'invention d'un « ordre nouveau ».

Il est donc essentiel de repérer dans le sillage profond laissé par la période considérée, l'origine du thème contemporain de la révolution. Mais il est capital d'avoir présent à l'esprit que ce thème a été possible à partir du « peuple » : l'idéologie du peuple apparaît bien comme celle de la révolution. De sorte que nous pourrions formuler ici une hypothèse bien fondée, d'autant mieux fondée qu'elle n'est pas seulement issue de la seule période qu'inaugure 1789 mais encore de celle qu'inaugure 1917. Mieux même, les prémisses en sont posées dès l'avènement de la souveraineté comme doctrine constituée et comme pratique politique historique. Nous disons que le thème de la révolution est essentiel à l'Etat, il n'en est pas la substance, mais il en est assurément la *forme*. L'Etat a montré qu'il était révolutionnaire et il s'avère que la révolution est toujours au service de la fondation et de la conservation de l'Etat. Nous tenons ici une donnée constitutive de l'histoire moderne qui n'est, naturellement, pas la seule. Elle n'en est pas moins fondamentale.

Quand les peuples se donnent des Etats, cela ne se peut faire, à l'intérieur du cadre de la souveraineté, que s'ils accomplissent la révolution. En ce sens nous dirons que l'Etat suppose la révolution : le thème révolutionnaire appartient jusqu'à nouvel ordre, au registre de la souveraineté. Il en est à la fois la *grammaire* par laquelle sa séquence procède et se transforme, et la *logique* par laquelle cette même séquence s'affermit et se perpétue. Prince, peuple et parti décrivent en effet un mouvement tout à la fois continu et discontinu. La continuité de l'Etat s'y propage par le moyen des discontinuités révolutionnaires. Or, c'est le peuple qui est le principe premier de cette histoire. Invisible sous le régime du prince, quoique présent, il se révèle ensuite. Ainsi Louis XV avait compris, comme on le remarquait, la subtilité qui se faisait jour quand, devant lui, extérieure à lui, la nation (qui sera bientôt le peuple) s'organisait en un corps séparé de sa propre personne. En stigmatisant la « confédération de résistance », il mettait le doigt sur la révolution.

Ainsi, l'Etat est par nature révolutionnaire, il ne survit qu'en se transformant. Pour lui, le temps est mortel s'il ne sait, l'instant venu, s'approprier la durée en cassant le rythme de sa puissance pour l'installer sur d'autres bases. Or, le socle le plus sûr d'un tel réajustement de son autorité est le peuple. C'est pourquoi Hobbes avait raison de représenter Léviathan comme un géant qui a ingurgité son peuple; c'est que l'Etat a peur de la mort tout comme les hommes qui, pour fuir cette crainte suprême, s'abandonnent, selon lui, dans les bras de celui qu'il nomme encore le « Dieu mortel ». La loi, le peuple et la révolution, telles sont donc les figures essentielles de la souveraineté. Cela ne serait rien que de la métaphysique pure si la puissance à laquelle les hommes se livrent ne finissait par les dévorer. C'est ainsi que le culte de l'Etat, comme semble le penser Saint-Just, se confond, dans une république bien faite, avec le culte des morts. Ne lit-on pas dans les *Fragments...* ce curieux passage, moins étonnant qu'il n'y paraît : « Les cimetières sont de riants paysages; les tombes seront couvertes de fleurs, semées tous les ans par l'enfance [1]. »

| |
|---|
| Pour la bibliographie : Cf. bibliographie du texte suivant : *Liberté, Egalité*. |

1. *Fragments...*, p. 170.

# 4

# Liberté, Égalité

par Gérard MAIRET

Liberté et égalité sont les maîtres mots de la Révolution française. C'est en leur nom que les actions ont été menées et la victoire assurée. Ce n'est donc pas un hasard si le premier acte révolutionnaire est de déclarer solennellement l'existence de droits de l'homme et si ceux-ci sont d'abord la liberté et l'égalité. On ne discutera pas ici de savoir quelle est l'origine de cette célèbre Déclaration de 89, non certes que cette question importe peu, mais il apparaît préférable d'interroger la signification générale de cette référence à la liberté et à l'égalité.

Ce qui est remarquable, en effet, c'est que, tant en France qu'en Amérique treize ans plus tôt, ces deux notions structurent les déclarations en termes de droit. Liberté et égalité sont des droits. Rappelons pour mémoire les énoncés en question : la Déclaration d'indépendance (Philadelphie, le 4 juillet 1776) « considère comme des vérités évidentes par elles-mêmes, que les hommes naissent égaux; que le créateur les a dotés de certains droits inaliénables, parmi lesquels sont la vie, la liberté, la recherche du bonheur; que les gouvernements humains ont été institués pour garantir ces droits ». De son côté la Déclaration de 89 stipule (art. 1) : « Les hommes naissent et demeurent libres et égaux en droit. Les distinctions sociales ne peuvent être fondées que sur l'utilité commune »; (art. 2) : « Le but de toute association politique est la conservation des droits naturels et imprescriptibles de l'homme. Ces droits sont la liberté, la sûreté et la résistance à l'oppression. »

Dans la déclaration américaine, les hommes ne naissent pas libres, ou du moins cette liberté n'est pas posée. Dans la déclaration française, liberté et égalité sont de naissance — sans référence au « créateur » — mais ce sont surtout des *droits* de naissance. Ces différences dans la formulation sont pourtant minimes, car si, explicitement, dans le texte de 1776, les hommes ne naissent pas libres, ils sont cependant déclarés libres en vertu d'un droit que leur a accordé le créateur. La liberté est de droit divin si elle n'est pas de naissance. Ainsi dans les deux cas, c'est par le recours à un principe juridique que liberté et égalité sont dites constitutives de l'homme. Cette notion de l'homme est bien la notion fondamentale exprimée par ces textes. Ceux-ci dès lors ont pour but de révéler un « homme » dont les attributs caractéristiques et par conséquent universels sont la liberté et l'égalité mutuelles.

Cette anthropologie n'est pas seulement juridique, elle est aussi politique : cet homme est un « citoyen » comme le dit fortement le texte de 89. Or, c'est précisément cette citoyenneté de l'homme qui est posée comme la condition de la liberté. On a donc cette figure difficile et qui est la clé de l'idéologie qui sous-tend ces textes : la liberté et l'égalité existent par nature, elles sont le fait de l'homme en tant qu'homme, mais c'est dans la vie politique, sous la protection de l'Etat, que ces qualité intrinsèques sont garanties, étendues et sauvegardées.

En d'autres termes, ce qui *est* en vertu de mon droit naturel, ne peut prendre corps et *exister* pleinement que dans le cadre d'un droit politique : l'homme n'est un homme que s'il existe comme citoyen. On reconnaîtra ici l'option démocratique.

### Résistance, nature, tyrannie

Ainsi le sens de ces deux notions, tel que le XVIIIe siècle le met en lumière, c'est que l'homme est un *sujet naturel de droit*. C'est là le sens de cette idée qui forme la base doctrinale de la Révolution française : l'idée qu'il existe des « droits de l'homme ». Partant de là, on peut dire que la Révolution française est l'événement qui fait la démonstration de ceci : si les hommes, en des circonstances particulières — précisément la tyrannie —, n'exercent pas ces droits naturels, cela ne prouve pas que ces mêmes droits n'existent pas. La révolution apparaît comme l'émergence du droit naturel dressé contre la tyrannie.

En tant qu'affirmation du droit, la notion de l'homme recèle l'opposition de la nature à la tyrannie. Qu'est-ce donc que ce droit naturel par où l'individu se pose comme une personne et l'homme comme un citoyen? C'est ma qualité innée d'être libre; de posséder en moi ma propre raison et ma propre cause; c'est de me présenter à l'autre comme conscience de soi en reconnaissant ce titre à l'autre lui-même. La force de ce droit tient donc essentiellement dans ma *liberté absolue*. Etre homme, c'est être libre et cela s'atteste de ma condition d'être par nature un sujet de droit. Or c'est cette qualité qui m'est refusée par la tyrannie. Dans sa rigueur radicale, c'est bien là ce qu'exprimait Saint-Just : là où il n'y a pas de loi, règne la tyrannie. C'est pourquoi la Déclaration de 89 reconnaît, comme droit imprescriptible, le droit de résistance. Certes il n'est pas spécifié où commence et où finit l'oppression, mais ce vide même donne une consistance satisfaisante au droit de lui résister. C'est peut-être cette idée de résistance qui illustre le mieux le contenu du droit. L'homme est un citoyen, c'est dire qu'il est un sujet de droit, autrement dit il n'est pas un « sujet » créature soumise à une volonté étrangère à la sienne. Etre sujet de droit, c'est jouir d'une volonté libre, être franc de toute obéissance, de toute servitude. La dépendance est le signe de ma sujétion et l'indice de la tyrannie. C'est pourquoi la nature — le droit naturel — est la meilleure arme contre le despotisme. Entre le sujet du roi et le sujet de droit, il y a donc la même différence qu'entre la liberté et la servitude.

Les révolutionnaires, en codifiant ainsi les droits de l'homme et du citoyen codifiaient en somme la théorie de la démocratie : celle-ci est la reconnaissance de l'égalité, mais l'égalité suppose la liberté. Par conséquent, il fallait fonder cette liberté en droit, en faire un droit pour en faire une arme. De plus, si l'on a le *droit* de se révolter, alors toute révolte, toute révolution est légitime. Mieux qu'un droit, en effet, la résistance est aussi un *devoir*. Avec lui, c'est le devoir de conserver ma vie d'homme libre qui est ainsi proclamé : la liberté, bien que naturelle, issue de Dieu ou de la nature, (ce qui est semblable) est affaire de conquête. C'est pourquoi la lutte contre la tyrannie est ressentie alors comme la lutte pour retrouver les dispositions premières de la nature, au nombre desquelles figure, première entre toutes, la liberté.

Résistance à l'oppression, légitimité de la résistance, devoir de préserver et de conquérir ma liberté, tout cela constitue véritablement mon droit naturel. Il est alors essentiel de remarquer que ce droit qui *est*, ne peut véritablement *exister* que dans la société, c'est-à-dire dans le règne de la loi. Robespierre, intervenant dans le débat sur la Constitution le 10 mai 1793, pour faire valoir ce thème de la *loi* comme instrument de la lutte contre la tyrannie, se référait à Rousseau : « L'homme est né pour le bonheur et pour la liberté, et pourtant il est esclave et malheureux. La société a pour but la conservation de ses droits et la perfection de son être; et partout la société le dégrade et l'opprime. Le temps est arrivé de la rappeler à ses véritables destinées; les progrès de la raison humaine ont préparé cette grande Révolution, et c'est à vous qu'est spécialement imposé le devoir de l'accélérer. Jusqu'ici, l'art de gouverner n'a été que l'art de dépouiller et d'asservir le grand nombre au profit du petit nombre; et la législation, le moyen de réduire ces attentats en systèmes. Les rois et les aristocrates ont très bien fait leur métier, c'est à vous maintenant de faire le vôtre. C'est-à-dire de *rendre les hommes heureux et libres par les lois* [1]. » Les thèmes charriés par l'idée du droit naturel sont pratiquement tous présents dans ce texte, mais surtout le thème majeur : la société fondée sur des lois est élément de la liberté, le milieu où se réalise mon droit. De sorte que si ce droit est de nature, il ne peut exister comme fait que dans la société. Ou, pour le dire autrement, la problématique que traduit la Déclaration de 1789 apparaît être celle-ci : la liberté et l'égalité sont des droits (naturels), ils ne peuvent cependant être des faits que dans les lois (de la société).

Ainsi ce qu'induit l'idée de droit de nature, ou de prescription naturelle de mes droits, c'est finalement l'obligation sociale et politique de l'homme qui devient, du coup, un citoyen — sujet de droit. Quand donc j'affirme ma liberté, ou plutôt quand la Révolution française affirme la liberté de « l'homme », c'est pour proclamer la nécessité de constituer l'Etat. La référence à la nature est donc en fait une double référence : d'abord contre la tyrannie et ensuite pour la république.

On doit ici remarquer que l'appartenance à la communauté humaine, et plus précisément la justification du pouvoir de la société sur l'individu ne sont pas des thèmes propres à la seule Révolution française : tout le XVIIIe siècle philosophique est l'affirmation dans son ensemble — Rousseau inclusivement — que la société et l'Etat sont requis pour l'épanouissement de la liberté de l'homme. Or ce thème de la vie communautaire sociale est toujours amené à partir de la notion de l'état naturel des hommes : Hobbes, Spinoza, Rousseau sont ensemble d'accord sur le fait de la liberté naturelle de l'homme. Les variantes surgissent au moment

1. ROBESPIERRE : *Discours et Rapports à la Convention,* édités par Marc Bouloiseau, U.G.E., 10/18, Paris, 1965, p. 131, souligné par nous.

où il s'agit de définir l'usage et l'étendue de cette liberté naturelle. Alors que Hobbes, par exemple, voudra grâce au Léviathan limiter la liberté naturelle, Rousseau voudra l'étendre et la retrouver par le Contrat social. Quoi qu'il en soit de ces différences, la justification dans la nature des lois civiles et politiques est la règle constante. En ce sens, la Déclaration des droits de l'homme et du citoyen traduit les exigences de la tradition dite du « droit naturel moderne », tradition dont tout particulièrement le XVIIIe siècle philosophique puis révolutionnaire devait se réclamer. Du reste, ce qui est contenu implicitement dans cette manière d'envisager le problème politique, comme rapport de l'homme à la société, c'est que la vie politique est le milieu privilégié où les hommes peuvent rencontrer le bonheur et vivre selon les exigences de la vertu. La société politique, et par conséquent l'Etat, est le lieu idéal du bien. Cette équation Etat = le bien, la société = la vertu, n'est pas toutefois le propre de la tradition dont nous parlons; c'est au contraire le statut de l'ensemble de la réflexion théorique sur le pouvoir depuis l'Antiquité grecque. Platon systématise clairement cette manière de voir, pour qui le juste est dans la vie de la Cité.

Ainsi voyons-nous à présent ce qui est nouveau et ce qui ne l'est pas dans l'exigence de liberté et d'égalité proclamée par les révolutionnaires américains ou français. Si la Déclaration n'échappe pas à la tentation séculaire de justifier l'association politique et la puissance d'Etat par des entités morales universalistes telles que l'homme ou la nature, sa nouveauté essentielle est cependant d'avoir fait de la résistance à l'oppression un droit et du coup un véritable devoir. Dans son projet pour une nouvelle Déclaration présenté le 24 avril 1793, Robespierre propose l'article suivant (art. 27) : « La résistance à l'oppression est la conséquence des autres droits de l'homme et du citoyen [1]. » Déduire la résistance des droits de l'homme, autrement dit,

1. Cf. *Discours...*, p. 127.

en faire, comme la liberté ou l'égalité, un *droit naturel*, c'était faire du droit naturel une arme contre lui-même. Ce n'est certes pas ainsi que l'entendaient la Convention et Robespierre en particulier. Si en effet la résistance est un droit, il ne tient qu'à moi, en vertu de ma volonté libre, elle-même constitutive de ce droit, d'estimer tyrannique la société élaborée sur ce même droit naturel.

Cette notion du droit de résistance, déjà présente dans le texte de 1789, est donc bien d'une grande nouveauté et c'est par elle que s'affirme réellement l'aspect révolutionnaire de la proclamation de la liberté comme droit. On peut donc bien voir dans cette disposition une thèse véritablement révolutionnaire et qui est même, précisément, *la* thèse de la Révolution. L'avenir, on s'en doute, usera avec parcimonie de ce droit de résistance, les occasions pourtant n'ont pas manqué de le faire valoir. Aux XIX^e^ et XX^e^ siècles, la résistance au despotisme de toute obédience a toujours été cette lumière qu'aucune puissance n'éteindra jamais complètement. C'est le mérite des révolutionnaires de 89 d'en avoir fait un droit de nature alors même qu'ils proclamaient le gouvernement de la nature sur la société des hommes. Le dernier article du projet de Robespierre annonce en effet (art. 38) : « Les rois, les aristocrates, les tyrans quels qu'ils soient, sont des esclaves révoltés contre le Souverain de la terre, qui est le genre humain, et contre le législateur de l'univers qui est la nature [1]. »

## Louis XVI et l'impératif catégorique

L'appel à la vertu, constant chez Robespierre, est un appel à la liberté de l'homme. Par conséquent la liberté n'est pas séparable de la résistance à la tyrannie et quand le problème du procès de Louis XVI se pose, Robespierre se pro-

1. *Ibid.*, p. 128.

noncera en faveur de la mort au nom de la vertu. Vertu politique donc, comme le voulait Montesquieu : amour de la république et de la liberté, elle n'exclut pas pour autant l'élévation morale. On ne saurait donc pleinement comprendre l'exigence de liberté si, la rapportant à la question de la résistance au tyran, on ne la plaçait pas au sein même de la vertu : la liberté est une vertu, de sorte que, étant un droit, elle est aussi un devoir. Agir vertueusement comme le pensent ensemble Robespierre et Saint-Just c'est, en période révolutionnaire, allier la terreur à la vertu. Pas de liberté donc pour les ennemis de la liberté. « Si le ressort du gouvernement populaire dans la paix est la vertu, le ressort du gouvernement populaire en révolution est à la fois *la terreur et la vertu.* La vertu sans laquelle la terreur est funeste; la terreur sans laquelle la vertu est impuissante. La terreur n'est autre chose que la justice prompte, sévère, inflexible; elle est donc une émanation de la vertu; elle est moins un principe particulier, qu'une conséquence du principe général de la démocratie appliquée aux plus pressants besoins de la patrie [1]. »

Ce raccourci prodigieux où la vertu justifie la terreur au nom de la démocratie énonce bien toutes les implications de la conception de la liberté comme droit naturel. Celle-ci suppose une révolution dans les mœurs politiques. Poser la liberté comme droit c'est la définir comme devoir. L'Etat, ou en l'occurrence le gouvernement révolutionnaire, est pensé comme le moyen efficace pour assurer son règne. La liberté se veut et cette *volonté* caractérise idéalement la vertu. La liberté et son corollaire obligé, l'égalité démocratique, n'est donc pas une notion individualiste : elle concerne la « patrie ». Ou plutôt, elle a son existence dans la société des hommes; ainsi l'individu libre est celui qui place sa propre liberté dans l'Etat. C'est le côté par où la vertu apparait être, en effet, vertu *publique*. Nous retrouvons donc ici le

1. *Ibid.*, pp. 221-222.

thème du peuple et de la démocratie. En fait la Révolution française en sa tendance générale, exprimée surtout par la République jacobine, est la démonstration qu'il n'est de liberté que dans la République démocratique. Plus encore, le règne du droit et donc de la liberté *est* le règne de la démocratie. Ce qui sous-tend cette démonstration, c'est que l'avènement de la liberté est par lui-même l'avènement de l'homme. Toute une anthropologie philosophique est à l'œuvre dans la Révolution française, qui la traverse et lui donne un caractère d'universalité : c'est l'idée — stoïcienne — de « l'humanité », l'idée, fort répandue alors, que les hommes forment en tant que tels une société. Le concept de « société du genre humain » (et même celui de « société des nations » qui en procède et dont on trouve un écho chez Kant en Allemagne), ce concept organise la représentation que les révolutionnaires se font de leur mission. L'humanité est un but à atteindre et une fin à réaliser. Si bien que la liberté comme droit est l'affirmation du *devoir* auquel les hommes de l'époque sont fort attachés, celui d'appartenir à cette humanité où un homme en vaut un autre (égalité) loin de toute hiérarchie naturelle. Si donc la *nature* a fait les hommes libres et égaux en droit, cela signifie que, par une aberration de *l'histoire,* ceux-ci ont pu se soumettre et demeurer esclaves sous le joug des tyrans, mais que désormais le temps est venu de la libération. La vertu n'est autre alors que cette liberté active : elle ne saurait être par conséquent que révolutionnaire. Ce qu'elle fut en effet. Nature, liberté, loi, vertu, terreur, sont des thèmes qui s'enchaînent et se suivent naturellement : ils sont complémentaires. L'effort révolutionnaire est de les maintenir en liaison permanente. La contre-révolution, c'est-à-dire la tyrannie, est au contraire ce qui tend à les délier.

La référence à « l'humanité » est donc bien ce qui structure l'idéologie de la liberté, si bien que le « peuple » (et sa forme politique naturelle, la démocratie) n'est que le mode d'existence de « l'humanité », sa manifestation empirique.

C'est pourquoi, en novembre 1793, Robespierre peut déclarer : « Quand la liberté a fait une conquête telle que la France, nulle puissance humaine ne peut l'en chasser. » Pour lui, ce n'est pas la France qui conquiert la liberté, c'est l'inverse, façon d'exprimer que la liberté est préalable au peuple qui, par sa vertu et son courage, est capable de l'atteindre. Le lien qui unit la France et la liberté est donc naturel et c'est le plan même de la nature, sa volonté, qui est la cause de ce lien unique et privilégié. L'humanité est donc libre par essence ou son essence est la liberté; la vertu consiste à coïncider avec elle, à la vouloir, à en participer. Il n'est donc pas douteux que, dominé par Robespierre et Saint-Just, l'An I de la Liberté ait fait de la Révolution un impératif catégorique au sens kantien du terme, si bien que la Constitution de 93, en radicalisant la Déclaration de 89, peut être considérée comme la formulation de sa maxime.

On sait que Kant énonçait ainsi l'impératif moral : « Agis comme si la maxime de ton action devait être érigée en *loi universelle de la nature.* » C'est cet impératif qui a dominé la Révolution française, c'est pourquoi peut-être le philosophe de Königsberg est le seul de son temps à soutenir l'action des révolutionnaires jusque dans la terreur. On ne s'étonnera pas, dans ces conditions, si nous voyons dans la mise à mort de Louis XVI la parfaite réalisation de l'impératif catégorique. Décapiter Louis XVI était un acte chargé d'universalité : ce n'était pas un « tyran » qu'on mettait à mort mais la tyrannie qui se trouvait décapitée. Son universalité *morale* avait sa source dans la nature, car la « loi universelle de la nature », comme dit Kant, avait présidé à l'exécution de la sentence. Celle-ci n'apparaît guère, alors, que comme une ruse supplémentaire de l'histoire : Robespierre le dit dans son réquisitoire, il faut que le tyran soit mort pour que vive le peuple. Ecoutons donc Kant-Robespierre : « Mais un roi détrôné au sein d'une révolution, qui n'est rien moins que cimentée par les lois; un roi dont le nom seul attire le fléau de la guerre sur la nation agitée, ni la prison, ni l'exil ne peut rendre son existence indifférente au bonheur public; et cette cruelle exception aux lois ordinaires que la justice avoue, ne peut être imputée qu'à la nature de ses crimes. Je prononce à regret cette fatale vérité... mais Louis doit mourir parce *qu'il faut* que la patrie vive [1]. » C'est donc par devoir envers « l'humanité » que le roi Louis fut décapité : seule façon pour la République de relever la tête. Victime de l'impératif catégorique, Louis XVI, une fois mort, apparaissait enfin — comme le stipulait l'article 17 du décret édicté le 4 août 1789 proclamant l'abolition du régime féodal — comme l'authentique « restaurateur de la liberté française ».

En 1784, Kant, répondant à la question : « Qu'est-ce que les Lumières ? », se demande si le XVIII^e^ siècle est une époque « éclairée » : non — mais il est en train de l'être, affirme-t-il. De son point de vue, il n'est pas douteux que l'époque est sublime : la raison s'y épanouit, elle trouve ici son siècle, tout comme la liberté trouve en France son territoire. Mieux même, le philosophe de Königsberg voit dans les temps qu'il vit (des temps qui vont de Rousseau à la grande Révolution) les indices de l'avènement de la civilisation ou, plus justement, de la « culture » : le XVIII^e^ siècle est l'ère de la *moralité*. Il était donc conforme au plan divin de la nature que le monarque de France prît part, de la façon que l'on sait, à ce grand événement. Kant, en effet, pensait que le monarque ne doit pas contrarier ses sujets quand ceux-ci entreprennent une action pour le salut de leur âme et qu'il doit même les y aider. « Or, ce qu'un peuple lui-même n'a pas le droit de décider quant à son sort, un monarque a encore bien moins le droit de le faire pour le peuple, car son autorité législative procède justement de ce fait qu'il rassemble la volonté générale du peuple dans la sienne propre. Pourvu seulement qu'il veille à ce que toute amélioration réelle ou supposée se concilie avec l'ordre civil, il peut pour le reste

1. *Discours...*, p. 79, souligné par moi.

laisser ses sujets faire de leur propre chef ce qu'ils trouvent nécessaire d'accomplir pour le salut de leur âme; ce n'est point son affaire, mais il a celle de bien veiller à ce que certains n'empêchent point, par la force, les autres de travailler à réaliser et à hâter ce salut de toutes les forces en leur pouvoir [1]. »

Dans ces conditions, Louis pouvait-il faire autre chose que fuir à Varennes puisque, ayant le devoir d'aider le peuple en lutte pour le « salut de son âme [2] » contre les menées de ses ennemis, il s'avérait qu'en cette affaire, *l'ennemi*, c'était lui?

### Contrat social et Révolution

Le problème de la démocratie est donc lié sous la Révolution, comme aujourd'hui d'ailleurs, au thème de « l'humanité » : le peuple souverain est ce qui structure la République démocratique, celle-ci n'étant finalement que la modalité historique de la « société du genre humain ». La notion de nature, et de droit naturel qui s'y rattache, apparaît par conséquent inséparable de la loi, cette loi sans laquelle la liberté n'est que chimère et le gouvernement tyrannique. C'était bien là d'ailleurs le souci permanent de Rousseau si justement révéré pendant la Révolution : ayant découvert dans l'état de nature la liberté et l'égalité en leur perfection simple, l'auteur du *Contrat social* se donnait pour tâche d'ériger un système politique conforme au droit naturel de chacun.

A l'abstraction de « l'humanité » correspond donc l'abstraction de la « loi ». Celle-ci est bien abstraite en effet, ce n'est pas dire qu'elle soit impuissante et inefficace. Tout au contraire, il n'est de puissance que de la loi. Celle-ci se

1. KANT : *Qu'est-ce que les Lumières?*, trad. S. Piobetta in *La Philosophie de l'histoire*, Paris, Aubier, 1947, p. 89.
2. On venait de produire la « Constitution civile du Clergé » !

dresse devant l'individu qui, par elle, découvre sa propre individualité. Tout l'effort de la Révolution française consiste alors, sous ce rapport, à lier l'individu à la loi ou plutôt à faire que la démocratie soit ce lien même. La « vertu » dont parle Robespierre n'est rien que l'amour de la loi. Il s'agit donc, si je veux comprendre le sens de ma liberté, de savoir en quoi consiste la loi. La référence à Rousseau s'impose donc encore ici : ne voulait-il pas que l'individu, dès lors qu'il mène une existence politique, n'existe plus pour lui-même? S'il en est ainsi, c'est qu'il n'a pas en lui-même, dans l'état social et politique, le *principe* de sa propre individualité. La Révolution française veut inscrire dans les faits ce que Rousseau pensait spéculativement. Le principe de l'individu est dans la collectivité dont il est membre et que la loi exprime. S'appartenir à soi-même et donc faire valoir sa liberté comme droit naturel, c'est appartenir à l'Etat, ni plus ni moins, que tel homme appartient en tant que tel à « l'humanité ». Le rapport de l'homme à lui-même est médiatisé par son rapport à l'Etat. Il n'y a donc pas de rapport inter-personnel dans la République qui ne soit structuré par la loi.

C'est ainsi que la notion d'égalité prend son sens, ou plutôt qu'elle acquiert alors le sens qu'elle a encore aujourd'hui. Un homme, disions-nous, *vaut* un autre homme. C'est parce que le fait d'être homme est une valeur que ce fait est justement un *droit*. J'ai le droit d'échanger avec un autre, c'est-à-dire que j'ai le droit de m'engager dans des contrats. Cette idée en requiert une autre qui lui est antérieure logiquement, à savoir que je suis libre à la condition que mon voisin le soit de même. L'égalité suppose par conséquent la liberté. Mais on pourrait croire qu'ainsi nous sommes replongés dans l'état de nature, celui de Hobbes cette fois. On sait que Hobbes voyait dans la « condition naturelle de l'homme » l'état de guerre le plus parfait, attendu que les hommes y participent de la même égalité pour ce qui est de désirer ce qu'ils désirent, de sorte que c'est le plus fort qui gagne. La Révolution française n'ambitionne rien moins que de faire régner la nature et ses droits en substituant à la violence qui y règne, la loi qui pacifie.

Dans l'état de nature, qui n'est rien que l'Ancien Régime, la communication des individus n'existe pas ou, si elle existe, c'est sous la forme de la lutte. La Révolution, qui n'est en fait que le contrat social, introduit donc la communication, en instituant un lien social. La République — qui n'est que la société civile et politique — correspond donc à l'avènement de la loi commune à tous. Elle rend possible l'urbanité des mœurs. Chacun y est l'égal de l'autre puisque tous deux sont, ensemble, égaux devant la loi. La démocratie ne doit pas être autrement pensée que comme la soumission de tous à la loi et l'idéologie de la liberté n'est pas autre chose que l'idéologie de l'égalité devant la loi. Dans l'état de nature ou Ancien Régime, l'homme dépend d'un autre homme, sa volonté est alors celle de l'autre homme. Ainsi se définit la tyrannie. C'est pourquoi les révolutionnaires disent que la tyrannie est le gouvernement sans la loi. Si l'Ancien Régime est l'état de nature, au sens où celui-ci est le véritable statut de celui-là, c'est que, précisément, l'Ancien Régime *n'est pas* une « société ». Il n'y a ni peuple ni citoyen, il n'y a qu'un troupeau d'esclaves et de sujets. L'état de nature est donc bien la vérité de l'Ancien Régime car il n'est pas constitué par un lien organique. Ce *lien*, c'est le contrat social qui le tisse : c'est la Révolution et la Terreur.

Etrange époque donc, qui, quand elle *parle* de contrat, *pense* en fait Révolution. Dira-t-on que nous « interprétons » ? Il se peut. Il reste qu'en ce temps-là, comme aujourd'hui d'ailleurs, un texte (celui de Rousseau ou celui de Kant) n'existe pas seulement comme tel. Philosophie politique ou théorie du droit apparaissent au contraire comme de véritables armes contre la tyrannie. Le mouvement spéculatif de tout le XVIIIᵉ siècle est un mouvement en faveur de la liberté.

La philosophie n'a alors qu'un objet : la résistance — si bien que la conception moderne du « droit naturel » est patiemment forgée par des penseurs qui, à l'exception sans doute de Rousseau et, avant lui, de Spinoza, n'envisageaient pas le moins du monde que la démocratie puisse être, le moment venu, la seule réponse correcte au problème de la liberté politique. Telle est la ruse de l'histoire que la Révolution française, en proclamant l'avènement des « Droits de l'homme et du citoyen », devait concrétiser. Or, ces droits n'ont-ils pas été pensés, réfléchis, à l'intérieur de la problématique du « Contrat social » ? Hobbes, Spinoza, Locke et enfin Rousseau, pour ne s'en tenir qu'à eux, n'ont-ils pas édifié, grâce au *pacte*, la moderne et très révolutionnaire notion de droit naturel? Il n'est pas un seul de ces penseurs qui, au-delà des *solutions* et, partant, des doctrines, ne déclare que l'homme est libre par nature. Ce qui fait problème n'est alors que ceci : si les hommes *sont* libres par nature, pourquoi ne le sont-ils pas dans la société politique? Telle est bien la question. On ne peut donc penser la politique que dans la mesure exacte où l'on réfléchit la condition de possibilité de la liberté. Or, celle-ci est implicite à l'idée de contrat : c'est librement que les hommes s'engagent dans un pacte et s'obligent par lui. Rousseau avait bien vu la chose quand il déclare que nul ne peut aliéner sa liberté; non seulement le contrat suppose la liberté de contracter, la responsabilité, mais encore il la maintient et l'affirme. La Révolution n'est rien que cette affirmation — c'est pourquoi il est vrai de dire que ce n'est pas parce que mon droit n'est pas reconnu que ce droit n'existe pas. C'est pourquoi aussi l'ensemble de la tradition théorique du « droit naturel » affirme que je suis libre par nature.

On aperçoit mieux à présent tout le *scandale* que constitue à lui seul l'Ancien Régime : ma liberté *existe* mais elle *n'est* pas, ou plutôt, je n'en ai pas la jouissance. Le droit étant ce qui par essence est reconnu par tous, c'est cette *reconnaissance* de ma liberté qui n'existe pas dans l'Ancien Régime. La Révolution est cet acte servant à faire reconnaître mon droit. N'est-ce pas là, très exactement, la signification même du contrat social? Le contrat social fait de moi un individu, une personne, un « sujet de droit » : « Chacun de nous met en commun sa personne et toute sa puissance sous la suprême direction de la volonté générale, et nous recevons en corps chaque membre comme partie indivisible du tout [1]. »

Qu'est-ce alors que la révolution ou le contrat social? C'est l'acte par lequel la nature se dépasse elle-même. Et, pour ce qui est du *sens* de cet acte, l'individu trouve en lui sa propre identité : la nature, pour ainsi dire, instaurait sa liberté, la société civile la restaure. Tandis que l'Ancien Régime *niait* cette liberté — cette négation étant l'essence même de la « tyrannie » —, la République l'affirme. La révolution n'est que l'instrument de cette affirmation, de même que le contrat social n'est que le passage de la force à la loi ou, ce qui est la même chose, de la solitude à la communauté.

Me voici donc maintenant membre de la communauté alors que je n'étais qu'assujetti parmi la multitude. Nul doute que les hommes du XVIIIe siècle n'aient eu la claire conscience de cette transformation immense. Mais nul doute aussi que la communauté, sous le nom de « nation », de « patrie », de « peuple », en laquelle ils s'appropriaient leur être, ne s'imposait à eux sous la forme de la puissance impersonnelle et arbitraire de la loi. La démocratie était donc acculée à cette alternative : ou bien les hommes demeuraient dans l'état de nature où les confinait l'Ancien Régime, condamnés à une liberté fausse parce qu'inconsciente d'elle-même, ou bien les hommes concluaient un pacte, et se retrouvaient tous dans la société politique, égaux devant la loi, mais déclarés « libres » par la vertu du droit.

1. J.-J. Rousseau : *Du Contrat social,* I, VI.

### Ordre et liberté

Héritiers de l'Empire, pour cette raison, nous aurions bien tort aujourd'hui, de croire résolue cette antinomie. Le délire étatique napoléonien se distingue en effet dans notre histoire par la volonté de codifier l'ensemble des agissements de l'individu. L'idée d'un Code civil est essentielle à l'Etat autoritaire. C'est par elle que le culte de la loi constitue l'Etat. Le Code civil, ou plutôt le Code Napoléon, descend en droite ligne de la prééminence de la loi, telle que l'affirme la Révolution française.

Si le principe de la liberté n'est pas en moi — puisque, en tant que citoyen, j'appartiens à l'Etat, je suis « membre du souverain » —, je dépends d'une volonté autre que la mienne. Pour me découvrir homme, partie de l'humanité, je *dois* entrer en société, de même que pour sauver mon âme je peux entrer en sacerdoce. La société fait de moi un sujet de droit, homme libre parmi les hommes libres. C'est là ce qu'a compris Napoléon avec son Empire démocratique (ou sa République impériale). Le droit me libère assurément mais c'est au sens où, dirons-nous, il fait de moi une âme : j'ai des obligations morales de toutes sortes, des devoirs multiples. Bientôt mon corps même sera moralisé. Certes, j'ai la moralité pour moi, je ne suis plus ni serf ni esclave mais homme — sujet de droit en personne. Mon rapport à l'autre est un rapport d'égalité parfaite, et mon identité je la tiens exclusivement de la loi, c'est-à-dire de l'Etat.

Serait-ce que, par le *code,* la révolution se tourne en son contraire? Non, car ce serait *opposer* la Révolution à l'Empire, à l'Etat. Mais l'Empire ne fait qu'appliquer la Constitution inapplicable de l'An I. Napoléon ne s'oppose guère à Robespierre, il en procède exactement comme la société civile procède de la nature et la République de l'Ancien Régime. Le 18 Brumaire est son contrat social. Et le XIX$^e$ siècle passera son temps à réajuster, à réviser le contrat originaire. Il s'agira alors d'instaurer la « liberté » par l'institution du règne de la loi et de l'ordre. L'*anarchie* n'est-elle pas l'autre nom de l'état de nature?

Si la Révolution fut un événement prodigieux, c'est bien qu'elle instaure le règne de la loi et de ses délices. C'est surtout parce qu'elle le fait au nom de la résistance au tyran. Mieux même, la résistance y est légitimée au nom de la loi. Doit-on croire, cependant, que la Révolution française est terminée aujourd'hui? Ce serait se tromper lourdement : l'Etat qu'elle a produit est en perpétuelle révolution. 1789 construit l'étrange figure de l'Etat — révolutionnaire — permanent; il impose sa loi, c'est-à-dire qu'il recommence à tout instant le contrat. En danger permanent d'Ancien Régime, l'Etat contemporain — *via* 1917 — refait toujours sa révolution. C'est là l'invention inouïe de 1789 : l'association de l'Etat *et* de la Révolution, la répétition de la Révolution *pour* l'Etat.

Quel est alors, s'il en reste, le devoir du citoyen dans nos Républiques modernes? Autrement dit, quel *droit* lui reste-t-il? C'est ou bien de se soumettre aux puissants et retomber ainsi dans l'état de nature dont il a l'illusion d'être sorti par le miracle de la loi, ou bien de résister à la loi de l'Etat-Révolution et, de la sorte, entrer dans la société civile. Mais cela est une *histoire autre.*

## Bibliographie

### I. — *ETUDES*


BONTEMS (C.), RAYBAUD (L.-P.), BRANCOURT (J.-P.) : *Le Prince dans la France des XVIe et XVIIe siècles*, Paris, 1965.

BOULOISEAU (M.) : *La République jacobine*, Paris, 1972.

GOULEMOT (J.-M.) : *Discours, histoire et révolutions*, U.G.E., 1975.

GROETHUYSEN (B.) : *Philosophie de la Révolution française*, Paris, 1956.

**Bibliographie (*suite*)**

GUÉRIN (D.) : *Bourgeois et bras nus, la lutte des classes sous la Ire République*, éd. abrégée, Paris, N.R.F., 1976.
GUIOMAR (J.-Y.) : *L'idéologie nationale*, Paris, 1974.
HOBSBAWM (F.-J.) : *L'Ere des Révolutions*, Fayard, Paris, 1964.
MATHIEZ (A.) : *La Révolution française*, Paris, 1927.
SOBOUL (A.) : *Histoire de la Révolution française*, 2 vol., Paris, 1972.
SOBOUL (A.) : *1789, L'An I de la Liberté, textes et commentaires*, Paris, 1950.

II. — *TEXTES*

MARAT : *Plan de législation criminelle*, introd. notes, postface de Daniel Hamiche, Aubier-Montaigne, Paris, 1974.
ROBESPIERRE : *Discours et Rapports à la Convention*, U.G.E., Paris, 1965.
SAINT-JUST : *L'Esprit de la Révolution*, suivi de *Fragments sur les Institutions républicaines*, U.G.E., Paris, 1963.
SAINT-JUST : *Discours et Rapports*, introduction et notes par Albert Soboul, Ed. Sociales, Paris, 1976.

*CHAPITRE DEUXIÈME*

# L'IDÉOLOGIE DE L'HOMME

## 1

## La conscience et la morale

par François CHÂTELET

Toutes les sociétés sont soumises à une *moralité,* à un ensemble plus ou moins ordonné de règles qui déterminent le droit et le courbe, le permis et l'interdit. Cela ne signifie point que, dans toutes les sociétés, il y ait une place faite à la *morale,* c'est-à-dire à un mode spécifique de réflexion cherchant à déterminer comment doit se conduire un individu considéré comme sujet indépendant. Ainsi, les Grecs classiques, quelque habiles qu'ils aient été à spéculer sur la conduite, ont pensé que le problème moral — celui du comportement individuel — était inséparable du problème politique — celui de l'organisation de la communauté et du droit — et du problème de l'ordre de l'être — de la position de l'homme au sein du *cosmos* et de la *physis* (de la nature). D'une certaine manière, il en est de même en Europe pendant la période dite médiévale, où le christianisme substitue à la référence politique des Grecs la dimension religieuse. Cependant, la pensée chrétienne définit, dans sa vision du réel, des idées qui vont préparer l'avènement de la problématique morale telle que l'époque moderne l'a connue, singulièrement depuis la Réforme.

## Conditions d'émergence du sujet moral

Ce que le christianisme apporte en ce domaine, c'est d'abord la notion, beaucoup plus fermement cernée qu'elle ne l'avait jamais été, de la double nature de l'homme, être naturel, immergé dans la matérialité, et être surnaturel, en relation constante avec son Créateur. L'individuation n'est plus affaire de place dans la nature et de configuration du corps : elle est celle d'une *personne*, d'une âme créée comme « première personne » précisément et, bientôt, dans la perspective des *Confessions* d'Augustin, comme subjectivité consciente. Cela pourrait être dit autrement : désormais l'être humain est essentiellement caractérisé par son libre arbitre et, partant, par sa responsabilité face à son Créateur et à la création. La Cité se dédouble : au-dessous la Cité des hommes, dont le devenir se réduit aux avatars de la politique et aux jeux des passions, au-dessus la Cité de Dieu dont l'*histoire* dramatique et significative est celle du combat de la liberté et de l'amour contre le péché. Du coup, un acteur entre sur la scène idéologique : le sujet moral libre et son intériorité consciente.

Cependant, au sein de la spiritualité même, se manifeste une tension qui redouble en la déplaçant celle qui oppose surnature et nature. Par définition, la liberté humaine est sans limite. Mais, par définition aussi, la Providence divine est toute-puissante. Si Dieu est omniscient, omnipotent, infiniment bon, où est la responsabilité de l'homme dans ce qui advient? Les multiples querelles autour de la notion de la grâce témoignent de l'importance de ce problème, qui va bien au-delà d'un débat théologique, puisqu'il porte sur la place et le statut de l'individualité. A parler très schématiquement et pour ne pas alourdir cette mise au point introductive, on peut considérer que la Réforme, en intériorisant le Dieu vivant, en contestant l'institution ecclésiastique centralisée qui introduisait trop souvent une confusion entre les ordres de la papauté et de ses mandants et les décrets de la

Providence, permet le dépassement pratique de ce problème qui, dès lors, devient abstrait : tout se passe comme si, sur le fond du mystère de la grâce, la personne était libre de gagner, par ses œuvres, son salut.

Karl Marx a montré, dans la VIII$^{e}$ section du Livre I du *Capital,* dans quelles conditions socio-économiques les actions entreprises par des individus et des groupes — hobereaux, bourgeois, manufacturiers et commerçants — ont provoqué une transformation complète de la production dont une part de plus en plus importante est fondée désormais sur l'utilisation libre, par les possesseurs des moyens de production, de la force de travail que louent quotidiennement pour survivre les travailleurs libres. Max Weber a mis en évidence, d'autre part, le fait que l'éthique protestante constitue le nouveau socle affectif et intellectuel à partir de quoi s'édifie cette mentalité originale qui confond l'objectif religieux du salut et l'objectif profane du profit, de telle manière que l'accroissement des richesses ici-bas apparaît comme le témoignage de la gloire de Dieu. La nouvelle croisade s'ébauche : Marx en célébrera les exploits, la grandeur et les réussites prodigieuses au début du *Manifeste du Parti communiste.*

Il n'est certes pas question de faire ici de l'émergence du sujet moral, de la personne responsable, le produit ou le reflet d'une transformation du marché du travail. Il y a simplement à noter la coïncidence entre une évolution idéologique obéissant à des règles intrinsèques qui autonomise le « je » doué de libre arbitre et le fait que les circonstances historiques, en « libérant » l'individu des structures institutionnelles anciennes, définissent des problèmes nouveaux. Parmi ceux-ci, il y a le *problème moral* s'énonçant maintenant en termes de subjectivité, de conscience et de liberté; de ce fait, est délimité un secteur de la réflexion, celui de la *morale* comme discipline normative, qui va occuper une place décisive dans le champ de la recherche idéelle jusqu'aujourd'hui et s'inscrire par des institutions et des pratiques réglementaires dans notre société. Ce tableau des prémices de la conception morale du monde caractéristique de la pensée européenne au XVIIIe et au XIXe siècle — dont l'empire n'a point diminué à l'heure actuelle — ne serait pas complet si l'on n'évoquait une autre mutation qui se produit au même moment dans le domaine proprement philosophique. Alors que le mouvement de la pensée chrétienne en vient à mettre l'accent sur l'homme comme spiritualité empirique singulière et autonome, la nouvelle théorie philosophique, qui prend en compte la révolution scientifique copernico-galiléenne, construit une nouvelle figure du sujet connaissant. Celui-ci n'est plus compris comme étant premièrement perception, mais comme pensée pure, comme lieu des idées et de leurs combinaisons. C'est l'avènement de ce que le kantisme nommera *sujet transcendantal,* dont l'activité consiste à lier les idées selon leur ordre d'intelligibilité. Parallèlement, dans ce même domaine théorique, s'impose — contre le formalisme de la logique scolastique — une méthode « pour bien conduire son esprit dans les sciences » dont le critère est celui de *l'évidence* de l'idée, de sa clarté et de sa distinction, et de la clarté et de la distinction des liaisons qui unissent nécessairement telles idées à telles autres; de cette exigence épistémologique du cartésianisme va sortir, à un niveau plus banal, mais combien important, la volonté du libre examen. De même que sur la révolution physicienne de Copernic et de Galilée s'édifiera un courant scientifique toujours plus rigoureux et puissant opposant à l'ancienne métaphysique l'image triomphante de la *philosophie naturelle.*

### La morale contre la métaphysique

Ces points étant brièvement précisés, il faut bien voir que la construction de la morale comme discipline ayant à définir et à fonder les règles de la conduite de « l'homme en général » a été tâtonnante depuis la seconde moitié du XVIIe siècle, qu'elle connaît une réussite exemplaire avec la publication de la *Critique de la Raison pratique* en 1788 et qu'ensuite, elle s'englue dans les méandres de l'idéologie — ce terme étant pris, cette fois, dans son acception d'opération de travestissement des rapports réels. Ces tâtonnements sont dus, semble-t-il, à deux causes complémentaires : d'une part, la situation théorique est telle que le discours moral reste étroitement tributaire de l'entreprise métaphysico-religieuse qui l'englobait jusqu'alors et qu'il rencontre bien des difficultés à exhiber son objet et à découvrir son terme fondateur; d'autre part, il est constamment traversé par des polémiques politiques, religieuses, voire scientifiques qui compromettent sa volonté d'autonomie. C'est d'ailleurs ce statut mal défini, instable, qui rend si intéressants les débats du Siècle des Lumières : on assiste à des retournements, à des échanges de position qui rendent bien fragiles ou arbitraires les jugements actuels, inspirés trop souvent par la référence à la fadeur moralisante du siècle suivant.

Afin de présenter l'enjeu de ces débats, il est bon de se référer au texte qui en donne la connaissance à la fois la plus pénétrante et la plus large : le *Dictionnaire historique et critique* de Pierre Bayle. Paru en 1697, cet ouvrage, en militant vigoureusement pour la tolérance religieuse, en dénonçant ironiquement l'arrogance des raisonnements des théologiens et des métaphysiciens, en rappelant l'admirable disparité des jugements humains dont témoigne l'histoire, en traquant le dogmatisme partout où il se manifeste, en ramenant les énoncés principiels et les systèmes à ce qu'ils disent effectivement, annonce le combat des penseurs des Lumières contre les institutions et les pratiques oppressives. Désarticulant l'héritage cartésien, Bayle en extrait l'esprit de libre examen pour le tourner contre un double « préjugé » de la doctrine de Descartes : la volonté de fondation métaphysique et la place exorbitante accordée au modèle mathématique. A ce dernier, il oppose l'expérience de l'historien.

qui, pourvu qu'elle soit assortie d'une recherche et d'un contrôle minutieux, ne lui cède en rien quant à la certitude.

Ce qu'il y a à retenir d'important pour la présente analyse, c'est d'abord le fait que Pierre Bayle s'efforce constamment de pourchasser les contradictions qui traversent aussi bien la théologie que la nouvelle métaphysique — anticipant ainsi sur la *Dialectique de la Raison pure* de Kant — et qu'il les ramène à leurs dimensions empiriques, c'est-à-dire à des appréciations contingentes portant sur les mœurs et sur les conduites; c'est ensuite et surtout qu'il prend parti dans une querelle décisive : la richesse de son information historienne, l'habileté polémique dont il fait preuve lui permettent d'affirmer que l'implication communément établie entre l'appartenance religieuse et la moralité est mensongère. Les exemples sont nombreux et reconnus, dans l'Antiquité païenne, d'hommes admirables et vertueux qui ne connaissaient point le vrai Dieu; et, aujourd'hui, il n'y a aucune raison qui permette d'accuser les impies, les athées, les libertins d'attenter systématiquement aux règles de la morale. Car il n'y a aucune liaison nécessaire entre les principes affichés par les individus et leur conduite : « On croit à tort que les motifs religieux sont les seuls motifs d'action; or, il y en a bien d'autres, tels que l'amour de l'éloge, la crainte de l'infamie, et tant d'autres, souvent bien plus puissants que les motifs religieux, et capables de conduire à des actions vertueuses [1]. »

Bref, les affaires religieuses et les affaires morales sont personnelles et, de plus, sont des affaires disjointes. La foi en certains dogmes renvoie à la conception qu'on a de la divinité — conception dont les démonstrations rationnelles ne sont qu'une formalisation abstraite; l'action, elle, est affaire de mœurs, de circonstances et de convictions individuelles. Ces prises de position sont indicatives des chemins que va pouvoir prendre le combat aussi bien contre l'auto-

1. *Dictionnaire...*, éd. de 1715, t. III, p. 988.

rité ancienne des institutions religieuses — dont le rôle dans l'administration de la société est considérable — que contre l'autorité nouvelle prise par les doctrines métaphysiques et les systèmes scientifiques qu'elles se sont annexés. Comme on l'a déjà noté à propos de Descartes, ce combat peut fort bien traverser le même édifice doctrinal. Pour tenter de dominer ce foisonnement, on pourrait avancer qu'en chacun des domaines où s'exerce l'activité intellectuelle, un contre-courant original et novateur s'oppose au courant dominant, sans qu'il soit permis pour autant de dessiner deux camps homogènes regroupant les antagonismes. C'est pourquoi il est bien léger, par exemple, d'admettre comme allant de soi l'existence d'un « camp matérialiste » et progressiste se dressant contre l'idéalisme, suppôt de la monarchie et reflet du mode de production féodale.

C'est ainsi qu'au sein de la pensée théologique naît une théologie naturelle, qui, elle-même, se nourrit à une double inspiration, rationaliste ou proprement naturaliste, qui va donner les deux versions de la religion naturelle — celle qui préfigure le culte de l'Etre suprême institué par Robespierre et celle qu'annonce la *Profession de foi du vicaire savoyard* de Jean-Jacques Rousseau — et qui lutte, de toutes ses forces, contre la théologie officielle, la théologie de la Révélation; que la nouvelle métaphysique, qui, il faut le rappeler, est aussi la nouvelle théorie de la connaissance accréditant la science révolutionnaire de Galilée, sera bientôt contrebattue par une autre philosophie, qu'il est beaucoup trop facile de ranger sous la seule bannière de l'empirisme et qui retournera contre *l'idée* même de la métaphysique le principe de l'évidence; que la théorie politique soucieuse d'*assurer,* de Machiavel à Bodin, la souveraineté de l'Etat contre les prétentions des Eglises et des princes se trouve contestée par une recherche plus exigeante qui réclame que soit posée la question de la souveraineté *légitime*; que contre la science déductive qui se croit suffisamment garantie par son appareil mathématique se manifeste une volonté massive d'observations et d'expérimentations; et que les préposés traditionnels à la moralité, les religieux, voient s'opposer à leurs certitudes et à leurs prescriptions des gens de bonnes manières se réclamant de principes excluant toute sacralité.

Or, étant donné le contexte, pour défendre l'indépendance de la morale, ces derniers penseurs prennent pour référence la conscience dans son statut spécifique d'être empirique et subjectif. Dès lors, ce qui peut apparaître aujourd'hui comme « empirisme et fadeur » est constitué comme instrument de combat contre l'autorité ecclésiastique. Soit, par exemple, Anthony de Shaftesbury et Francis Hutcheson — dont l'ouvrage central, *Recherches sur l'origine des idées que nous avons de la beauté et de la vertu* parut en 1725 — classés couramment comme « moralistes du sentiment ». Pour les bien comprendre, il faut rappeler d'abord que le thème du *sens moral* ne prend sa signification qu'autant qu'il est intégré à celui de la *sociabilité naturelle* : le rassemblement des hommes en société n'est pas le produit de la contrainte ou d'un décret divin; il résulte d'une disposition immanente de la nature, d'une « providence » qui veut l'harmonie et le bien de chaque espèce. Du coup, toute l'entreprise, conduite sous les auspices du témoignage de la conscience, s'attache à réunir — dans la perspective d'une nature humaine que les stoïciens avaient déjà rendue familière — ce que la théologie de la Révélation, suivie en cela par la métaphysique, considérait comme essentiellement disjoint : l'empirique et le cognitif, d'une part, l'intérêt de l'individu et la fin universelle que visent la communauté ou le genre humain, d'autre part. La réalité invoquée pour opérer cette double conjonction est précisément *le sens moral.*

Celui-ci se définit comme capacité de juger, appartenant à tout homme comme tel, de ce qui est beau et bon moralement, de le distinguer de ce qui est mauvais et laid, assortie du pouvoir de conformer l'action à ce jugement. La singularité de cette capacité — on aurait envie de dire son secret — est qu'elle est spontanément *désintéressée* et cela bien qu'elle participe à l'affectivité et au registre des passions. Il y a une passion du bien qui est à l'origine de l'action vertueuse. Elle est inscrite. pour ainsi dire, dans les fibres spirituelles avec le double statut de la passivité et de la spontanéité. L'expérience témoigne constamment de son existence, sinon « nous aurions les mêmes sentiments pour un champ fertile que pour un ami généreux ». De ce fait, l'égoïsme se scinde en deux parts qui ne sont contradictoires qu'aux yeux d'une tradition trop occupée à cultiver l'institution pour voir la réalité : dans l'acte moral, il désire cela même qui concourt à la vertu et au bonheur de la communauté. Recherche de la satisfaction individuelle et élévation du degré d'être du tout ne sont nullement incompatibles.

C'est aussi l'attitude que va adopter Adam Smith lorsqu'il fait paraître en 1759 sa *Théorie des sentiments moraux*, quelque dix-sept ans avant de publier *Recherches sur la nature...* qui jette les fondements de la théorie de l'économie libérale classique. Bien qu'il récuse la notion de sens moral, qui lui paraît induire l'idée d'une relation objective entre le sujet qui perçoit et l' « objet » perçu, il affirme, de la même manière, qu'existent en chacun des sentiments profonds d'adhésion et de répulsion face à telle ou telle conduite. Approbation et désapprobation comme sympathie et antipathie sont premières par rapport aux règles morales qui ne sont que la formalisation d'un consensus. Aussi bien, la morale disciplinaire ne saurait être que le résultat d'une induction prudente; et, en tout cas, elle ne constitue qu'un rappel. Jamais, dans le domaine de la conduite, le raisonnement n'a convaincu personne. Tout juste peut-on noter un fonds commun à la nature humaine. C'est aussi d'une certaine façon la position qu'avait prise David Hume, à cette différence près que la nature humaine est conçue comme étant constituée de part en part par l'expérience, son unité, de ce fait, ne pouvant être qu'historique.

Ainsi, dans un premier moment, la revendication de l'autonomie du sujet moral — que soutiendront aussi les encyclopédistes, Diderot et Rousseau — a pour objectif de libérer l'individualité du poids de l'institution religieuse, mais aussi de la rigueur abstraite des doctrines rationalistes. En fait, même si, à quelques exceptions près, dont celle de Hume, cette entreprise s'effectue dans une perspective d'une moralisation banale, elle a le mérite d'opposer à l'image d'un « sujet » obéissant aux Eglises, aux Princes et aux corporations et à celle d'un « je » libre dont toute la liberté revient finalement à se conformer à la Raison, la représentation d'un dynamisme empirique armé de sa seule conviction et conscient de l'engagement réel et contingent qu'implique l'action.

### Morale et liberté

Il ne convient certes pas de rechercher dans le cheminement d'une raison profonde — franche ou rusée — l'explication de la concomitance entre deux événements : la Révolution française, d'une part, et l'établissement d'une morale théorique, d'autre part. Il est plus pertinent de noter que l'auteur de la *Critique de la Raison pratique* qui, comme beaucoup d'intellectuels allemands, a accueilli avec enthousiasme 1789, fait exception dans la mesure où il est resté fidèle à la Révolution jusqu'à sa mort, en 1804.

On a dit — et non sans légitimité — que l'œuvre d'Emmanuel Kant achève le parcours de la métaphysique commencé avec Platon et Aristote : le projet d'un savoir qui dirait en vérité ce qu'il en est de l'Etre par le moyen d'un discours suffisant est renvoyé, sous quelque forme qu'il prenne : ontologie, théologie, système de la nature ou système de l'âme, aux illusions de la Raison spéculative, puisque les seules connaissances sur lesquelles l'homme puisse sérieusement s'appuyer sont les énoncés vérifiables des sciences expérimentales; le projet consécutif de la métaphysique d'édicter les règles auxquelles le sujet agissant doit obéir est, lui, rejeté au rang des mensonges, puisque la seule règle à laquelle un tel sujet puisse consentir est celle de l'autonomie. L'unique question spéculative qui demeure est bien celle-là : que suis-je en droit d'espérer? Et cette question-là précisément ne saurait recevoir de solution spéculative : elle est affaire d'approfondissement des connaissances, de rigueur dans l'action et de réflexion dans le domaine politico-juridique.

En ces deux dernières régions : la morale et la politique, le Siècle des Lumières avait été bercé par le rêve de former une société des Esprits qui, se fondant sur ses connaissances et sa volonté philanthropique et se constituant comme une sorte de despote éclairé collectif, aurait pris en charge la destinée des peuples. Kant établit avec fermeté que cette société ne saurait être constituée que par l'humanité tout entière, pourvu que celle-ci parvienne à faire reconnaître à chacun de ses membres qu'il est « législateur et sujet dans un règne de fins ». Sur ce principe s'établit « la morale de Kant », dont il faut rappeler, une fois pour toutes, qu'elle ne prescrit rien, mais qu'elle construit les conditions de possibilité d'une action morale, c'est-à-dire d'une action qui soit une *action*, et non le produit du déterminisme ou le résultat de l'obéissance. Pour bien saisir ce que cela signifie, il faut revenir sur les conclusions de la *Critique de la Raison pure*. Celle-ci démontre que le monde phénoménal — tout ce qui se donne dans l'espace et dans le temps, donc non seulement la nature, mais aussi l'homme dans sa réalité empirique, comme corps et comme conscience — est soumis au principe universel du déterminisme, c'est-à-dire à l'enchaînement rigoureux des causes, des effets et des interactions. Aussi bien toutes les discussions concernant la liberté de la subjectivité empirique sont-elles récusées comme dénuées d'objet : vu par le physicien, le psychologue, le biologiste, l'homme n'est pas libre.

Mais il peut se constituer comme liberté. Non au sens où il peut choisir quand il le veut ou le désire ceci ou cela.

Son choix se porte non sur les objets empiriques, mais sur l'*autonomie* ou sur l'*hétéronomie*. Il peut accepter d'obéir, de céder aux motivations, de s'inscrire dans le registre du déterminisme, dans le champ de la dépendance. Il peut aussi bien refuser et se vouloir son propre maître et ne recevoir d'autres lois que celles qu'il aura édictées. Ce choix est « intemporel », au sens où il est de tous les instants et où rien n'est jamais définitivement ni perdu ni acquis. Dans cette optique, Kant dresse un tableau des « valeurs » qui ont été proposées au choix des hommes : celles-ci sont données comme des objets agissant sur la volonté comme des fins pour la déterminer pratiquement. Tels sont, par exemple, parmi les « principes » subjectifs ou empiriques, l'affect physique comme le conçoit l'épicurisme ou le sens moral dont on vient de voir la fonction selon Hutcheson et, parmi les principes objectifs ou rationnels, l'idée de perfection comme l'entendent les métaphysiques rationalistes ou la volonté divine de la théologie. Or, il y a une contradiction dirimante dans une telle démarche : quel que soit le « principe » choisi, il rend la volonté serve. C'est là le choix de la théorie classique du libre arbitre : ce dernier ne s'accomplit qu'en s'abolissant.

La preuve de la caducité de toutes les morales doctrinales, Kant l'administre autrement dans la *Critique de la Raison pratique*. Il y pose, *à titre de définition*, qu'un principe pratique, c'est-à-dire capable de fonder toute (ou n'importe quelle) conduite, doit être une *loi* et être « valable pour la volonté de tout être raisonnable ». En d'autres termes, la loi morale ne peut être qu'objective. Dès lors, tout principe qui fait appel à la faculté de désir ou à l'amour de soi, au bonheur individuel est à écarter. Plus généralement, le principe qui peut déterminer la volonté pratiquement ne présentera qu'une forme et exclura tout contenu, toute matière. La seule loi qui soit capable de déterminer nécessairement une volonté libre se définit par son universalité. Toute la « morale de Kant » tient dans cette « loi fondamentale de la Raison pure pratique : agis de telle sorte que la maxime de ta volonté puisse toujours valoir en même temps comme principe d'une législation universelle ». Cela veut dire, entre autres, que la manière pour le sujet d'être libre — c'est-à-dire d'être sujet —, c'est d'être *autonome*, d'être législateur et sujet, de se constituer comme maître de toutes les déterminations et, par conséquent, de refuser toute soumission. La réalisation de soi comme sujet est à soi-même sa propre fin : la condition en est l'élimination de toutes les motivations empiriques — de la recherche du plaisir à l'esprit de sacrifice et à l'amour de Dieu —, et de tous les modèles élaborés par l'ontologie rationnelle — dont la variété montre bien qu'ils ne sont que la formalisation de ces mêmes données empiriques.

### De la morale à la moralisation

On connaît le reproche couramment adressé à cette conception rigoureuse, dont il fallait bien que Charles Péguy donne la formulation usuelle : « Le sujet kantien a les mains pures, mais il n'a pas de mains. » Une telle incompréhension ne peut provenir que de l'ignorance des textes. Cependant, une semblable ignorance ne saurait être innocente. Et à y regarder plus près, on s'aperçoit qu'elle résume, avec une grande naïveté, ce que le XIXᵉ siècle académique, chrétien et bourgeois a fait de l'analyse kantienne. Dans les pages qui vont conclure cette section, nous mettons entre parenthèses la manière dont les grandes philosophies de l'histoire, celles de Hegel, de Comte, de Marx, de Spencer, qui ont traité le problème moral en les réintégrant à une perspective plus vaste, pour ne considérer que les philosophies qui se sont voulues explicitement philosophies morales et qui, pour ce faire, ont utilisé la « percée » kantienne, afin de la réduire.

Dès les années 1830, l'abbé Migne dans son *Dictionnaire des erreurs* — anticipant sur les « réfutations » plus tard assenées par les marxistes, Lénine en tête — accusait Kant d'avoir été agnostique en matière de connaissance et inutile et abstrait en matière de morale. Il parlait en bon théologien, soucieux de prescrire des règles multiples. Les philosophes officiels de l'Etat français vont être plus habiles. Ils savent qu'il n'est plus possible de rendre au clergé l'éducation morale de la jeunesse (et soyons juste, certains jugent que cela n'est pas souhaitable). Ils vont donc construire l'institution de remplacement : ce sera l'Instruction publique. Le grand maître en sera Victor Cousin qui traversera triomphalement bien des régimes et dont l'influence pèsera encore largement sur la III$^e$ République (et, semble-t-il, un peu plus tard...). Ce qui va sortir de son action, qui régente les programmes des collèges, des lycées et des universités, c'est précisément une idéologie : un discours clair, bien informé, présentant toutes les apparences de la cohérence, ayant pour effet de légitimer et de rendre aimable ce dont il est l'effet, à savoir un pouvoir qui veut son maintien, et, si possible, son renforcement.

De quoi s'agit-il? De faire de la France une grande nation civilisée; donc de poursuivre l'entreprise de centralisation administrative et politique en donnant à ceux qui ont du bien la part de responsabilité qui leur revient, de maintenir les conquêtes légitimes de la Révolution, la liberté, l'égalité et la propriété; d'industrialiser le pays et d'accroître la masse des richesses; et, bientôt, de faire rayonner la civilisation française dans le monde par le commerce et l'éducation des peuples arriérés. Or, il y a dans ce programme des contradictions : comme ne manquent pas de le souligner les socialistes et autres utopistes, le développement industriel introduit une inégalité profonde, misère des travailleurs d'un côté, profits considérables des propriétaires de l'autre; la gloire de la patrie exige des sacrifices; et la conquête d'un empire suppose, en plus des avantages matériels qu'elle apporte, la certitude qu'on est dans son bon droit...

L'idéologie française officielle — des « Trois Glorieuses » au déclenchement de la Première Guerre mondiale — va faire flèche de tout bois; elle sera éclectique; *mais le pivot autour duquel elle s'organisera est la morale*. Du mouvement de contestation du XVIIIe siècle, achevé par Kant, elle retient ceci que la nation est constituée par des individus qui sont tous libres et égaux en droit, qui ont des besoins vitaux et qui sont aussi des personnes, étant entendu que personne = conscience = subjectivité = je; elle exalte la spiritualité comme étant la meilleure part de l'homme; elle l'a définie — empruntant à Maine de Biran — comme *vouloir*, comme instance supérieure capable de combattre les besoins excessifs et les désirs anarchiques; contre Kant, elle réhabilite « les facultés supérieures de désirer », l'amour du prochain, de la patrie, de la famille, du travail; elle définit ainsi tout un jeu de valeurs formant un clavier suffisamment différencié pour qu'on puisse appuyer, selon les circonstances historiques, sur telle touche ou sur telle autre. La lutte féroce qui se déroule en Europe et va s'étendre au monde entier pour l'accumulation des biens matériels trouve « son arôme spirituel », pour reprendre la formule de Marx, dans l'affirmation d'un progrès spirituel spécifique et concomitant. Et lorsque la férocité est vraiment trop affirmée, il y a toujours un penseur, comme Henri Bergson, pour réclamer « un supplément d'âme » ou, comme André Malraux, pour construire des « musées imaginaires ».

En même temps que s'impose ce schéma humaniste — il se trouve dans les manuels de philosophie au chapitre la classification des tendances, où figurent, au plus bas niveau, les instincts (alimentation, sexualité, grégarité) et, au plus haut niveau, le dynamisme spirituel (la Vérité, la Beauté, Dieu) —, est organisée une pédagogie sociale, dont il faut souligner la remarquable efficacité. Au XIXe siècle, où il importe surtout de former les élites et les cadres, on considère que la police et l'armée suffisent pour obtenir l'obéissance des travailleurs et, plus tard, la soumission des indigènes outre-mer. Cependant, les contradictions s'aggravant, les mouvements de revendication devenant plus puissants, l'esprit du système éducatif agissant de son propre poids, l'enseignement s'étend à l'ensemble de la population — en France, dans le Royaume-Uni, en Allemagne. Il n'est certes pas question de regretter ici la diffusion large des savoir-faire et des connaissances. Mais il faut remarquer qu'elle est assortie d'un programme de morale, voire d'un enseignement de l'histoire qui, non seulement exalte le nationalisme, mais aussi vise à une moralisation civique qui, élémentairement, réédite ce même schéma et impose ce même jeu de « valeurs ». Il serait certes bien naïf de penser à un plan concerté : il s'agit plutôt d'un ensemble d'idées dont la circulation se trouve facilitée par la topographie des pouvoirs — le juridique gouvernant les rapports sociaux, l'économique, le travail, le familial et le religieux, la vie quotidienne, le politico-administratif, la citoyenneté, le scolaire, l'instruction, le médical, la santé; et de cette configuration s'élèvent les vapeurs roses et calmantes de la moralité.

Il faut remarquer qu'en France, la préoccupation moralisante a gagné toutes les sphères de la production intellectuelle; elle joue un grand rôle dans la philosophie jusqu'au premier tiers de notre siècle. Ailleurs, c'est souvent le maintien des structures religieuses de l'enseignement qui a assumé cette fonction. Mais tout aussi bien, s'opèrent des formalisations logiques ou rhétoriques au moralisme bourgeois conquérant. Il n'est que de citer le poète officiel de l'Angleterre victorienne, Rudyard Kipling, chantre de la supériorité légitime de l'homme blanc, adulte et civilisé, que son intelligence industrieuse, sa bravoure et sa générosité proposent comme modèle et comme maître aux peuples du monde. Le raffinement et l'effort démonstratif sont plus développés dans les textes des théoriciens allemands; ils se prévalent de méthodes originales, par exemple, phénoménologiques. Il est plaisant de voir Max Scheler s'attacher à réfuter Kant, ou, plus exactement, à le dépasser en lui conférant un *contenu* : quant au contenu, il n'a d'autre originalité que de présenter, de manière plus ingénieuse, la table des valeurs traditionnelles disposées selon la hiérarchie coutumière, du sensible au religieux en passant par le vital et le spirituel; quant à la méthode, elle se contente d'emprunter à Edmund Husserl la théorie de l'intentionnalité, afin d'assurer le réalisme des valeurs sans compromettre la position du sujet.

Depuis lors, toutes les philosophies des valeurs s'ébattent dans les mêmes eaux. A quelques sources qu'elles s'alimentent — la psychologie phénoménologique (ou non), la psychologie animale et son avatar éthologique (Konrad Lorenz), la cosmologie rationnelle (de Teilhard de Chardin à Jacques Monod), les diverses herméneutiques religieuses (ou non), les diverses sociologies, etc. — elles aboutissent à la moralisation et réitèrent le principe de la soumission. Il est significatif que le marxisme, dans les développements que lui a donnés l'orthodoxie soviétique, n'échappe pas à cette vague normalisante : de l'exaltation du héros positif des romans de Ilya Ehrenbourg à la pédagogie de Makarenko, du stakhanovisme à la théorie du Vrai, du Beau et du Bien énoncée par Andreï Jdanov, ce marxisme-là construit sa morale théoriquement humaniste et pratiquement terroriste, où la casuistique mêle habilement les valeurs de tradition : la patrie et le travail, à l'idéologie de l'internationalisme prolétarien — grâce à quoi l'Etat ne cesse de se renforcer et d'éliminer les déviances, tout comme un Etat bourgeois...

L'idéologie morale et la conscience morale — celle-là produisant *réellement* celle-ci par le jeu des institutions religieuses, juridiques et pédagogiques — sont bien le pivot et l'« arôme spirituel » de l'Etat-nation dans sa formation et son renforcement. Aujourd'hui, à l'époque de ce qu'on appelle l'« idéologie de la science », elles s'articulent, non sans conflit, avec les discours des pouvoirs scientifico-techniques et de l'Etat savant. Cependant, la référence que l'on a faite à Pierre Bayle et à Kant signifie clairement qu'il y a autre chose dans cette idée de la liberté comme *autonomie* de la volonté singulière dont s'est emparée, pour l'affadir, la morale disciplinaire : entre autres, que c'est un devoir d'imposer sa liberté et cela jusqu'à l'insurrection. Cette force était présente dans la Révolution française. Elle l'est encore, au-delà des nations et des Etats.

## Bibliographie


BAYLE (P.) : *Dictionnaire historique et critique*, Rotterdam, 3 vol., 1697, 2e éd., 4 vol., 1715.

BENTHAM (J.) : *Introduction aux principes de la morale et de la législation*, 1789, trad. franç. 1802.

— *Panopticon*, 1802, éd. Browning.

BLONDEL (M.) : *L'Action*, 1893, P.U.F.

BERGSON (H.) : *Les deux sources de la morale et de la religion*, 1922, P.U.F.

COUSIN (V.) : *Du Vrai, Du Beau, du Bien*, 1837.

DIDEROT : *Pensées philosophiques*, 1746.

— *Le neveu de Rameau*, 1762.

— *Le rêve de d'Alembert*, 1769. Pour tous ces textes, éd. complète Garnier, 20 vol.

HUME (D.) : *Enquête sur les principes de la morale*, 1751, trad. franç. A. Leroy, Aubier.

— *Discours politiques*, 1752, trad. franç. Guillaumin.

— *Dialogues sur la religion naturelle*, 1753-1754, trad. franç. Max David, Pauvert.

HUTCHESON (F.) : *Système de philosophie morale*, Londres, 1755.

KANT (E.) : *Critique de la Raison pure*, 1781, trad. Tremesayques et Pacaud, P.U.F.

— *Fondements de la Métaphysique des Mœurs*, 1785, trad. Delbos, P.U.F.

— *Critique de la Raison pratique*, 1788, trad. Picaret, P.U.F.

— *La Métaphysique des Mœurs*, 1797, trad. Gibelin, Vrin.

LAROMIGUIÈRE : *Leçons de philosophie*, 1815-1818.

ROUSSEAU (J.-J.) : *Discours sur les Sciences et les Arts*, 1750.

— *Discours sur l'origine de l'inégalité*, 1755.

— *La Nouvelle Héloïse*, 1761.

— *Emile*, 1762. Pour tous ces textes, Bibliothèque de la Pléiade, 3 vol.

SADE (D.A.F. de) : *Justine ou les malheurs de la vertu*, 1791.

## Bibliographie *(suite)*


SHAFTESBURY (A. de) : *Caractéristiques des hommes...*, Londres, 1711, Roberston, 1900.

SMITH (A.) : *Théorie des sentiments moraux*, 1759, trad. franç., Paris, 1830.

VICO (J.-B.) : *La Science nouvelle...*, Naples, 1725, trad. franç., Nagel, Paris, 1960.

VOLTAIRE : *Lettres philosophiques*, 1734, éd. Didier.

— *Essai sur les mœurs*, 1756, éd. Garnier.

— *Traité sur la tolérance*, 1763, éd. Garnier.

## 2

### L'obéissance et la loi : le droit

par Évelyne PISIER-KOUCHNER

Les révolutions française et américaine du XVIIIe siècle, quelles que soient par ailleurs leurs différences [1], sont porteuses d'une première idée simple : le pouvoir d'un seul (ou de quelques-uns) est intolérable; rien ne garantit qu'il ne s'exerce arbitrairement, car de par sa source, son objet ne saurait être que *particulier*. Ni Dieu, ni ses représentants, ni la nature des choses, œuvre divine, ne le légitiment plus : ébranlée la croyance vertueuse en leur nécessité, il faut une « autre » croyance. Ainsi entrons-nous dans l'époque moderne : celle de la « paix bourgeoise » impliquant un certain type d'organisation sociale et un ordre juridique spécifique. La nouvelle croyance s'énonce en termes juridiques : « Le Droit présente ce caractère particulier de faire accepter par les individus des règles dont ils ressentaient l'existence comme une contrainte insupportable aussi longtemps qu'elles étaient assimilées au triomphe d'une Eglise. Le tour de passe-passe consista à remplacer une théologie par une autre en laissant croire qu'avec un changement de dénomination, c'était un progrès réel qui s'accomplissait [2]. »

Le changement de dénomination atteint directement le droit : le droit *est* parce que positif, parce que dégagé des métaphysiques du droit naturel. Mais avec la positivité du droit c'est encore une doctrine du droit naturel qui s'élabore [3], avec l'affirmation que le droit est fait pour et par l'homme et que nulle autre source ne légitimera le pouvoir.

L'agencement politique d'une telle croyance impose désormais une étrange logique : seule la *généralité* de la loi traduit la souveraineté de la volonté individuelle. On n'a pas fini de s'émerveiller des ambiguïtés ouvertes d'une telle assertion : la loi est générale de par sa source et de par son

1. Cf. par exemple l'analyse comparée des deux révolutions par J. HABERMAS : *Théorie et pratique*, t. I, Payot, 1975.
2. A.-J. ARNAUD : *Communication au séminaire de pensée politique* (Jean Duprat), juin 1975.
3. *Ibid.*

objet, aucun doute n'étant émis quant à la réciprocité nécessaire de ces deux éléments sans que soit pour autant plus claire leur signification respective.

De par sa volonté (générale), dans son intérêt (général), l'individu raisonnable règne : les nouveaux prêtres du vieil Etat s'y retrouveront sans mal.

« La loi est l'expression de la volonté générale » signifierait d'abord que l'individu est source de toute loi. Certes, la loi implique une obligation de comportement, un impératif, un « ordre », mais l'homme ne s'oblige que lui-même et n'obéit qu'au commandement qu'il se donne. La loi efface le pouvoir en ce qu'elle ne le nomme plus et le pouvoir n'est légitime que d'être légal, c'est-à-dire, en ce sens, voulu. Voulu ou consenti? De la volition en œuvre au consentement plus passif, il y a cette nuance psychologique que les discours classiques ont toujours gommée. Rousseau prévoit la subtile manipulation, mais de ce qu'il dit que la volonté générale n'est pas la somme des volontés individuelles, il sera trahi par deux fois : la volonté générale sera *représentée*, la volonté générale sera *majoritaire*.

L'individu législateur n'est qu'un mythe : le système représentatif n'est pas seulement trahison de ce Rousseau qui osait concevoir un peuple si souverain qu'il eût pu imposer à ses « délégués » un mandat impératif. Il a aussi cette autre fonction dont on ne perçoit pas toujours le caractère paradoxal : il s'agit de censurer le législateur, de le dépouiller de toute initiative et indépendance, de confondre sa volonté avec celle de la nation; confrontant l'idée de loi à celle de système représentatif, Georges Burdeau met parfaitement l'accent sur cette fonction essentielle : « Parce que cette volonté eût inévitablement rompu le lien qui unit la loi à la règle de droit supérieure, parce qu'elle eût conduit à faire de la loi l'œuvre de l'organe législatif, parce qu'enfin elle eût ruiné le concept de loi-volonté générale, la doctrine révolutionnaire en nie purement et simplement l'existence. Et cette négation, c'est l'essence même du système représentatif tel qu'il fut élaboré au XVIIIe siècle. Toute cette savante construction, à en bien considérer la portée, a pour objet non pas tant d'affirmer l'inaliénable souveraineté du peuple que de *refuser au législateur toute autorité véritable*[1]. » La théologie fonctionne bien : il ne s'agit de faire prévaloir ni la volonté du peuple ni celle de ses quelques représentants, il s'agit que l'esprit des lois ne ruine pas la norme en son pouvoir impersonnel, que l'humaine, variable et fragile volonté législative ne sape pas, en les démystifiant, les fondements millénaires de l'obéissance. En ce sens la loi, expression de la volonté générale, ne peut que renvoyer à la norme, inexpressive et impersonnelle. En cette impersonnalité demeure l'Etat.

La proclamation du principe de séparation des pouvoirs ne contredit pas cette analyse : si l'on s'en tenait à la définition « révolutionnaire » de la loi, proclamer à la fois l'indépendance des trois pouvoirs et la soumission de l'exécutif et du juge à la loi n'aurait aucun sens. Qui ne voit en effet que cette définition de l'Etat constitutionnel « renvoie comme à son fondement à la loi que d'autre part elle considère comme l'œuvre d'un pouvoir particulier ». L'admirable Eric Weil en tire cette conclusion essentielle à notre démonstration : « Défaut formel de la définition, ce renvoi inconscient à la loi révèle aussi la nature de la forme constitutionnelle de l'Etat. C'est l'existence agissante et efficace d'une loi fondamentale qui, sans qu'elle ait obligatoirement un statut particulier parmi les lois, est reconnue comme telle par tous[2]. » Peu importent, pour cet instant de la démonstration, le contenu et le statut de cette loi fondamentale, s'il est clair que la normalisation de l'obéissance peut se passer de la souveraineté de la loi positive.

La suite le confirme : a-t-on bien pris garde que l'avène-

1. G. BURDEAU : « Essai sur l'évolution de la notion de loi en droit français », in *Archives de philosophie du droit*, nos 1-2, Sirey, 1939, p. 24.
2. E. WEIL : *Philosophie politique*, Vrin, 1956, p. 164.

ment du suffrage universel coïncide avec celui du déclin de la loi? Au cour du XIXe siècle, la volonté générale prise au mot, la revendication démocratique menace la norme et accentue le processus : au moment où l'organe législatif risque d'être l'élu du suffrage universel, il faut jeter les derniers masques et mettre fin au mythe de sa primauté. Plus encore qu'autrefois, il faut censurer le législateur comme volonté subjective. Comte, on le sait, s'y emploiera avec acharnement et dans sa lignée de malheureux juristes, tels Duguit [1]. Comte « fait figure de pourfendeur valeureux de l'Ancien Régime à une époque où celui-ci s'est effondré depuis longtemps et où la bourgeoisie a depuis longtemps affermi son pouvoir social et économique [2] »; Duguit fait figure de pourfendeur non moins valeureux de la souveraineté étatique et de la puissance publique : avec bien d'autres, l'un et l'autre consacrent l'avènement d'un Etat technocratique qui n'a renouvelé que les sciences de sa domination. Avec eux, commence l'ère dite du déclin de la loi : pour tenter d'échapper aux manifestations de volonté du législateur, il faut tourner la loi en dérision et, de bonne foi, ne l'adorer que convertie en norme : autres mots d'un éternel système.

Aussi bien, sur le plan purement constitutionnel, la souveraineté de la loi positive peut être elle-même battue en brèche : partout la loi devient l'œuvre des exécutifs, des administrations, des bureaucraties chargées de promouvoir « l'intérêt général » et chaque jour intervenant plus directement, plus spontanément au nom d'une plus grande efficacité [3].

C'est l'autre face de la loi : générale par l'objet, et c'est

1. Cf. E. PISIER-KOUCHNER : *Le service public dans la théorie de l'Etat de Léon Duguit,* L.G.D.J., 1972.

2. H. MARCUSE : *Raison et Révolution,* Ed. de Minuit, 1968, p. 396.

3. Concernant tous ces points, cf. L. NIZARD : *Changement social et appareil d'Etat,* Grenoble, pp. 65 à 91 et J. CHEVALLIER, « L'Intérêt général dans l'administration française », *Revue intern. des sciences administratives,* 1975, n° 4.

sa véritable et exclusive signification. La loi ne saurait privilégier les objets, les intérêts particuliers. On ne répétera jamais assez qu'à prétendre ainsi brûler un cierge à Rousseau, les constituants de 1789 et les autres commettent un odieux contresens. Pour Rousseau, cette généralité de l'objet-loi ne se réalise que dans la démocratie politique directe. Mais Rousseau, qui dit la révolte [1], n'est pas de son temps, et la Révolution bourgeoise ne peut, pour son compte, que dénaturer son discours, et lui faire dire l'ordre. La revendication d'une loi générale par l'objet conserve les mêmes ambiguïtés : elle est à la fois protestation contre l'arbitraire et rêve d'une société raisonnable, rationnelle, rentable.

L'ambiguïté s'exprime à la racine même de la revendication la plus significative : instrument de lutte contre la tyrannie, la généralité de la loi porte l'égalité. Si l'intérêt général a valeur de mythe, c'est qu'il masque la hiérarchie sociale des intérêts particuliers. Cette hiérarchie, ou inégalité, a un contenu concret variable historiquement. Le marxisme n'a pas le monopole de cette observation : il n'est qu'à relire pour s'en persuader les pages que Léo Strauss consacre aux racines contractuelles de la légalité bourgeoise dans l'œuvre de John Locke [2]. Si la généralité de la loi est porteuse d'une revendication d'égalité, elle peut aisément se penser en termes contractuels. La loi sociale par excellence sera celle qui résulte de la convention, de l'accord entre des parties considérées, en ce jeu, comme égales. Le politique se moule dans la forme de ce pacte : la manifestation de volonté, de consentement, ne prend de réelle signification qu'au regard du *principe* d'égalité, et le consentement pourra se supposer acquis du moment qu'est respecté, dans sa forme, le jeu d'égalité. Qu'il ne s'agisse aucunement d'égalité réelle et que cette égalité formelle soit elle-même source d'inégalité, chacun, pour peu qu'il soit lucide, l'aperçoit

1. Cf. particulièrement G. Lardreau : *op. cit.*
2. L. Strauss : *Droit naturel et histoire*, Plon, 1954.

bien. La forme contractuelle est, par excellence, celle de la paix bourgeoise en ce qu'elle libère l'acquisition et garantit la conservation de la propriété.

L'absurde distinction droit public-droit privé s'est, un temps, nourrie de l'opposition de la loi et du contrat, mais cette opposition est évidemment artificielle. D'ailleurs le fondement contractuel de la loi n'est jamais qu'un épisode et un symbole aux termes desquels reste la norme et « s'il est vrai que le contrat implique en principe les conditions d'un accord des volontés, d'une limitation de la durée, d'une réserve des parts inaliénables, la loi qui en sort tend toujours à oublier son origine et à annuler ces conditions restrictives », s'il est vrai qu'il y a « un mouvement particulier du contrat qui se pense comme engendrant la loi quitte à se subordonner à elle et à se reconnaître sa supériorité », il apparaît que « la fonction contractuelle est bien d'établir la loi, mais que mieux la loi est établie, plus elle se fait cruelle et plus elle restreint les droits d'une de ses parties contractantes [1]... ». Depuis l'étonnante analyse du contrat masochiste par Deleuze, on sait que l'interprétation fonctionnaliste du rapport égalité formelle/égalité économique ne suffit pas à expliquer la force du mythe contractuel et qu'Œdipe ne siège pas à la superstructure et réclame un rôle actif dans l'énorme machine à égaliser de la société capitaliste. Le marxisme a apporté une contribution décisive à la critique de l'inégalité, mais ce qu'il donne à voir détourne le regard de l'avoir figé dans une explication hyperfonctionnaliste.

Aujourd'hui, le droit, loi ou contrat, est proclamé en déclin au profit d'une extraordinaire « normalisation » des comportements chaque jour plus portés par la passion d'égalité. Certes, l'égalité devant la loi n'est que formelle, mais ce formalisme ne peut être réduit à une simple fonction

1. G. DELEUZE : *Présentation de Sacher Masoch,* Ed. de Minuit, 1967.

de dissimulation de la réalité : le sujet peut choisir une identité, un rôle, à condition qu'on comprenne dans cette liberté de choix celle qu'accordent les normes. Si la loi dissimule l'inégalité réelle, elle a cet extraordinaire pouvoir de distribuer de l'égalité dans l'identité : « Elle construit toujours, sous d'autres rapports, de nouvelles identités qui font des égaux de ceux qui, auparavant, et dans d'autres rôles, étaient regardés comme différents [1]... » Plus grande est la capacité du pouvoir à organiser ce « jeu », plus forte est sa légitimité aujourd'hui : « Ce n'est jamais dans l'anarchie que les tyrans naissent, vous ne les voyez s'élever qu'à l'ombre des lois ou s'autoriser d'elles [2] », mais rares sont aujourd'hui les tyrans qui voudraient se nommer s'ils peuvent se réfugier dans la norme. Le discours qui dit alors celle-ci obligatoire pour sa généralité ne peut qu'ironiser...

La revendication d'égalité, accompagnée de sa recherche éperdue d'identité, renforce l'utilisation de la domination dans la norme. Tocqueville, déjà, dit que le pouvoir se renforce de l'aspiration égalitaire parce que les hommes préfèrent l'asservissement dans l'égalité à la liberté sans égalité. Mais c'est croire qu'ils ont la liberté concrète de ce choix et n'entrevoir que le clair-obscur de cette passion égalitaire. Les tentatives d'explication psychanalytique de Legendre, qu'on les partage ou non, ont le mérite du désespoir : après avoir rejeté la peur sur le désir et rassuré le sujet en lui donnant une réponse à ses angoisses, la loi réalise le report de l'amour du sujet sur l'institution et perpétue la soumission; comme le note d'Arcy, « si l'institution devient objet d'amour, c'est parce qu'elle refait en son sein l'unité de ce que la loi a scindé dans l'individu. Le pouvoir se place sous le signe de l'Un, unité perdue, objet à jamais manquant qu'il offre de retrouver. Mythe androgyne du souverain père castré et de la mère Eglise... que l'on retrouve

1. E. Weil : *op. cit.*, p. 145.
2. G. Deleuze : *op. cit.*

dans les mythes de l'Etat moderne. Ainsi chacun peut-il sublimer dans l'institution la part du désir interdit [1]. »

La passion d'égalité ne serait jamais que la mise à nu, la mise à vif de ce même désir refoulé et reporté en la loi et l'époque moderne serait bien celle du culte de la loi sans que ce culte puisse distinguer l'Etat autoritaire ou libéral. L'égalité n'est passion que dans l'inégalité, l'identité dans la différence. Aussi la normalisation fonctionne-t-elle mieux de la division qui l'institue et qu'elle restitue en la jouant autrement! Aussi l'illégalité fonctionne-t-elle mieux au sein même de la légalité : le fou, le malade, le criminel, l'a-normal sont rejetés par cette même norme qui les produit en les désignant : la marge est absorbée, la société punit moins qu'elle ne surveille [2], le pouvoir se réfugie dans la norme, l'ordre est assuré sans qu'un ordre soit donné, la prison et la censure restent les fidèles instruments d'un office inavoué sans s'émouvoir de leur insuffisance à remplir les objets qu'elles prétendent s'assigner : le criminel et le pornographe prolifèrent dans l'interdit même qui les désigne, mais qui n'atteint que la liberté ou l'intelligence [3]. L'illusion est parfois si forte de croire l'Etat disparu...

Que l'on partage ou non le point de vue « originel » de Legendre, il y faut ajouter ou y substituer que la revendication égalitaire, balayant le positivisme des lois, nourrit le rationalisme technocratique des Etats modernes, au point que « l'universalité formelle de la loi et l'égalité entre les hommes ne permet pas de distinguer les Etats « libres » des Etats « autoritaires » — ou ne le permet plus : il fut un temps où la lutte politique coïncidait avec la lutte pour l'instauration du régime moderne du travail social et, par conséquent, avec celle pour l'égalité des individus contre les inégalités de naissance. C'est la structure de la société, la forme historique de la lutte avec la nature extérieure, qui

1. Cf. F. d'Arcy : *op. cit.*
2. Cf. M. Foucault : *Surveiller et punir*, Gallimard, 1976.
3. Cf. E. Pisier-Kouchner, « Protection de la jeunesse et contrôle des publications », in *Rev. intern. du droit d'auteur*, avril 1973.

exige l'égalité, c'est-à-dire l'emploi de toutes les forces humaines disponibles et qui exige le formalisme juridique, c'est-à-dire la possibilité de calculer l'issue de tous les différends pouvant survenir entre ceux qui jouent les *rôles* sociaux [1]. » L'effacement de la monarchie absolue, puis l'avènement du suffrage universel ont changé le sens de cette « coïncidence » : les progrès de la technologie moderne assurent désormais la promotion de l'intérêt général en cherchant les « formes » rationnelles et rentables de l'abrogation des inégalités, en se passant des formes législatives traditionnelles. Mais le droit n'a pas dit son dernier mot : si le normativisme supplante la loi, expression du suffrage universel, il appelle le règne de la légalité, chaque norme ne *valant* que par sa conformité à une norme supérieure. La science du droit prendrait sa revanche sur le politique et les déboires du suffrage universel ne seraient que péripétie au regard des progrès de la légalité et des bienfaits de « l'Etat de Droit ».

### La science du droit, science de l'État

Il s'agit ici d'étudier *en leur même relation* deux affirmations distinctes, proclamées en des champs différents, au cours du XIXe siècle, par les hérauts du juridisme moderne. D'une part, le droit est une science autonome, entendons : ayant acquis son autonomie par rapport à la réalité socio-économique comme à toute référence politique. D'autre part, le droit n'a de raison d'être que de tenir l'Etat : les actes du pouvoir ne valent obéissance que pour leur conformité à une norme supérieure et la force n'est légitime que de sa transformation juridique.

Ces deux affirmations de l'autonomie juridique et de l'Etat de droit sont également, mais différemment, fausses.

1. E. Weil : *op. cit.*, p. 147.

La première a pris un sens particulier avec l'instauration de la « paix bourgeoise » à l'époque de l'autonomisation progressive des savoirs : philologie, biologie, économie politique et plus tard sociologie [1]... Elle implique que, rompu à l'exégèse, le juriste devienne ce savant, ce technicien « neutre politiquement », comme elle implique que le droit devienne science de par cette même qualité de neutralité. C'est bien le légalisme positif qui impose ces conséquences. Mais comme on l'a bien vu, cette conséquence n'a pu se développer qu'au prix d'une première contradiction essentielle : c'est avec le développement du droit naturel qu'apparaissent les premières tentatives de création de la science du droit et ce n'est qu'avec le Code Napoléon qu'on s'achemine vers une distinction très nette entre la morale et le droit, vers une séparation ouvertement proclamée du droit naturel et du droit positif, vers l'adoption de principes tels que la fixation de la règle, la nécessité de sa promulgation, la distinction de la loi et du règlement, la soumission du juge aux textes posés, l'interdiction pour lui de les interpréter... en un mot, c'est l'ère du positivisme. Cette proclamation imposera ses conséquences précises : « En devenant un savant enfermé dans sa tour d'ivoire et méditant sur l'équité dans la règle de droit, ou bien un dispensateur anonyme de la justice, le juriste se met en réalité au service de la puissance légiférante [2] », cette puissance dont on sait qu'elle n'est pas qui on la dit. Mais en même temps la contradiction originelle droit naturel - droit positif n'est jamais dépassée : sous couvert de cette distinction, le droit peut être entièrement politique sans jamais avoir à l'avouer. La manifestation essentielle de cette contradiction se perpétue comme tare principielle du positivisme juridique dès que l'on aborde le seul exemple du droit de résistance à l'oppression. Au regard de ses fondements, en effet, le positivisme implique qu'à la fois soit reconnu le droit de résistance à

1. Cf. les travaux de M. FOUCAULT.
2. A.-J. ARNAUD : *op. cit.*

l'oppression d'un souverain non respectueux de la loi et que soit refusé tout statut juridique à ce même « droit », sauf à sombrer dans l'anarchie, le désordre et, pis, l'incohérence intellectuelle, la loi étant souveraine et le souverain ne pouvant s'opprimer lui-même. Dans le même mouvement qui le dit science, le droit se récite comme idéologie (au sens kelsénien) : la nécessité de son autonomie n'est posée explicitement ou implicitement qu'au regard de sa *fonction* de garantie contre l'arbitraire. Aucun système, aucune doctrine n'ont réussi à résoudre cette contradiction irritante qui, se rapportant au principe même de l'obéissance, vicie fondamentalement toute réflexion sur la validité du droit, laissant ceci à nu que le droit se donne pour obligatoire et ne l'est pas. Ne pouvant résoudre la question du fondement de l'obéissance, on en viendra à l'écarter simplement de la réflexion sur le droit. Mais cette évacuation prendra, selon les doctrines, des significations différentes. Croyant s'attaquer au positivisme juridique, Duguit, par exemple, tentera de trouver un fondement sociologique au droit : finalement la question de la validité de l'ordre positif restera implicitement réglée par l'appel à une norme fondamentale supérieure. Que celle-ci soit métaphysique, morale, naturelle, sociale ou simplement politique, peu importe puisque finalement la loi positive est simplement *réputée conforme* à la norme supérieure. Paradoxalement, c'est au positivisme « pur » que revient le mérite d'une véritable critique « idéologique » des positivismes volontariste et sociologique. Lorsque Kelsen, théoricien du normativisme, affirme que la validité des normes « est déterminée uniquement par le système auquel celles-ci appartiennent » ; lorsque Romano, théoricien de l'institutionnalisme, affirme qu'un système juridique illégitime est une contradiction verbale parce que « son existence et sa légitimité sont une seule et même chose », parviennent-ils à écarter la confusion « *idéologique* » entre l'existence du droit et la question « de son mérite ou de son démérite » ? Quels que soient les progrès que cette lucidité de « position » permet dans l'étude des mécanismes juridiques, elle contribue encore à faire du normativisme, en ses versions semblables et différentes, le système d'un droit autonome, c'est-à-dire a-politique, ne légitimant le pouvoir que de le tenir en son respect, sans comprendre qu'il s'agit non d'un frein, mais d'une technique moderne parmi d'autres au service du pouvoir un et centralisateur.

Qu'il s'agisse du normativisme allemand ou de sa version française en principe de légalité, nul ne croit devoir douter aujourd'hui qu'ils ont pour objet de garantir l'Etat de droit : « Après l'enfer du Pouvoir arbitraire et le purgatoire du gouvernement contrôlé, l'existence pure de la Règle de droit signifie le paradis juridique. En cette troisième Rome du Droit, les décisions ne sont plus actes de volonté individuelle, mais plutôt émanation d'une volonté générale antérieure qui se combine avec la volonté d'application d'aujourd'hui dans un résultat essentiellement dévolontarisé. Le Pouvoir n'est autre chose qu'exécution subordonnée, réalisation de ce qui doit être selon les normes. Et ces normes sont si peu concrètes, de par leur essence, que l'on ne saurait les qualifier d'impératives. L'ordre (*Befehl*) est mort, vive l'ordre (*Ordnung)* [1] ! » Une fois établie la complicité de silence sur la nature de la norme fondamentale, la pyramide des normes fonctionne seule : aucun acte du pouvoir n'échappera au contrôle de sa conformité à une norme supérieure.

L'autonomie du droit comme « l'Etat de droit » s'interpellent, impliquant, frontière idéologique commune à leurs champs différents, le principe de l'indépendance du pouvoir judiciaire, acteur de la contrôlabilité juridique des actes étatiques. Pièce essentielle du système normatif, le pouvoir judiciaire doit être à la fois indépendant du politique, mais dépendant aussi de la norme qu'il est chargé d'appliquer.

1. W. Leisner : « L'Etat de droit, une contradiction? », in *Recueil d'études en hommage à Charles Eisenmann*, éd. Cujas, 1975, p. 66.

Sur ce point encore, seule la fuite dans le mythe peut résoudre la contradiction.

Le pouvoir judiciaire, chargé d'appliquer la norme doit être à l'abri des contingences politiques. Ici encore, il s'agirait de révolution et le principe de la séparation des pouvoirs, en renfort du culte de la loi, est appelé à réaliser cette indépendance. C'est oublier que « le pouvoir politique a très tôt attaché beaucoup de prix à la symbolique du sceptre de justice... [qui] manifeste qu'il ne serait encore qu'une force s'il n'était pas surtout un pouvoir justicier. Le pouvoir politique a besoin du juge qui lui donne le sacre de la légitimité [1] »; c'est oublier donc que l'autonomie du pouvoir judiciaire est considérée comme une nécessité que n'impose pas la révolution; c'est oublier que la séparation des pouvoirs n'est qu'une invention doctrinale abusivement prêtée à Montesquieu et jamais appliquée [2]; c'est oublier qu'à la prétendre déduire d'un tel principe, la mascarade de l'indépendance du juge se double d'irréductibles contradictions.

Encore suppose-t-elle réglée préalablement celle de la magistrature, car « l'indépendance personnelle du juge par rapport à un facteur politique donné risque d'infléchir l'exercice de la fonction de justice dans un sens conforme aux idées ou aux vœux de ce facteur [3] ». Or, aucun système ne semble avoir su (car il ne le peut) résoudre le problème, sauf solutions de compromis : juges élus, juges nommés pour leur compétence, juges fonctionnaires; quel que soit le degré de leur « inamovibilité », tous sont plus ou moins organiquement dépendants du pouvoir politique. Certes, les périodes de crise qui, toutes, voient se créer des juridictions d'exception, sont les plus propices à dévoiler la nécessité de cette dépendance; mais finalement l'exception démasque

1. G. Lavau : « Le juge et le pouvoir politique », in *La Justice*, P.U.F., 1961, p. 62.
2. Cf. M. Troper : *La séparation des pouvoirs...*, L.G.D.J., 1973.
3. C. Eisenmann : « La justice dans l'Etat », in *La Justice, op. cit.*, p. 48.

l'impuissance du principe à se réaliser. En temps ordinaire, la question ne paraît réglée que voilée : sporadiquement les incidents surviennent qui démontrent que le politique tient le judiciaire de par la pression qui s'exerce inévitablement sur son statut; inlassablement s'élèvent les voix indignées des vertueux conteurs de séparation des pouvoirs.

On peut d'ailleurs s'étonner de tels étonnements : pourquoi dire « séparé » un pouvoir judiciaire auquel on confie pour fonction d'appliquer des lois qui sont elles-mêmes l'œuvre des autres pouvoirs, législatif et exécutif? Conçoit-on sérieusement que cette mission d'application n'inclut une véritable part dans l'élaboration même de la loi (= du droit) ? Cette fonction normative du juge a plusieurs visages, certains choquant plus que d'autres les bonnes fois libérales, mais elle est indéniable : qu'il s'agisse de créer ici un « principe général du droit », là de limiter, contre la volonté même du constituant, le droit de grève des fonctionnaires, là de réduire à néant la portée d'une loi antitrust ou simplement de juger que tel article du code pénal n'a pas la même portée selon que l'on poursuit telle catégorie sociale, il ne s'agit que de démontrer un pouvoir créateur et normatif [1], la liste des exemples pouvant s'allonger sans cesse.

On se réjouira ou s'indignera, selon les cas, de la portée de ce pouvoir normatif suivant qu'on le rapporte à une certaine interprétation de la séparation des pouvoirs ou à celle de l'Etat de droit : contradiction pour contradiction, on finira par vouloir absolument faire coïncider les deux principes, se réservant d'interroger diversement la fonction « idéologique » du droit ainsi créé au regard d'un Etat ou d'une société diversement définis.

Ainsi le juge est-il à la fois acteur, promoteur et garant du paradis normatif à condition de le dire lui-même tenu par la norme : « L'Etat de Droit, c'est la contrôlabilité objective qui ne saurait être que l'œuvre des juges. L'indépendance,

1. Cf. C. Belaid : *Essai sur le pouvoir créateur et normatif du juge*, L.G.D.J., 1974.

autonomie même du pouvoir judiciaire, ne repose, en dernière analyse, que sur cette contrôlabilité, en dehors d'elle ce serait la dégénérescence vers un gouvernement des Juges sans structures claires sans conséquences prévisibles [1] ». D'où cette tension continuelle dans cette volonté de la proclamer et cette impuissance à la réaliser. Sous le double signe d'Etat de droit, deux acteurs sont en présence, l'un et l'autre en principe tenus par la norme-loi, l'un et l'autre la « jouant » de la produire et le pouvant d'y sembler tenus : c'est du concept même de norme que le juge et le pouvoir, sous forme ici d'administration, se nourrissent pour tisser le visible et l'invisible dans l'Etat moderne. Il n'est pas étonnant que l'un et l'autre, juge et administration, soient à la fois au principe et au manque de l'Etat de droit : le manque sera d'autant plus vigoureusement dénoncé qu'il ne le sera que comme défaut corrigible, comme contradiction pénible mais surmontable, comme stade imparfait d'une histoire destinée à se perfectionner sans cesse.

Mais l'Etat de Droit est une « invention » destinée à produire de « l'illusion juridique », à détourner la réflexion en la fixant sur ses imperfections susceptibles d'améliorations : même l'absence de souveraineté de la loi (dont les conséquences concrètes eussent pu être la démocratie, par exemple...) est « valorisée » par l'idée qu'une norme supérieure s'impose. Mais dans l'application de cette norme supérieure au cas concret, le juge « invente ». De la norme, on attend la prévisibilité (c'est-à-dire la sécurité, c'est-à-dire la liberté, puisque celle-ci est toujours supposée naître du respect de la loi). Or, c'est dans le concept même de norme que réside cette imprévisibilité de principe, cet abîme entre la règle et le cas. L'Etat de droit prétend guérir du vertige en « institutionnalisant » le pouvoir d'application de la règle au cas, en réglementant ses manifestations. Mais, comme on l'a noté fort lucidement, « plus le normativisme prétend à la

1. W. Leisner : *op. cit.*, p. 67.

totalité, à l'ubiquité de ses impératifs, plus la force de décision passe entre les mains de ceux que la norme devrait si étroitement lier [1] ». Finalement, produit de l'Etat de droit, c'est l'organe d'application qui reste la grande faille de l'Etat de droit : la norme ne confère au citoyen « que l'illusion de n'être à la merci de personne », alors qu'il est en premier lieu « à la merci d'un inconnu qui dirige l'application [2] ».

Est-ce à dire que, par d'autres moyens, l'indépendance judiciaire, dans le climat idéologique où elle est proclamée, est finalement réalisée? Est-ce à dire que le pouvoir judiciaire ne dépend, même dans sa fonction normative, que de la loi, au sens d'une règle de droit supérieure, sans dépendre aucunement du foisonnement normatif dont l'exécutif est la source? Est-ce à dire enfin qu'en dernière instance ne se pose pas le problème de la sanction par la force, donc par l'Etat, de la norme créée ou appliquée par le juge?

Comme le pouvoir judiciaire, le pouvoir exécutif est « séparé » du législatif. Comme dans le premier cas, il s'agit d'une illusion verbale : chargé d'exécuter la loi, l'exécutif participe de la fonction normative. Schématiquement, de deux façons : d'abord, en prenant une part active à l'élaboration même du contenu des règles; ensuite, en détenant le moyen essentiel de la sanction de ces règles, à savoir le monopole de la force. Certes, le légalisme développe toutes ses conséquences formelles : « Ne désigne-t-on pas pudiquement le gouvernement du nom d'exécutif, pensant ainsi avoir exorcisé le démon et conjuré les risques inhérents à la puissance naturelle d'un pouvoir que l'on savait fort bien ne pas être seulement d'exécution [3] ? » L'organe dit d'exécution s'est vu très tôt accorder une large autonomie, mais « l'on rattachait même à " l'exécution de la loi " des pouvoirs propres au gouvernement comme le maintien de l'ordre public et le fonctionnement des services publics [4] ». Ordre

1. *Idem*, p. 69.
2. *Ibidem*.
3. P. Weil : *Le Droit administratif*, « Que sais-je? », P.U.F., 1964.
4. *Ibid.*

public, service public, ces notions sont suffisamment larges et vagues pour résister au temps qui passe et s'adapter aux « événements » comme aux bouleversements socio-économiques. Le principe normativiste en sa logique n'est pas contredit : sous des noms divers, l'intérêt général « est toujours un élément de la *légalité* », gommant progressivement les marques de la puissance publique, généralisant l'intervention étatique. Il est évident que l'intérêt général sert de norme de référence (légalité formelle), mais que son contenu est déterminé progressivement dans l'action politique : l'Etat de droit crée cette contradiction en même temps qu'il la résout. Telle qu'elle est proclamée par la mystique libérale, l'autonomie juridique ne résiste pas à l'examen : de part en part, le droit est politique, et l'Etat de droit fictif. En ce sens, la dénonciation de ses imperfections ne sert qu'à renforcer la fiction tout comme l'autosatisfaction devant ses « progrès » : que le juge administratif français, par exemple, contrôle la légalité d'un pouvoir réglementaire autonome reconnu au gouvernement ou qu'il perfectionne ses techniques d'investigation du pouvoir discrétionnaire, ces actions ne sauraient être tenues pour preuves de cette autonomie du juridique. En réalité, le « système » de l'Etat de droit est bien le produit rationnel du normativisme : non pas au sens libéral d'un Etat « limité » par le droit, mais comme expression même de la rationalité étatique « réelle ». Conçu « idéologiquement » comme limitation de l'Etat et garantie de liberté, l'Etat de droit n'est qu'une « structure » de l'Etat moderne : « La légalité normative est censée élargir les domaines de liberté — elle y échoue parce qu'elle ne s'en prend qu'à certaines manifestations du Pouvoir prétendument dangereuses — en favorisant d'autres souvent plus néfastes encore. Et surtout parce qu'elle ne change rien à la structure fondamentale d'un Pouvoir ennemi de la Liberté : à son unité, qu'elle renforce au contraire. L'Etat de droit est, en dernière analyse, l'adversaire des autonomies que l'on ne saurait surveiller à perfection. La légalité est centralisatrice, elle accroît les pouvoirs des organes de l'Etat, elle les intègre dans l'unité de l'Etat-norme, produisant ainsi l'unité du Pouvoir, le Pouvoir tout court [1]. »

Technique de renforcement du pouvoir, et non garantie de liberté, l'Etat de droit ne s'épuise pourtant pas de la seule critique « idéologique » de ses solutions : la plus classique est celle qui consiste à dénoncer la confusion intérêt général-intérêt de classe et à établir les données d'une complicité des bureaucraties judiciaire et administrative inhérente aux systèmes néo-capitalistes au service d'une classe dominante. Pour pertinentes et nécessaires qu'elles soient (du moins lorsqu'elles ne se limitent pas à une grossière application de la théorie du « reflet »), ces recherches conservent finalement les inconvénients et les insuffisances de toute approche sociologique du droit.

Comprendre que le droit n'est pas une science autonome du politique, que le droit est de l'Etat, ne permet pas de déduire qu'il est réductible à une seule instance socio-économique ou à la seule volonté subjective d'une classe : les travaux d'Edward Thompson, notamment, éclairent avec pertinence le caractère de médiation spécifique des institutions juridiques [2]. C'est à Kelsen finalement que Michel Troper propose de revenir, pour démontrer « qu'il est possible de construire une science du droit qui ne soit pas une idéologie, qui serait au fond une autre théorie pure, mais qui prendrait le droit comme un ensemble, comme un fait, articulé simplement d'une certaine manière, et qui réintroduirait le droit dans une totalité, au lieu de le couper de l'ensemble du champ social comme le fait Kelsen. Cette science du droit serait alors une science humaine comme une autre, qui fonctionnerait selon la même logique [3]. » L'intérêt de cette proposition est immense : elle permet de rendre

1. W. Leisner : *op. cit.*, p. 78.
2. Cf. les extraits et la bibliographie in *Actes de la Recherche en Science sociale*, juin 1976.
3. Communication de M. Troper : *Séminaire de la pensée politique*, Duprat, juin 1975.

compte, d'une part, que le droit n'est pas réductible à l'idéologie qui le « parle », qu'il n'est pas même réductible à l'idéologie spécifique et différente de toutes les autres que ses catégories sécrètent, que la forme juridique est elle-même concrète et qu'elle contribue activement à déterminer elle-même le fond du droit dans un processus d'autotransformation spontanée. Il faudra néanmoins aller plus loin si l'on veut éviter de retrouver les illusions de tout scientisme entretenues par cette distinction de la science et de l'idéologie. Il faut affirmer que toute science est *aussi* idéologie : à condition de ne pas faire à nouveau de l'idéologie un simple reflet, on libérera les analyses historiques concrètes, tout en maintenant dans l'étude scientifique du droit l'étude des mécanismes de la domination. Le droit est une structure de domination : il est l'enjeu de *positions de pouvoir*, mais il n'est pas ces positions de pouvoir. C'est pourquoi sans doute, « il y a une très grande différence, que l'expérience du siècle devrait avoir rendue claire au penseur le plus exalté, entre le pouvoir arbitraire extra-légal et le règne du droit [1] ».

## Bibliographie


Bloch (E.) : *Droit naturel et dignité humaine,* Payot, 1976.
Habermas (J.) : *Théorie et pratique,* 2 vol., Payot, 1975.
Lardreau (G.) : *Le singe d'or,* Mercure de France, 1973.
Legendre (P.) : *L'amour du censeur,* Le Seuil, 1974.
— *Jouir du pouvoir,* Ed. de Minuit, 1976.
Pisier-Kouchner (E.) : *Le service public dans la théorie de l'Etat de Léon Duguit,* L.G.D.J., 1972.
Strauss (L.) : *Droit naturel et Histoire,* Plon, 1954.
Troper (M.) : *La séparation des pouvoirs et l'histoire constitutionnelle française,* L.G.D.J., 1973.


1. Cf. E. P. Thompson : *op. cit.*

## 3

# Le libéralisme : présupposés et significations

par Gérard MAIRET

Ce qui caractérise le libéralisme, c'est la distinction sur laquelle il repose entre, d'une part, la sphère de l'Etat, qui est celle de l'autorité politique, et la sphère de ce qu'on peut appeler, en référence à la tradition de pensée dont il est lui-même un résultat, la « société civile » d'autre part. L'Etat, qui a affaire au bien public, ne doit pas, en bonne doctrine, s'introduire dans les affaires privées, c'est-à-dire dans les relations constitutives de la « société civile ». En séparant soigneusement ces deux domaines selon des modalités idéologiques qu'il y aura lieu de questionner ici, ce que le libéralisme vise à garantir, c'est la « liberté » des individus et des personnes. Mais la liberté dont il s'agit est celle-là même du propriétaire, de sorte que de la liberté au libéralisme, il y a un glissement de sens qui constitue le tout de la doctrine.

Celle-ci revient à dire en effet que l'Etat est au-dessus des intérêts personnels et que sa fonction est seulement la *préservation*. L'Etat libéral se pense, ou est pensé, comme Etat garant. Ce qui est implicitement contenu dans cette manière de voir, c'est que la liberté existe en dehors de l'Etat, mais qu'elle se maintient par lui. Aussi, de là à faire de l'Etat un instrument de *défense* de la liberté, il n'y a qu'un pas toujours-déjà franchi.

Comment peut-on dire que la liberté doit être défendue? C'est naturellement, quand elle est menacée. Or, quand la liberté est menacée, c'est seulement la *propriété* qui l'est. La liaison Etat-propriété est ce qui structure l'idéologie libérale. Si donc il y a un glissement de sens, c'est que la liberté qui est en vue est celle qui s'attache à la propriété et que celle-ci fait de l'Etat son protecteur et son ami. La séquence liberté-Etat-propriété est ce qui définit le mieux le libéralisme. On comprend pourquoi la distinction qui lui est essentielle, entre l'Etat et la société civile — celle-ci étant le milieu où la propriété s'épanouit — est ce qui constitue proprement le discours libéral. L'équation liberté = propriété est posée comme allant de soi, si bien que, partant d'elle, l'Etat se justifie du même coup. Il est celui qui maintient la pérennité de l'équation et qui défend l'ordre qui s'y rattache — si le libéralisme participe, à sa façon, au culte séculaire de l'Etat, c'est que la puissance qui s'exerce par lui est celle de la propriété. On doit voir en effet dans celle-ci la raison de l'Etat libéral, même et surtout si cette raison n'est pas spéculative. Afin d'illustrer ce point, nous pouvons donner la parole, ici, à Benjamin Constant. Chez lui la propriété fonde la capacité politique, c'est-à-dire que par elle l'homme se métamorphose en citoyen et peut, par conséquent, être déclaré libre politiquement. « La propriété seule, dit-il en 1817, fournit le loisir indispensable à l'acquisition des lumières et la rectitude du jugement. Elle seule donc rend les hommes capables de droits politiques. » Dans son outrance même, cette affirmation manifeste assez bien quelle sera, tout au long du XIXᵉ siècle, l'ambiguïté fondamentale de la doctrine libérale. Les critiques socialistes de la société bourgeoise, tant celle de Proudhon que celle de Marx, permettent, sinon de lever, du moins de mettre en lumière cette ambiguïté : le peuple, qui est exclu de la propriété, ne se reconnaît pas dans l'Etat « démocratique » que le bourgeois institue pour lui-même. La démocratie libérale est le régime propre à une république de propriétaires.

### Public et privé

C'est pourtant la distinction public-privé qui forme le principe de la vie socio-politique dans le libéralisme. L'Etat s'occupe de l'intérêt général, cependant que l'économique recouvre l'ensemble des activités servant à libérer les hommes du besoin immédiat. On trouvera la meilleure formulation de cela dans le traité d'Adam Smith sur la « richesse des Nations » (1776). Chez lui le concept de nation prend une extension spécifiquement économique; la nation désigne l'espace de marché, elle est le lieu où s'effectue l'échange et où règne la propriété. Mais surtout, Adam Smith, en associant la nation à l'idée de richesse, donnait, par là même, de l'Etat la définition que l'ensemble du libéralisme conservera dans son principe : celui de veiller à ce que l'activité économique ne soit point troublée ou contrecarrée : *l'abondance* (la « richesse ») est le souci permanent de l'Etat libéral. C'est sa justification. Il apparaît ainsi que l'Etat est, en quelque façon, *soumis* aux exigences terrestres de la vie en société. En distinguant l'Etat de la Nation (au sens qu'il donne à ce terme), Adam Smith faisait de la société économique marchande l'horizon ultime vers quoi, si l'on peut dire, l'Etat doit tourner son regard, mais sans jamais y intervenir. Le souverain, dit-il, c'est-à-dire l'Etat, n'est pas concerné par l'activité économique, il a pour tâche de maintenir les liens de la nation, autrement dit de favoriser les échanges entre intérêts privés.

Dans la forme que lui donne Adam Smith, il apparaît que le libéralisme repose, en un premier temps au moins, sur la soumission du politique à l'économique ou, en d'autres termes, sur la détermination du domaine public par le domaine privé. En effet, si l'Etat est le gérant de l'intérêt général c'est parce qu'il faut bien prévoir une instance qui prenne en charge le « bien commun » et dont ce soit précisément la vocation. Qu'entendre par « bien commun » ? C'est l'aspect pour ainsi dire *universel* et, pour cela, éminemment chargé de moralité de l'activité économique quand on la considère comme totalité. Ainsi, l'idée libérale d'Adam Smith est en ceci que la société formée par les membres qui la composent et dont l'activité les concerne seuls en tant que personnes privées est de nature différente de la simple sommation des individus. La société marchande est de l'ordre de la qualité, d'où le vocable de « nation » employé pour la désigner. L'Etat est là pour régler la qualité, ou plutôt pour la rendre possible. La « richesse » qui émane de la société en tant que telle est donc bien garantie par l'Etat, quoique non produite par lui. Ce point est constitutif de la représentation libérale : la politique (activité du souverain) est de l'ordre de la qualité et, par conséquent, de nature morale. La vie économique (activité libre et privée des propriétaires) est de l'ordre de la quantité — son mot d'ordre et sa raison d'être, c'est l'*accroissement.* Ainsi le règne de la quantité se dépasse-t-il en l'avènement de la moralité.

On voit que le thème du bien commun trouve sa meilleure expression dans l'idée de nation. Si l'on restait au stade du « marché » pour désigner la sphère économique, on manquerait son contenu éthique. Au contraire, l'emploi du mot « nation » dès 1776 rappelle que l'activité marchande, même si elle s'effectue par l'initiative privée, rencontre ce plan de l'intérêt général en tant que tel. L'Etat, quant à lui, est l'instance qui recueille la moralité immanente au monde des affaires et l'objective. C'est bien là le présupposé du libéralisme et le mérite d'Adam Smith est de l'avoir révélé. Que cette « révélation » ait lieu dans un traité d'économie politique n'a rien qui doive étonner. Notre naïveté serait de l'attendre dans un traité de morale politique. Certes, nous savons par Hobbes et Rousseau que la « société » n'est pas réductible à la quantité des hommes qui la forme. Ce que nous ne savions pas clairement — mais la chose était cependant reconnaissable à quelques signes qu'on ne saurait évoquer ici — c'est que cette société était une société de marchands. Adam Smith (et le libéralisme à sa suite) veut simplement nous convaincre qu'en se livrant au négoce et à la production les hommes découvrent l'harmonie, accroissent leurs richesses, échappent au besoin et, ce faisant, peuvent gagner un supplément d'âme sinon gagner le ciel. De ce point de vue, le libéralisme offre une solution originale au problème politique. C'est l'économie qui la lui donne. Quel est en effet le problème de la vie politique tel que la réflexion théorique le pose? C'est celui de faire coïncider l'Etat, ou toute autre forme de pouvoir, avec le Bien. Cette coïncidence a été recherchée un peu partout : en Dieu, dans la nature, dans la volonté du prince, ou en tout cela à la fois. Il s'agit seulement de préciser ce que l'on doit entendre par l'un ou par l'autre. Le libéralisme offre une solution finalement plus évidente pour l'usager : c'est l'économie comprise comme « intérêt personnel » (le mot est de Smith). Certes, les théoriciens de la souveraineté de l'Etat moderne expliquent que l'individu, pour son bien, doit vivre en société et se soumettre à l'Etat. Bodin, au XVIe siècle, énonçait déjà ce principe et emploie même la notion de bien commun. Mais, selon eux, le bonheur individuel est un bien qui n'est pas rattaché, en tant que tel, au bien-être économique. S'il vient à l'être, dans certains cas, ce n'est pas en lui que se justifie l'Etat. C'est chose faite avec Adam Smith, qui apparaît, en ce sens, comme un philosophe de l'Etat, plutôt que comme un économiste. C'est bien en effet une philosophie politique qui sous-tend la pensée libérale de l'auteur de *Recherches sur la nature...* et celle-ci est entièrement vouée à donner une réponse à la question de savoir ce que *doit être* l'Etat. La réponse, on le sait, est en ce que le « souverain » n'a pas à s'occuper d'économie puisque la *nature* a fait les choses de telle sorte qu'il n'ait pas lieu d'intervenir. La ruse à laquelle se réfère Adam Smith n'est donc pas tant celle, si souvent rapportée depuis lors, de la fameuse « main invisible » qui, telle la Providence, fait bénéficier tous de l'activité de chacun. Elle est plutôt que l'Etat, précisément parce qu'il ne s'occupe pas de ce qui se passe sur le marché — c'est là le rôle dévolu au propriétaire —, n'en est pas moins absolument justifié par lui. En effet, l'Etat est le *gardien de la nature.*

Ce point essentiel mérite qu'on s'y attarde. L'Etat est le dépositaire de la nature qui a pourvu comme il convient aux nécessités multiples de la vie. « Le système simple et facile, écrit Smith, de la liberté naturelle vient se présenter de lui-même et se trouve tout établi. Tout homme, tant qu'il n'enfreint pas les lois de la justice, demeure en pleine liberté de suivre la route que lui montre son intérêt et de porter où il lui plaît son industrie et son capital, concurremment avec ceux de tout autre homme ou de toute autre classe d'hommes. Le souverain se trouve entièrement débarrassé d'une charge qu'il ne pourrait essayer de remplir sans s'exposer infailliblement à se voir sans cesse trompé de mille manières et pour l'accomplissement convenable de laquelle il n'y a aucune sagesse humaine ni connaissance qui puissent suffire, la charge d'être le surintendant des particuliers, de les diriger vers des emplois les mieux assortis à l'intérêt général de la société [1]. » L'Etat est ce qui permet à la « liberté naturelle » de s'exercer. C'est là le thème dominant de tout le libéralisme, aujourd'hui comme hier. Favoriser le jeu naturel de l'échange social, tel est le rôle technique de l'Etat : rendre possibles la nature et le jeu sans entrave de ses lois. Il y a donc, dans la société civile ou nation, une véritable harmonie préétablie, celle de l'échange, et l'Etat serait criminel s'il voulait la modifier. Ce côté-là du libéralisme est certes maintenant devenu archaïque : l'Etat aujourd'hui ne

1. A. SMITH : *Recherches sur la nature et les causes de la richesse des nations* (les grands thèmes). Edité et préfacé par G. MAIRET, N.R.F., 1976, p. 352.

se prive pas d'intervenir, mais l'esprit reste le même. Le *plan* ne fait qu'aider la nature, ou plutôt la corriger. Si le recours à la « nature » est permanent dans la pensée libérale, c'est que la *liberté naturelle* dont parle Smith est la justification de l'Etat. Il se peut donc bien que, forcé par la conjoncture, l'Etat tel que nous le connaissons soit devenu interventionniste à force de planifier, il reste que son attachement à l'idéologie de la nature est parfait. Smith ne faisait qu'énoncer le principe, en sa forme première : deux siècles après, il n'est pas désavoué.

S'il en est ainsi, c'est que non seulement l'Etat trouve ici sa raison d'être, comme administrateur de la vertu publique, mais encore c'est l'existence d'un domaine *privé* qui est justement revendiquée. Ce qui, dans la société privée comme totalité harmonique, est déclaré ressortir au privé. C'est par exemple, le domaine familial; mais c'est surtout, en général celui de la *propriété*. Le thème sacré de la propriété privée comme droit naturel et comme liberté est à l'origine de l'idéologie moderne de l'Etat, et particulièrement du libéralisme politique. Ce dernier apparaît alors comme le parfait produit d'une époque qui a Locke pour héraut fondateur, et l'économie politique bourgeoise classique comme cadre scientifique. Pour Locke, penser la politique, c'est penser la propriété, pour les économistes penser la richesse ou l'abondance, c'est réfléchir aux conditions réelles d'accroissement de l'opulence des propriétaires. Locke fait passer la « société civile ou politique », comme il dit, par l'axe de la propriété privée; Jean-Baptiste Say, par exemple, *suppose* la propriété comme allant de soi, de sorte qu'il n'y a pas lieu de la justifier; la science économique se développe à partir de ce présupposé initial, elle se constitue en fonction de lui. On peut bien, selon Jean-Baptiste Say, interroger la propriété, on ne saurait jamais la mettre en cause dans son principe : elle donne à penser. « Le philosophe spéculatif peut s'occuper à chercher les vrais fondements du droit de propriété; le jurisconsulte peut établir les règles qui président à la transmission des choses possédées; la science politique peut montrer quelles sont les plus sûres garanties de ce droit; quant à l'économie politique, elle ne considère la propriété que comme le plus puissant des encouragements à la multiplication des richesses. Elle s'occupera peu de ce qui la fonde et la garantit pourvu qu'elle soit assurée [1]. » Voilà qui doit être entendu. Mais ce n'est là que le côté doctrinaire et apologétique de ce que, avec infiniment plus de finesse et de pénétration, la philosophie politique anglaise, dès le XVII<sup>e</sup> siècle, posait comme principe général de l'organisation civile et politique.

### Le propriétaire et son autre

Il est très remarquable qu'il faille revenir en arrière pour saisir la signification du libéralisme comme idéologie. Le XIX<sup>e</sup> siècle n'a pas manqué de doctrinaires « libéraux », de Benjamin Constant à Thiers. Ceux-ci sont complètement immergés dans la propagande jusqu'à la rendre lyrique. Les platitudes sur le progrès moral et matériel, sur la civilisation, sur la liberté, sur la démocratie aussi et sur l'ordre voulu par la nature ou par Dieu afin de justifier la propriété, tous ces discours et harangues, dont le XIX<sup>e</sup> siècle s'est fait une affligeante spécialité — dans le temps même où il brillait par d'autres côtés —, ne visent en fait qu'à consolider le pouvoir des propriétaires. Ce ne sont pas pourtant ces misérables productions qui constituent la doctrine libérale; celle-ci est à chercher dans les écrits de Locke et de Smith, de Ricardo et de Hegel et point du tout dans tel ou tel de ces libelles édifiants dont *De la propriété* de Thiers fournit un bon exemple : « C'est par la propriété que Dieu a civilisé le monde, et mène l'homme du désert à la cité, de la cruauté à la douceur, de l'ignorance au savoir, de la barbarie à la

1. J.-B. SAY : *Traité d'économie politique,* Paris, 1811, Guillaumin, p. 133.

civilisation. » En fait ces écrits ne diffèrent de la police que par les moyens mis en œuvre : Thiers en apporte la preuve au moment de la Commune de Paris. On peut naturellement voir en ces productions des indices pertinents du libéralisme; à certains égards, ils le sont en effet, en ce sens qu'ils délivrent une signification immédiate parce qu'ils sont directement impliqués dans l'activisme politique. Il reste qu'ils ne constituent pas, en eux-mêmes, un corps de doctrine sur lequel l'Etat libéral s'est formé. Cette *théorisation,* on la trouve en effet plutôt dans la philosophie politique et dans l'économie politique classiques. Marx avait raison, de ce point de vue, de parler d'économistes « vulgaires »; on pourrait parler, comme lui, de philosophes vulgaires.

Quoi qu'il en soit, c'est bien dans Locke qu'il convient de chercher la formulation la plus générale de l'idéologie libérale : Smith lui-même en procède. Si cette référence s'impose, c'est que la distinction domaine privé/domaine public que l'auteur de *Recherches sur la nature...* élabore en termes économiques est en fait directement déduite de la théorie de la propriété telle que la développe Locke en 1690. Cet auteur trouve dans le fait primordial que je suis propriétaire de ma propre personne la « justification *principale* de la propriété ». Il faut citer le texte où l'idéologie libérale, qui est au sens propre une *anthropologie politique générale,* trouve sa source : « Il résulte à l'évidence de tout cela que les biens de la nature sont dispersés sous forme indivise, mais que l'homme, néanmoins, porte en lui la *justification principale de la propriété,* parce qu'il est son propre maître et le *propriétaire de sa personne,* de ce qu'elle fait et du *travail* qu'elle accomplit; au fur et à mesure que les inventions et les arts ont perfectionné les commodités de la vie, l'essentiel de ce qu'il a mis en œuvre pour assurer son propre entretien et son bien-être, n'a jamais cessé de lui appartenir en propre, sans qu'il soit tenu de le partager avec d'autres [1]. » Ce texte essen-

1. *Deuxième Traité du Gouvernement civil,* § 44, Traduction B. Gilson, Paris, Vrin, 1967; c'est Locke qui souligne.

tiel donne la justification de la politique libérale : si la propriété privée est à ce point centrale dans l'idéologie bourgeoise, c'est parce que Locke en fait une propriété de la nature humaine. L'homme est libre et cette liberté est dans le fait que je suis propriétaire de moi-même. Le génie de Locke est en ceci qu'il fait dériver l'ensemble de la doctrine de ce thème primordial. C'est pourquoi le libéralisme doit être compris dans le cadre de l'anthropologie lockienne. Le *Deuxième Traité* est en fait un commentaire de ce paragraphe 44 et l'importance donnée ultérieurement à la propriété dérive aussi de lui. On pourrait sans doute trouver avant Locke une telle affirmation : on chercherait en vain cependant une doctrine de l'Etat et de la société civile entièrement fondée sur lui. Car, ainsi qu'on le remarquait, Jean-Baptiste Say par exemple, d'où sa réputation de vulgarisateur, tenait la propriété comme allant de soi. La propriété est pour lui une évidence de nature qui n'a pas lieu, par cette raison même, de faire l'objet d'une démonstration. Smith lui-même tient pour acquis que la propriété est sacrée mais son originalité, on le sait, est de constituer l'économie politique en distinguant soigneusement la nation de l'Etat. C'est donc Locke, parce qu'il organise tout un monde à partir de la propriété en prenant soin de justifier celle-ci dans la *nature humaine*, qui doit être tenu comme l'authentique théoricien du libéralisme. Les penseurs comme Hobbes ou Grotius, particulièrement ce dernier, font grand cas de la propriété; ils reconnaissent aussi dans l'ensemble que je m'appartiens moi-même, mais ils ne fondent pas là-dessus la nécessité de l'Etat ou de la société civile. L'anthropologie qui sous-tend leurs démonstrations n'a pas pour pierre angulaire le fait, proprement lockien, que dans la personne il y a deux choses : un propriétaire et un bien possédé. Hobbes dit bien que j'ai un droit sur ma vie, il ne dit pas que je « possède » ma personne, c'est-à-dire mon corps et mon âme; chez lui je peux résister si mon corps est menacé par le souverain, mais ce n'est pas *cela* qui fonde la représentation de la vie sociale et politique. Le saut que fait Locke est, dès lors, d'une importance fondamentale, car désormais c'est le thème de la propriété qui devient central, et lui seul. Penser la politique c'est, maintenant, penser l'homme comme propriétaire. Chez Hobbes ou chez Grotius, c'était penser la souveraineté [1]. Si donc il est possible de parler de pensée libérale, c'est dans la mesure seulement où son objet est la propriété.

On comprend donc comment l'idée de l'Etat comme conservateur de la propriété peut se déduire d'une telle anthropologie : si la nature de l'homme est d'être propriétaire de lui-même, le rôle de l'Etat libéral est de préserver l'homme, c'est-à-dire sa propriété. La sphère de l'Etat, autrement dit du pouvoir public, n'a donc pas à se mêler à la sphère de la propriété privée que Smith analyse dans son fonctionnement économique. L'Etat est donc bien *libéral* car il laisse librement jouer dans la sphère de l'échange les mécanismes issus de la propriété. Aussi l'Etat libéral est-il, par essence, *défensif*. C'est ce qui est déjà présent dans le texte de Locke qu'on vient de lire. Si je possède mon corps — on verra tout à l'heure selon quelle modalité je possède mon âme — je possède également les objets que ma force de travail peut produire. Par conséquent, de même que je ne peux être privé de moi-même, je ne peux pas non plus être privé des objets résultant de mon travail productif. C'est là que le thème du « partage avec d'autres », comme dit Locke, intervient et que la nécessité de l'Etat se fait jour. Il fallait naturellement s'y attendre puisque, devant le propriétaire, il y a ou bien un autre propriétaire ou bien un non-propriétaire. Dans le premier cas, c'est par le *contrat* d'échange que je communique, dans le second, c'est par la violence — le vol — que la communication s'établit. L'Etat est là pour garantir les contrats et pour réprimer le vol. On peut se poser la question

1. Il est vrai que Grotius pensait celle-ci comme propriété, mais « *l'homme* » pour lui ne se définit pas par la propriété, c'est toute la différence.

de savoir pourquoi les hommes ne peuvent pas se passer de l'Etat; la raison est à chercher dans le fait qu'il y a toujours des non-propriétaires qui, par cela même, menacent la propriété : s'ils ne le font pas actuellement, ils peuvent le faire. Mais cette justification de l'Etat pourrait sembler anecdotique. En fait, l'Etat est *donné* avec la propriété. Locke démontre, en effet, que dans le fait même d'être propriétaire est inclus le pouvoir de défendre la propriété. Celle-ci est donc en même temps qu'une donnée de la nature humaine, un principe de légitimité politique : elle est, en tant que telle, un pouvoir. Tenant ma propriété de la nature, je tiens d'elle aussi le pouvoir de la défendre, de l'étendre aussi. Si les hommes étaient des saints, on pourrait assurément vivre sans recourir à l'Etat, mais puisque ce n'est pas le cas, l'Etat s'avère nécessaire et c'est lui qui tient lieu de sainteté. Ainsi la propriété est un pouvoir et ce pouvoir est naturel.

La « société civile » apparaît, dans ces conditions, comme la perfection de la nature et Locke établit une distinction à laquelle les idéologies du sauvage et du civilisé [1], encore vivaces aujourd'hui même, sont redevables. Il déclare en effet que l'on peut distinguer les hommes qui vivent à l'état de nature de ceux qui vivent à l'état de société civile. « On distingue donc facilement ceux qui vivent en *société politique* d'avec les autres. Ceux qui sont soumis de manière à former un seul corps, avec un système juridique et judiciaire commun, auquel ils peuvent recourir et qui a compétence pour trancher les différends qui s'élèvent entre eux et punir les délinquants, ceux-là *vivent* ensemble *dans une société civile;* ceux qui n'ont en commun aucun droit de recours, du moins sur terre, restent dans l'état de nature, où chacun se sert à lui-même de juge et de bourreau, car il n'y en a pas d'autre; c'est là, comme je l'ai déjà montré, l'état de nature sous sa forme parfaite [2]. » Il faut entendre ici par ces deux pouvoirs « juridique et judiciaire » respectivement le pou-

1. Cf. ci-dessous pp. 191-210.
2. *Deuxième traité...*, § 87.

voir du juge et celui de la police. L'Etat apparaît donc dans l'ordre de la société civile comme la puissance qui résulte de l'abandon par les propriétaires originaires de leur *pouvoir naturel.* La distinction de la nature et de la société civile ou politique prend donc ici une signification particulière qu'on ne retrouve nulle part ailleurs dans la théorie dite du « droit naturel » moderne. Pour la saisir, il faut avoir présent à l'esprit le thème lockien de *l'autre.* De ce que l'auteur du *Deuxième Traité* organise sa théorie politique à partir de la propriété, il s'ensuit que chez lui ces deux notions d'état de nature et de société civile prennent une autre signification que chez son prédécesseur immédiat, Hobbes. Puisque la propriété est un attribut de la nature humaine, la société civile diffère de la nature par l'Etat seulement. Quand donc l'Etat est institué, *ce qui* est institué, c'est une république de propriétaires, formée exclusivement de propriétaires, et le pouvoir qui en émane est là pour maintenir les propriétés privées dans l'état où la nature le pose. Si ce sont des propriétaires qui s'associent, et ils ne peuvent pas ne pas s'associer puisque la société civile garantit leurs propriétés au-delà de toute espérance, il ne peut y avoir d'association pour les non-propriétaires — entendons pour ceux qui ne possèdent qu'eux-mêmes — la propriété de la terre et des fruits résultant du travail de celle-ci; voilà ce qui a lieu d'être protégé. Il en sera de même de toute propriété industrielle.

Se tenir à une explication littérale de la distinction lockienne serait en manquer toute la saveur bourgeoise libérale : en fait, ceux qui vivent dans l'état de nature, ce sont ceux qui ne possèdent que leur force de travail, sans rien pour l'exercer. Puisque ce sont des propriétaires qui s'associent en société civile, il est clair que les « autres », comme dit Locke, qui ne le sont pas, vivent en somme à l'état de nature. Si Locke lui-même n'envisage pas cette solution extrême, le XIX^e^ siècle bourgeois libéral se chargera, lui, de l'appliquer. La république censitaire, à la belle époque du libéralisme, s'efforçait de maintenir tout un peuple d'ouvriers dans un véritable état de nature. Les révolutions qui traversent cette époque, principalement 1848 et la Commune de Paris, sont l'effort des non-possédants pour reconstruire la société civile et politique à partir d'eux-mêmes. Ainsi les significations habituellement données à des notions telles que « état de nature » et « société politique » trouvent-elles leur vérité dans le libéralisme. Celui-ci est, dans son principe, la doctrine de la société bourgeoise et de l'Etat bourgeois. Etre « propriétaire » était, au XIXe siècle comme aujourd'hui d'ailleurs, un titre et une vertu. Si donc l'homme est un citoyen, cela n'est vrai que pour autant qu'il est propriétaire, et il n'est pas douteux que l'ouvrier de l'époque n'appartenait pas, au même titre que le bourgeois, à la société politique. Précisément parce qu'il ne s'appartenait qu'à lui-même, il était l'autre dont parle Locke, celui qui vit dans l'état de nature. C'est pourquoi le libéralisme est contenu dans la petite phrase de Locke qui nous apprend que la nature nous a faits propriétaires de notre propre personne. Cet élément étant à l'origine de son existence, la société a pour seule fin de le conserver : « La fin capitale et principale, en vue de laquelle les hommes s'associent dans des républiques et se soumettent à des gouvernements c'est la conservation de leur propriété [1]. »

### Les contrats de moralité

Il est donc entendu que je possède mon corps, autrement dit que je suis avec moi-même dans un rapport de propriété. De cette vérité première, qui n'est en fait que l'expression la plus radicale de ma liberté, se déduit la nécessité pour moi de faire société avec les autres propriétaires. C'est là la thèse la plus générale du libéralisme qui ne repose pas sur une autre philosophie : pour lui, l'homme est un propriétaire, et son ontologie — qui donne lieu à une anthro-

1. *Deuxième Traité*, § 124.

pologie morale dont il va être question maintenant — se résume à ceci : *être, c'est avoir.*

On ne saurait trouver plus « mondain » que la propriété; pourtant le libéralisme est aussi une *éthique*. Fort occupé de richesse et donc de profit terrestre, le libéralisme tient sa force de ce que les préoccupations terrestres qu'il avoue sont dotées d'une signification morale. Nous ne parlons pas ici de ce qui est souvent désigné sous le vocable de « morale bourgeoise » et qui, recouvrant tout, ne recouvre finalement rien. Non, il est question de l'anthropologie morale et politique, c'est-à-dire du *système* des valeurs éthiques qui soutient l'édifice libéral et qui en procède, un système qui est à la fois la cause et l'effet du libéralisme. Celui-ci repose en effet sur une philosophie de l'homme, ou plutôt s'exprime en elle : l'éthique libérale, qui est l'éthique marchande, est une dimension essentielle de cette philosophie. Proclamant son attachement à la propriété, le bourgeois proclame simultanément son attachement à des normes. Or, ces normes ne sont pas des buts à atteindre, placés en quelque sorte en dehors de la propriété, de sorte que la vie économique n'en serait que la médiation. En fait, la norme éthique est immanente à la propriété. Celle-ci est en effet porteuse d'un devoir : la propriété *est* une vertu. Dire « je suis propriétaire de mon propre corps », c'est construire une représentation de l'homme, de sa dignité, c'est faire du propriétaire une personne morale. C'est reconnaître en ce « je » les qualités d'un sujet moral : puisque la propriété me définit comme un « moi », elle définit du même coup tous les hommes comme des propriétaires, c'est-à-dire comme des personnes. On a donc affaire à une société de personnes morales où chacune en vaut une autre, où chaque propriétaire reconnaît l'autre comme son semblable. La propriété, tout comme la raison, est la chose du monde la mieux partagée : il n'est pas un « je » qui ne possède son corps. S'il advient, comme c'est le cas, que « je » possède, en plus de sa propre personne, de la terre et des machines, cela ne confère pas un droit, un titre supplémentaire à participer à la nature humaine : un homme vaut un autre homme et un propriétaire de même. On voit poindre, à présent, le système éthique propre au libéralisme : je ne peux pas être privé de mon humanité, car je possède au moins une chose : moi-même, et personne ne saurait contre mon gré s'approprier ce *bien* originaire par lequel mon moi s'affirme face à un autre, et à l'égal de tout autre.

C'est cette représentation de type éthique qui est immanente au libéralisme, et qui lui donne sa force. C'est le thème de l'égalité originaire de droit. Certes le juridisme qui la caractérise lui assigne des limites que les revendications ouvrières auront justement pour objet de transgresser, mais ce qui compte aux yeux du propriétaire c'est que son droit lui apparaît constitutif de son être. Cette idée de l'égalité — Marx la dira « formelle » — est cependant doublée de cette autre : les hommes sont libres, précisément parce qu'ils sont des hommes — non des esclaves. Comment cette liberté se prouve-t-elle? De ce que je m'appartiens moi-même, ma personne est mon bien. Je puis donc en user librement. Dans ce monde de propriétaires, il n'y a donc que des hommes libres qui se rencontrent. Mais si je peux aliéner ma propriété — mon corps ou mon argent — c'est dans la mesure où je le veux bien. L'homme est une *volonté* libre. Sa conduite n'est pas dictée par autre chose que par lui-même : la liberté suppose l'autonomie de la volonté.

C'est cela qui nous importe au plus haut degré : je ne serais pas propriétaire de ma *personne,* à savoir de mon âme et de mon corps, si je n'étais à la fois libre d'en disposer et reconnu par tout le corps social *apte* à le faire. Ainsi s'explique la politique censitaire de Benjamin Constant que nous citions au début de cette analyse. De mon aptitude à disposer de moi-même et, en général de ce qui m'appartient, est déduite ma capacité politique. Mon statut de citoyen — homme libre dans l'Etat — est ontologiquement lié à ma qualité de propriétaire libre parmi d'autres propriétaires égaux. Ce qui se dégage de cette représentation, c'est le thème d'une communauté d'individus où chacun est reconnu par l'autre. Apparaît alors clairement la signification de la notion du bien commun, ou de l'intérêt général. Ce sont là des vocables servant à désigner le contenu éthique universel des activités propres à chacune des personnes privées et à toutes. Ne pouvant me déclarer libre si les autres ne le sont pas, je ne peux pas non plus *être* propriétaire s'il n'en est pas de même pour tout autre que moi. Le « bien commun » m'apparaît dès lors être une justification, pour autant que le « je » qui s'appartient lui-même voit en cela la raison de sa propriété. Je ne peux pas me déclarer moi-même propriétaire, il faut que tout le monde en soit d'accord par le droit ou par la force — ou par les deux. C'est là le point décisif. Imagine-t-on quelque individu, dans la république, se prévaloir exclusivement du titre de propriétaire? Si lui est un sujet, les autres le sont de même, telle est bien la signification du libéralisme. Si avoir c'est être, il y a cependant de l'un à l'autre la médiation de la *reconnaissance.*

Ce terme de la reconnaissance, on sait que Hegel en 1807 en fait grand cas dans *La Phénoménologie de l'Esprit.* Dans la lutte qui oppose le Maître à l'Esclave, le philosophe de Berlin voyait une lutte pour la reconnaissance, précisément. Qui de l'un ou de l'autre « reconnaîtra » son adversaire, tel est pour Hegel l'enjeu de la lutte. « L'individu, écrit Hegel, qui n'a pas mis sa vie en jeu peut bien être reconnu comme *personne*; mais il n'a pas atteint la vérité de cette reconnaissance comme reconnaissance d'une conscience de soi indépendante [1]. » Il est un point au moins sur lequel Hegel a vu juste : c'est que la vérité « objective » d'une personne réside non en elle-même mais dans une autre qu'elle-même. Là où, sans doute, Hegel s'est trompé, c'est en croyant que la reconnaissance s'effectuait dans la lutte du Maître et de l'Esclave. La chose est beaucoup plus prosaïque : elle se fait dans

1. Hegel : *La Phénoménologie de l'Esprit,* trad. Hyppolite, Paris, Aubier, p. 159.

l'échange; ce n'est pas la lutte qui découvre des consciences de soi, c'est le contrat qui met face à face deux personnes « libres » — ni maître ni esclave — et, comme telles, aptes à contracter. Cette aptitude au contrat serait impensable sans l'anthropologie morale qui la sous-tend : seules deux personnes « libres » peuvent engager volontairement leurs paroles. Le respect des contrats — une thèse héritée de Cicéron — suppose l'égalité des contractants. C'est cette capacité à contracter qui caractérise l'éthique marchande du bourgeois libéral. Mais pour acquérir sa consistance pratique et devenir ainsi moralité objective ou à tout le moins, se faire passer pour telle, l'éthique marchande ne se borne pas dans les limites de quelques préceptes que le contractant doit respecter. La moralité s'effectue dans les modalités de la société civile, celle que Smith désigne sous le nom de « nation » et où dominent l'intérêt personnel et la richesse privée.

Le « bien commun » n'est plus alors que la formule de la moralité telle qu'elle est à l'œuvre dans la société civile. C'est pourquoi il n'y a pas d'autre problème moral que celui-ci pour le libéralisme : comment la vertu des âmes peut-elle s'insinuer là où règne la stricte égalité quantitative, là où ne s'échangent que des équivalents, une marchandise (un bien) valant une autre marchandise (un autre bien) ? Est-il possible de concevoir, comme résultat de ces opérations multiples, une norme éthique : dans la société civile comprise comme espace de marché, c'est *l'échange* qui prime sur les individus qui échangent. Nous avons vu que le propriétaire n'était déclaré tel que si tout homme l'était par la même occasion. S'il en est ainsi, c'est que sa propriété existe, pour ainsi dire, *avant* le propriétaire lui-même; elle est un préalable à ma propriété. Ma propriété privée n'est qu'un mode de la propriété en soi. C'est d'ailleurs ce point qui contraint tout candidat à la propriété à faire reconnaître celle-ci comme la sienne propre. Ainsi la moralité que suppose le contrat, et en laquelle elle prend corps, est donnée préalablement à l'acte de contracter. De même que ma propriété participe en tant que telle à la propriété tout court, de même ma qualité d'être une personne morale s'atteste de ma participation — *via* le contrat — à la moralité objective. On a donc maintenant la possibilité de saisir la signification de mon appartenance à la société civile : celle-ci est le milieu où la phrase de Locke acquiert sa vérité. Je suis bien propriétaire dans la mesure où j'appartiens, avec les autres propriétaires, à une société politique. Dans une telle république je n'ai affaire qu'à des semblables, je n'ai d'engagement à respecter que devant d'autres *moi*, c'est-à-dire des « je » reconnus s'appartenir à eux-mêmes.

Puisque le « bien commun », ou « moralité objective », préexiste aux individus qui y participent dans la mesure où précisément ceux-ci trouvent en lui le critère de leur individualité, on aperçoit combien il est exclu pour un propriétaire de vivre dans l'état de nature. On comprend aussi que l'Etat, gérant et dépositaire de la moralité qui est à l'œuvre dans la sphère du marché, soit, de la sorte, rendu nécessaire et même obligatoire et que, en bonne doctrine, il ne peut intervenir dans les affaires privées. C'est par l'Etat que se justifie la distinction privé/public, puisque c'est son rôle de préserver la propriété. Administrateur du bien commun, il rend possible la bonne moralité des contrats. On ne voit donc pas pourquoi, s'occupant de l'affaire publique, il se mêlerait des affaires privées. L'Etat est aussi le dépositaire de la nature, car, ne l'oublions pas, c'est par nature que je suis propriétaire de ma personne. Désormais, l'Etat apparaît donc comme résultat de la société civile marchande, comme son véritable couronnement. Ce n'est, en effet, qu'une *apparence*. Car si nous le voyons incarner le bien, non plus seulement le « bien commun », « l'intérêt général », mais tout simplement le *Bien*, c'est parce qu'il n'a cessé de présider aux contrats de moralité tels que l'espace de marché en forme le cadre empirique.

Ce qui signifie le libéralisme, et qui se préparait de longue date, précisément depuis que, en philosophie politique, on parle de *société civile* [1], ce qu'il donne à voir à tous, c'est que l'Etat *est* le Bien. L'équation de la moralité sur laquelle repose le libéralisme pour ne pas être formulée chez les principaux théoriciens n'en est pas moins la clé; on peut la formuler ainsi : l'Etat = le Bien. Ce qui est remarquable, c'est qu'il a fallu faire le détour de la société civile, pénétrer littéralement son économie, pour en arriver là : en séparant l'Etat de la sphère privée de l'échange, le libéralisme ne cherche pas, il s'en faut, à faire du contrat ou du profit personnel une activité immorale, puisque tout au contraire le contrat suppose l'égalité des personnes dans la nature humaine. Il cherche plutôt à moraliser l'Etat, c'est-à-dire à le rendre vertueux. Ne perdons pas de vue, en effet, la lumineuse thèse de Locke : je suis propriétaire de ma propre personne. Cela est une vérité objective si les conditions de ma propriété sont réalisées; ces conditions sont d'abord qu'il en soit ainsi pour tous et ensuite que cette qualité soit respectée : deux choses qui ne peuvent être vraies sans l'Etat. Si bien que celui-ci ne résulte pas de la société civile où, pourtant, règne une certaine moralité propre aux affaires mais au contraire permet, parce qu'il en détient la norme, que les actions justes soient possibles dans la sphère privée. Si l'Etat = le Bien, c'est parce qu'on ne voit pas comment dans l'espace de marché fait de particularités et de contingences, de conflits de toutes sortes entre individus ou classes, pourrait se constituer une norme dont les individus précisément participeraient. Il est certain que l'Etat libéral *est* cette norme, ou plutôt qu'il en est le siège : ce qui n'est pas réductible aux individus dans la société civile est précisément ce qui est récupéré par l'Etat. En d'autres termes le « bien

1. Sur la naissance de l'idéologie de la « société civile » et son importance essentielle dans la constitution de l'Etat moderne, cf. ici même : tome II (IV.4).

commun », qui n'est pas la somme arithmétique des intérêts privés, est pris en charge au plan de l'Etat comme Bien tout court. Mais si l'individu n'est tel — une personne — que reconnu par d'autres que lui, c'est que cette reconnaissance ne peut s'effectuer que par l'Etat, simplement parce que son plan n'est pas celui de l'individu. C'est bien là ce qui est conforme à la vision de Locke.

Résumons donc la chose afin de rendre sa moralité sensible. Le cadre de la reconnaissance est le contrat parce que celui-ci requiert l'égalité des contractants. Cette égalité a son milieu, son élément, dans la société civile pensée comme surface de marché et d'échange. L'appartenance à la communauté est donc absolument requise pour qu'un individu soit déclaré s'appartenir à lui-même. Une *personne* est un propriétaire reconnu. La société civile est, par conséquent, une communauté d'hommes libres. En effet, la propriété d'un tel n'a de réalité que si elle est reconnue comme *sa* propriété : le « mien » et le « tien » ne sont, comme disait Grotius, des « qualités de la personne » que dans la mesure où l'ensemble des individus s'accorde sur l'attribution à chacun de sa propriété privée. Une telle reconnaissance où l'autre que moi est mon *semblable*, ne se peut faire que dans la série de l'échange contractuel. C'est la série des propriétés possibles qui fonde le droit de ma propriété actuelle. Et un Moi n'est un Moi que parce qu'il est semblable à un autre Moi. Par le contrat d'échange, donc, un propriétaire vaut un autre propriétaire, ni plus ni moins qu'un homme en vaut un autre. Ainsi, la règle de la reconnaissance mutuelle est : nul n'entre au marché s'il n'est propriétaire, reconnu comme tel dans la société civile. C'est de cet impératif que se déduit la caractéristique morale : la société civile objective une norme de moralité, la propriété, celle-ci faisant du sujet de droit une personne.

On ne doit donc pas perdre de vue ceci : c'est seulement sur la toile de fond de la *sérialité de l'échange marchand* que se constitue une moralité objective. Le Bien est donc indépendant de la volonté des sujets, quand bien même chacun, poursuivant son intérêt personnel, œuvrerait à la promotion de l'intérêt commun. C'est que, dans le milieu de l'échange, tout équivaut à tout; la transparence est totale, tout s'échange avec tout. La société civile est la sphère du Même, la propriété y est souveraine et les individus s'y reconnaissent comme tels. De sorte que la société préexiste à eux bien qu'ils la composent et le Bien existe indépendamment de la personne. Celle-ci a sa propre valeur dans la série complète des individus propriétaires où un homme est l'égal d'un autre. Le principe de l'équivalence est antérieur aux équivalents; le marché — la série des contrats — est donné d'avance, il est « naturel », dit Smith, il est l'élément de la personne, son milieu vital. Avant d'être propriétaire de ceci ou de cela, de sa force de travail ou de ses machines, un tel est propriétaire en soi. Ce qui est donné, c'est donc la série: le sujet moral (la « personne ») en procède.

C'est ainsi que l'Etat, pour être séparé de la société civile — et par cette raison même —, tire de celle-ci sa substance éthique. Là où la théorie (Locke) dit que l'Etat est nécessaire à la protection de la propriété, il faut entendre que la puissance souveraine, en veillant au bon fonctionnement des échanges, n'est pas seulement cet instrument technique chargé de veiller à la libre circulation des choses et des biens. Puisque ceux-ci ne vont pas seuls sur la place du marché, il faut un propriétaire pour les y conduire. Or, c'est l'Etat, parce qu'il assure la cohésion de l'espace d'échange jusqu'à en faire une totalité homogène, une assemblée de propriétaires réunis en corps, qui fait de ces individus des personnes morales; Léviathan est le protagoniste de la série, le tuteur de la société civile, c'est pourquoi il incarne le Bien.

La boucle est donc bouclée : la marque la plus sûre de mon humanité est en ceci que je m'appartiens moi-même, mais cela n'est vrai que dans l'ordre des possibles. Pour qu'elle devienne actuelle et acquière ainsi quelque réalité, je consens d'abord à n'appartenir qu'à l'Etat. Mon humanité est ce qui *doit être,* c'est la puissance d'Etat qui permet qu'elle soit pour moi ce qui *est.* C'est par ce subterfuge que la propriété a conquis tout un monde et que l'Etat libéral s'est affirmé à travers les multiples figures que nous lui connaissons aujourd'hui — autoritaires ou interventionnistes —, tout à la fois défenseur et interprète de la nature humaine et grand mangeur d'hommes.

Faisant de l'espace de marché un espace de souveraineté, le libéralisme fait de l'Etat le dépositaire du Bien. Quoique distinct de la société civile, l'Etat lui est cependant immanent parce qu'il *est* le Bien. C'est ainsi que les contrats de droit privé deviennent des contrats de moralité *pour autant que la loi le permet.* C'est là l'essence même du moralisme. Pour illustrer ce point qui, pour nous, est désormais connu, nous avons choisi un texte de Kant. Avec sa rigueur coutumière, le philosophe de Königsberg explique en libéral autoritaire ce qu'est le contrat de mariage. La thèse de Kant est celle-ci : le mariage *(matrimonium)* est un contrat qui se fait selon la *loi* (civile) de sorte que ce contrat est également nécessaire selon la « loi de l'humanité ». Or, le mariage ainsi pensé est un contrat *entre propriétaires.* On lit, en effet, dans la *Doctrine du droit* ces lignes tout à fait exemplaires : « Dans la supposition même où le plaisir par l'usage réciproque des facultés sexuelles en serait l'unique fin, le contrat de mariage ne serait pas chose arbitraire, mais tout au contraire un contrat nécessaire selon la loi de l'humanité; c'est-à-dire que si l'homme et la femme veulent jouir l'un de l'autre réciproquement en fonction de leurs facultés sexuelles, ils *doivent* nécessairement se marier et ceci est nécessaire d'après les lois juridiques de la raison pure. En effet, l'usage naturel qu'un sexe fait des organes sexuels de l'autre est une *jouissance* pour laquelle chaque partie se livre à l'autre. En cet acte, l'homme fait de lui-même une chose, ce qui contredit au droit de l'humanité en sa propre personne. Cela n'est donc possible qu'à *une* condition : à savoir que tandis qu'une personne est acquise par l'autre *comme une chose,* la première acquiert aussi l'autre à son tour et réciproquement; en effet, elle se reconquiert ainsi elle-même et rétablit sa personnalité [1]. » On peut donc voir dans le mariage le modèle de tout contrat de moralité. Ce qui signifie que le droit privé — obligations, propriété, famille — est immanent au droit public et l'Etat à la « société civile ».

### L'État et la démocratie

On pourrait croire que, à en juger par le moralisme, la philosophie libérale va contre sa propre doctrine. La distinction fondatrice entre le public et le privé n'a pas la consistance qu'on lui croyait. Elle existe bien mais pas de la façon que l'on espérait et le moralisme d'Etat n'est pas très éloigné de l'autoritarisme ordinaire. En fait, le libéralisme n'est pas devenu autre, c'est l'Etat qui est resté le même. On peut formuler cela différemment : ce que la logique interne au libéralisme nous révélait, à savoir que l'Etat est le secret de la société civile parce qu'il *est* le Bien, l'histoire des XIX<sup>e</sup> et XX<sup>e</sup> siècles le réalise. L'Etat dirigiste n'en est pas moins libéral pour autant; on lui suppose toujours une âme, sans doute quelque peu désincarnée mais vivace néanmoins. Il y a mieux même, ce sont les Etats socialistes qui réussissent là où le libéralisme plus classique échoue partiellement encore. L'autoritarisme des uns ne le cède en rien cependant à celui des autres, la différence est dans les nuances et nous sommes aujourd'hui arrivés à ce point que ce sont elles qui comptent; il convient donc de s'en contenter. Libéral ou socialiste, l'Etat incarne le Bien, mais, d'un côté comme de l'autre, l'individu perçoit de plus en plus clairement que ce Bien est, précisément, plus ou moins teinté de mal.

1. E. KANT : *Doctrine du droit,* trad. A. Philonenko, Paris, Vrin, 1971, §§ 24, 25 (souligné par Kant).

Malgré cela, dans l'ensemble, le libéralisme a bonne réputation. La tradition historiographique est en effet d'accord pour voir dans le XIXe siècle « l'avènement de la démocratie ». Il ne s'agit pas pourtant de la démocratie en général, mais de la démocratie bourgeoise en particulier, à laquelle, précisément, s'opposait alors la démocratie socialiste. On voit que ce XIXe siècle pourrait fort bien, sous ce rapport, s'échanger avec le XXe. Il est certain, en effet, que la configuration politique que nous connaissons maintenant s'est constituée au cours du XIXe et les changements que nous observons depuis ne sont pas dans les *principes* mais seulement dans les *événements*. Ce qui a changé n'est pas dû à une transformation idéologique car nous vivons sur les définitions d'hier. Les nouveautés sont dues au progrès, comme on dit, de la science et des techniques et plus généralement du savoir théorique et pratique. De ce point de vue on peut parler, pour désigner notre XXe siècle, d'un véritable *retard*. Le démocratisme d'Etat, qui se consolide au XIXe siècle, est encore le tout de notre représentation politique. Le socialisme qui, au siècle dernier, n'était qu'un rêve encore est devenu une réalité aujourd'hui — mais pas de la façon que l'on était en mesure d'espérer. Il est, comme le libéralisme « classique », un démocratisme d'Etat. De ce point de vue la fondation d'Etats socialistes ne change pas quoi que ce soit à la représentation politique *dominante*.

Alors qu'au XIXe siècle, le démocratisme d'Etat s'est affirmé avec violence contre le socialisme, principalement en 1848 et 1871, c'est avec violence que le socialisme d'Etat s'est installé au XXe siècle face au libéralisme et contre lui. Dans les deux cas, démocratie « libérale » et démocratie « socialiste », c'est l'Etat qui assure sa puissance. Le *modèle étatique* est le centre distributeur des idéologies et des mentalités politiques. Celui-ci n'est rien d'autre que le principe de souveraineté appliqué à la démocratie. Nos représentations politiques sont, depuis le XIXe siècle, axées sur cette idée, que nul ne songe à remettre en question, que la démocratie est réalisable dans l'Etat défini une fois pour toutes comme institution de la souveraineté. L'association du peuple à la souveraineté, c'est-à-dire la *définition* du peuple comme souverain, depuis Rousseau, a pour conséquence l'association de l'Etat à la démocratie. La Ire République, en France, procédait de l'esprit du *Contrat social,* la IIIe République n'en procède pas seulement, elle le réalise. L'Etat est, depuis lors, démocratique et populaire; les représentants du peuple — assemblées ou partis — exercent la souveraineté dont le peuple est le principe. Or, c'est l'Etat, qu'il soit « socialiste » ou « libéral », qui gère la représentation. La démocratie représentée revient à faire de l'Etat le délégué du peuple. C'est ce modèle démocratique qu'introduit le libéralisme et que le socialisme réajuste et élabore à sa manière. C'est peu dire qu'il le réajuste : il le rend presque parfait, le parti étant infiniment plus efficace en puissance que le Parlement.

On voyait tout à l'heure comment l'Etat, malgré la théorie mais aussi à cause d'elle, était immanent à la société civile. On le voit maintenant immanent à la démocratie. Quand donc nous disions que nous sommes aujourd'hui encore en plein XIXe siècle et ce, malgré les événements, nous ne faisions que manifester *l'idéologie de la domination* propre au XXe siècle, selon laquelle, hors de l'Etat, il n'est point de démocratie. Celle-ci est pensée en terme de souveraineté; c'est le libéralisme qui rend la chose évidente et même naturelle. Le modèle du « prince » dont on ne saurait nier qu'il fut l'arme absolue de la bourgeoisie en matière politique hante encore les esprits. C'est le schéma cinq fois séculaire de la souveraineté; le libéralisme, rendu possible par la Révolution française, est ce moment historique qui, faisant du peuple le « prince », place la démocratie à l'intérieur de l'Etat. Les temps qui ont suivi n'ont fait que consolider cette tendance, la perfectionner jusqu'à la rendre intenable. La Révolution française avait mis le peuple sur le devant de la scène, le libéralisme l'enferme à l'intérieur de l'Etat démocratique. C'est là un événement considérable à l'envisager à la lumière du xxᵉ siècle : la démocratie socialiste ne fait qu'appliquer la recette libérale en retouchant la sauce.

Mais ce qui est chargé de signification, c'est que l'avènement de la démocratie d'Etat n'a pu se faire sans recourir à la guerre civile. Pour cette raison la démocratie apparaît bien comme la catégorie politique de l'entendement *bourgeois.* Si le droit politique pour tous a finalement prévalu sur le droit censitaire, il est certain que, cependant, la démocratie dans l'Etat restait une prérogative de propriétaires, ce qui nous permettait d'observer dans le langage de Locke que l' « état de nature » subsistait à côté de la « société politique ». Guerres civiles et révolutions sont consubstantielles au libéralisme, tout comme le travail et le salariat sont consubstantiels à la propriété et au capital. La démocratie d'Etat était la formule toute trouvée pour un *peuple de propriétaires* saisi en permanence par la peur d'être dépossédé. A partir de la révolution de 1848 c'est le gouvernement de la peur qui s'installe : ceux qui ne possèdent qu'eux-mêmes, comme le dit encore Locke, n'ont pas de la démocratie la même représentation. C'est pourquoi la guerre civile est une condition de la démocratie libérale. La puissance d'Etat s'affirme à travers elle, tout comme le « peuple » s'est affirmé à travers la Grande Révolution, ni plus ni moins toutefois que le droit politique s'atteste de la propriété. Ce qu'une telle démocratie suppose par conséquent, c'est qu'il y a, menaçant le « peuple », toute une multitude ouvrière qui, n'ayant rien à perdre, a tout à gagner; elle suppose donc encore qu'il y a dans la société civile, ou plutôt en dehors d'elle, un ennemi de l'intérieur. Il apparaît alors que la démocratie ainsi entendue n'était pas autre chose qu'une sorte de guerre civile froide entretenue par l'Etat.

Dans son analyse de la Commune de Paris, il est curieux de voir Marx s'en tenir à une définition... libérale de l'Etat « bourgeois » pour rendre compte de l'action des communards. « L'unité de la nation, écrit-il, ne devait pas être brisée mais au contraire organisée par la constitution communale; elle devait devenir une réalité par la destruction du pouvoir d'Etat qui prétendait être l'incarnation de cette unité mais se voulait indépendant de la nation même, et supérieur à elle, alors qu'il n'en était qu'une excroissance parasitaire [1]. » Là où Marx voit dans l'Etat un parasite, Locke ou Smith ou Thiers lui-même, pourtant peu sujet à l'illumination théorique, voyaient une nécessité vertueuse. Mais cette opposition n'est qu'apparente car tout le monde est d'accord premièrement, pour voir dans l'Etat une excroissance et, deuxièmement, par déduction, établir une distinction nette entre d'une part l'Etat et d'autre part la nation. C'est là, on le sait, le présupposé du libéralisme dont il est clair que Marx, ici, n'a pas saisi la signification. Celle-ci doit être cherchée dans la *démocratie* qui est la *forme* de l'Etat libéral. Mais la démocratie n'est pas une excroissance (parasitaire ou utile), *elle est constitutive de la nation* au sens que lui donne Smith : surface d'échange où la marchandise est reine et qui forme, pour le bourgeois, le *territoire de sa souveraineté.* On a vu que la société civile marchande supposait l'Etat pour de saines raisons touchant à la moralité; on la voit maintenant supposer l'Etat pour que règne l'ordre politique.

L'Etat démocratique est bien, comme on le soulignait, la catégorie politique de l'entendement bourgeois. On ne saurait donc, par conséquent, en faire seulement une excroissance ou, ce qui est la même chose, le tenir pour séparé de la société civile. Une telle conception, qui revient à faire de l'Etat une quasi-chose, visible en quelque façon, porte en elle deux conséquences qui sont, précisément, les caractéristiques profondes du libéralisme : que la démocratie politique est inséparable de l'Etat puisque la société est le lieu où les intérêts économiques sont à la fois conflictuels et complémentaires; il faut donc prévoir un Etat qui, n'étant pas mêlé

1. In *La Guerre civile en France,* Paris, 1968, p. 43.

à l'économique, s'occupe des droits politiques. C'est l'Etat gardien de l'ordre moral et politique. De plus, étant séparé, il n'est pas impliqué dans les conflits sociaux, de sorte qu'il est investi du pouvoir de préserver la paix civile : c'est l'Etat gendarme. Marx, on s'en doute, n'a pas fait siens ces deux totems de l'entendement libéral, mais il n'a pas récusé non plus le *principe* des deux, à savoir que la démocratie est *possible* dans l'Etat.

En ce sens, le socialisme tel que nous le connaissons est le plus parfait produit du libéralisme; il en est, pour retenir le mot, une « excroissance ».

### Bibliographie

HEGEL : *Principes de la philosophie du droit* (1821), trad. et notes de R. Dérathé, Paris, Vrin, 1975; se référer aussi à : *La société civile bourgeoise,* présentation et traduction de J.-P. Lefebvre, Paris, Maspéro, 1975.

LOCKE : *Deuxième traité du Gouvernement civil* (1690), trad. Gilson, Paris, Vrin, 1967.

MACPHERSON (C.B.) : *La théorie politique de l'individualisme possessif* (1962), trad. M. Fuchs, Paris, N.R.F., 1971.

MARX (K.) : *Le Capital,* Livre I : *Le dévelopement de la production capitaliste,* traduit par J. Roy et l'auteur, Paris, Editions Sociales, 1950, 3 vol.

MONTESQUIEU : *De l'esprit des lois* (1748), Paris, Garnier, 1979, 2 vol.

RICARDO (D.) : *Principes de l'Economie politique et de l'Impôt* (1817), trad. Debyser, Paris, Costes, 1934, 2 vol.

ROUSSEAU : *Du Contrat social* (1762), introd. et commentaires de R. Dérathé, Bibliothèque de la Pléiade, t. 3 des O.C., N.R.F., Paris, 1964.

SMITH (A.) : *Recherches sur la nature et les causes de la richesse des nations* (1776), trad. Garnier, édition abrégée et préface de G. Mairet, Coll. Idées, N.R.F., Paris, 1976.

## 4

## Le travail et l'industrie : le marxisme

par François Châtelet

La découverte de l'*homo œconomicus* marque profondément les idéologies modernes. L'analyse de ce que suppose et de ce qu'entraîne une telle découverte, c'est à l'étude du texte fondateur de l'économie politique « classique » qu'il convient sans doute de l'emprunter. Certes, les *Recherches sur la nature et les causes de la richesse des nations* d'Adam Smith — parues en 1776 à Edimbourg — ne constituent pas le premier ouvrage où il est question de la division du travail social, de l'origine de l'industrie et du commerce et des meilleurs moyens d'accroître la qualité et la quantité des biens mis à la disposition de la collectivité : des livres III et IV de *La République* de Platon au *Traité d'économie politique* d'Antoine de Montchrestien (1616) en passant par les multiples réflexions portant sur les techniques de gestion du domaine familial ou du trésor royal, les textes économiques sont nombreux. Cependant, quelles que soient leurs intuitions, ils demeurent, pour parler comme Adam Smith, *sur le devant de la scène*. L'ambition scientifique du philosophe des *Sentiments moraux* est clairement affirmée : « Dans les merveilles de la nature, il est rare que nous puissions aussi clairement découvrir la chaîne de liaison, relativement à un petit nombre d'entre elles seulement, nous semblons avoir été admis à voir ce qui se passe derrière la scène et, en conséquence, notre étonnement a cessé. C'est ainsi que les éclipses du soleil et de la lune, qui autrefois excitaient plus qu'aucun autre phénomène céleste l'étonnement et la terreur, ne semblent plus étrangères depuis que la chaîne de liaison entre elles et le cours ordinaire des choses a été découverte [1]. »

Cette ambition, il l'applique à cette nouveauté, à cet événement qu'est la transformation des modalités de la production et du marché du travail, désormais si actif qu'elle ne peut manquer de s'imposer à l'observateur et d'entrer dans les préoccupations des gouvernants. La nouveauté n'est pas, bien sûr, que la production des marchandises entraîne leur circulation : le troc, l'échange sont des données de la nature humaine; ce n'est pas non plus que la seconde opération soit assortie de recherche d'un profit, unilatéral ou partagé. Elle consiste en ceci qu'il est possible maintenant d'examiner ces phénomènes de manière telle qu'on en peut mettre en lumière les principes et les mécanismes. Déjà les Physiocrates, en France et, en particulier, François Quesnay, dans son *Tableau économique*, publié en 1758, avaient montré, contre les économistes dits mercantilistes, que la recherche économique approfondie exigeait que l'on considère une réalité assez vaste qui puisse être constituée en objet d'enquête et que, par conséquent, on cesse de prendre pour thème et critère de l'investigation les finances de l'Etat, par exemple. Ainsi, le *Tableau économique* envisageait l'ensemble de la production du royaume de France. Mais les Physiocrates, s'ils refusaient l'attitude du caissier, prenaient celle du comptable. La nation n'est, pour eux, « qu'un cadre de référence reçue, une donnée comptable pratique [2] ».

Eduqué par les recherches de la théorie politique, Adam Smith s'attache à la nation comme telle, en tant qu'elle est *un espace d'échange*. Le fait qu'il adopte comme référence la richesse de la nation lui permet ainsi d'éviter d'user de ces abstractions philosophiques qui ont conduit les Physio-

1. *Essais philosophiques*, trad. franç., Paris, 1793, cité dans *l'Introduction* de G. Mairet aux « Grands thèmes » des *Recherches...* d'Adam Smith, N.R.F., collection « Idées », Paris, 1976, à laquelle nous nous référons constamment dans ces pages.

2. G. Mairet : *op. cit.*

crates à tenir pour seul travail productif l'agriculture et à disqualifier l'industrie qui ne fait que transformer ce qui est déjà là. Or, qu'apporte cette référence à la réalité nationale? La réponse à cette question est donnée dès les premières pages des *Recherches...* avec une admirable clarté. Adam Smith y définit les catégories constitutives de l'économie politique. Présentons-les brièvement :

« La consommation annuelle de la nation est fournie par le produit du *travail annuel* de celle-ci (les achats à d'autres nations devant être payés avec une partie de ce produit).

« *La richesse de la nation,* c'est-à-dire la capacité qu'elle a de satisfaire les besoins en choses nécessaires ou commodes, est donc fonction du rapport entre ce produit du travail et le nombre des consommateurs.

« Or, ce rapport lui-même dépend de deux facteurs : « l'habileté, la dextérité et l'intelligence... dans l'application au travail » et « la proportion entre ceux qui sont occupés à travailler utilement et ceux qui ne le sont pas. »

Selon Adam Smith, le premier facteur est le plus important. A preuve l'« économie » des sauvages [1], où la plupart travaillent, mais sans application et qui demeurent dans la pauvreté. Au contraire, les nations civilisées — industrieuses et industrielles — ont un fort contingent d'oisifs, mais produisent beaucoup et produisent toujours plus. Une première question devra être résolue : pour quelles causes en est-il ainsi? (c'est l'objet du *livre I*).

« La question de la proportion entre ceux qui font un travail utile et ceux qui n'en font pas renvoie à celle de la quantité du Capital qui peut être mis en œuvre et de l'usage qu'il est possible d'en faire, afin d'offrir des emplois aux travailleurs. Il importe donc de s'interroger sur la nature de ce capital, sur son accumulation et sur sa répartition (objet du *livre II*).

1. Sur l'erreur historique généralisée concernant la prétendue « économie de subsistance » des peuples primitifs, cf. le t. I, chap. I et les références qui y sont données.

« La mise en œuvre du capital peut s'effectuer de diverses manières : l'histoire montre que certaines nations préfèrent investir dans " l'industrie des campagnes ", d'autres dans " l'industrie des villes ". L'analyse des circonstances qui conditionnent ce choix est indispensable (*livre III*).

« Les justifications théoriques qui sont données en cette matière doivent être examinées également (*livre IV*).

« Puisqu'il y a un Souverain qui est chargé d'administrer l'intérêt de la collectivité, quel peut et quel doit être son revenu? Comment lui faut-il le gérer? (*livre V*). »

Ces catégories et ces problèmes étant déterminés, l'analyse de Smith, où s'entremêlent avec habileté démonstrations abstraites et données empiriques, en vient à définir un certain nombre de notions clés. Ainsi, après avoir montré comment la division du travail accroît non seulement la productivité, mais encore incite à l'invention technique, après avoir fondé la distinction entre la *valeur d'usage* d'un bien, et sa *valeur d'échange*, après avoir réfléchi sur ce qui rend effectif l'échange, cela que Marx appellera « l'équivalent général », elle s'applique à découvrir ce qui fait *la valeur* d'une marchandise dans l'échange. L'hésitation d'Adam Smith est constante. Certes, *c'est le travail qui mesure la valeur* (l'originalité de cette perspective est considérable : les principes empiriques de l'économie mercantiliste sont balayés). Cependant le travail, « seule mesure réelle », est tantôt compris comme *travail épargné* — le travail auquel l'usager aurait dû se soumettre pour produire le bien qu'il acquiert —, tantôt comme *travail incarné* — la somme de tous les travaux qui sont, en quelque sorte, incorporés dans la marchandise.

De même, les *Recherches* hésitent entre une conception quantitative de la mesure de la valeur du travail — remarquant que le salaire donné au producteur a pour fin de lui permettre de reconstituer ses forces de travail et que, dans une société donnée, tend à s'instituer une sorte d'étalon qu'est le travail social moyen —, et une conception qualitative qui introduit une appréciation fort subjective de « la dextérité et de l'habileté » de chacun. Il n'en reste pas moins que les considérations objectives l'emportent. De telle sorte que finalement dans le prix d'une marchandise entrent, en partie variable, trois éléments : le salaire qui est payé à l'ouvrier, le profit de celui qui détient le capital et la rente que touche le propriétaire foncier. Il y a donc un *prix naturel,* dans des conditions données, autour duquel gravite le *prix du marché,* qui résulte des variations de la demande. Il est remarquable, d'ailleurs, qu'à propos du profit capitaliste, Adam Smith s'efforce de le légitimer... par un travail présent ou passé (il est moins aimable pour les propriétaires fonciers).

Car l'essentiel est là. S'il n'est pas possible ici de suivre plus avant le développement de l'analyse fondatrice des *Recherches,* il faut souligner que leur apport principal est, d'une part, de prendre pour objet la nation unifiée comme Etat souverain, mais aussi et surtout, concevant le territoire national comme lieu de l'échange, de révéler qu'à la racine de tout échange, il y a la production de ce qui s'échange, production de la marchandise, donc *travail* et *moyens de production,* c'est-à-dire Capital. Voilà ce qui est derrière la scène !

Autant dire que le philosophe et le moraliste Adam Smith, qui souscrit à une vision optimiste — beaucoup plus nuancée qu'on ne la décrit souvent — et à l'idée propre à son siècle d'une harmonie de la nature englobant la nature humaine — est beaucoup moins novateur que l'économiste. De même que Descartes [1], cent quarante ans plus tôt, administrateur de la révolution copernico-galiléenne, a été l'initiateur de la conception moderne de la rationalité scientifique comme entreprise de domination de la nature par l'homme, de même que John Locke [2], à la fin du siècle précédent, a défini une nouvelle notion de la liberté pratique

1. Cf. t. II, IV, 2.
2. Cf. ci-dessus t. III, II, 3.

comme droit imprescriptible — et cela contre la notion que les métaphysiciens en donnaient —, de même Adam Smith a mis en évidence une dimension jusqu'alors secondaire ou reléguée de la réalité de l'homme : le fait qu'il est fondamentalement un travailleur et que c'est comme travailleur (ou comme « échangeur », mais ceci suppose cela) qu'il entre de façon décisive dans la relation sociale. Tel est son statut objectif.

Il est de bon ton, souvent, de souligner les insuffisances des *Recherches*... : celles-ci auraient sombré dans l'abstraction métaphysique en négligeant les facteurs subjectifs, dit-on d'un côté; elles auraient hypostasié en essence éternelle de la nature humaine les formes historiques du capitalisme privé, d'une part, et, auraient accepté sans critique l'idée d'une régulation automatique du marché, de l'autre, affirme-t-on d'un autre côté. Que le philosophe Adam Smith ait cru avec une trop grande bonne volonté à l'harmonisation des conditions de production et qu'à cet égard, l'analyse pessimiste de David Ricardo soit mieux justifiée que la sienne, cela est incontestable. Quant à la domination du Capital — qu'il soit géré à la manière capitaliste ou à la manière socialiste —, peut-on douter, à regarder le monde actuel, que ce ne soit une « intuition » pénétrante?

## L'État selon Hegel

La théorie politique du XVII^e^ siècle veut penser l'Etat nouveau; l'économie politique s'efforce de rendre intelligible cette formation nouvelle résultant de la fusion entre le cadre étatique et les transformations de la nation. La Révolution française intervient, qui réalise, achève, invente et embrouille; et l'Empire napoléonien, qu'administre, dans un mixte de terreur et de liberté, l'ancien et le nouveau, et qui donne structure à l'Etat-nation. Dans la compréhension de ce donné historique, l'importance de la pensée de Hegel est double. D'une part, le philosophe de Berlin se donne pour tâche d'organiser ce foisonnement de notions, de mettre en ordre les idées et les événements en les appariant les uns aux autres : il est le premier penseur systématique de l'Etat-nation, il vise explicitement à enseigner à ses contemporains comment ceux-ci doivent comprendre leur propre statut, dans leur vie privée, dans leur activité professionnelle et dans leur exercice de citoyens; il tient cet enseignement pour le seul chemin qui peut permettre de passer du stade actuel au stade ultime, qui est celui de l'Etat mondial. Or, il se trouve que cet enseignement, comme enseignement, réussit : il ensemence l'intelligence européenne, de Marx — qui s'en sépare brutalement, mais y puise — aux fonctionnaires qui, avec Bismarck, organiseront le IIe Reich allemand; et, de là, à Lénine et à Carl Schmitt [1]; de cette manière, il fournit un matériau à des idéologies diverses et opposées...

Quelle est la *position politique* de Hegel en son temps? Incontestablement celle d'un penseur libéral, éloigné de tout excès, souhaitant que s'unifie l'Allemagne sous l'autorité d'un royaume de Prusse qui aurait enfin compris l'avantage qu'il tirerait de son ouverture aux idées nouvelles : monarchie constitutionnelle, administration contrôlée et industrialisation. Cependant sa *pensée politique* lui commande, comme on va le voir, de concevoir cette transformation comme entreprise *de* l'Etat : Hegel — penseur qui estime être parvenu au Savoir absolu — se place résolument du côté des gouvernants (cela importe si l'on veut comprendre l'opposition de Marx). C'est pourquoi, comme doctrine de l'Etat-nation, on peut situer légitimement l'hégélianisme comme étant une limite dont la théorie de John Locke serait la limite opposée. Tout se passe comme si l'Etat libéral, depuis lors, oscillait entre une conception lockienne, qui tend à réduire l'intervention du pouvoir central au minimum exigé

1. Théoricien de la conception contemporaine du Parti comme force historique déterminante, cf. *La Théorie du partisan*, trad. franç., Calmann-Lévy, 1972.

par la gestion des affaires communes, et l'hégélienne qui ne conçoit d'autre moteur au développement rationnel de la société que l'Etat interventionniste.

En fait, le point de départ de la réflexion politique de Hegel, c'est, d'abord, le constat de la réussite du modèle napoléonien. L'Empereur a été vaincu, mais il a imposé à l'Europe la notion de la centralisation administrative, militaire et juridique du territoire national par le pouvoir souverain. C'est, ensuite, l'échec de « toutes les philosophies passées qui ont prétendu enseigner aux peuples comment ils doivent se gouverner » : la théorie n'a pour fonction que de faire connaître ce que l'histoire réalise. Aussi bien faut-il renoncer à toute utopie, à toute reconstruction d'un état de nature ou d'un droit naturel. La seule matière de la pensée est l'histoire. Cela posé, comment comprendre l'Etat moderne? Hegel expose le savoir en politique dans les *Principes de la philosophie du droit,* texte qu'il publie en 1821. L'analyse en est si remarquable et pénétrante qu'à le lire aujourd'hui, on se prend à penser que les « prévisions » hégéliennes, qui n'étaient présentées que comme des connaissances, décrivent ce qui est largement réalisé par notre temps.

Quant à la « moralité subjective », c'est-à-dire à la question de la conduite individuelle — partie médiane de l'ouvrage, sur laquelle on n'insistera pas ici —, Hegel souscrit aux leçons d'Emmanuel Kant : mais il leur reproche d'avoir établi que le sujet moral pouvait s'accomplir dans son choix intelligible de l'autonomie [1]. L'homme ne saurait se réaliser dans son essence, dans sa rationalité, que comme citoyen. Mais ce n'est qu'*en fin de compte* qu'il peut se connaître comme tel. Il s'appréhende d'abord — et c'est là la première couche de la société que, par abstraction, Hegel examine — comme élément d'une *famille.* Ce qui caractérise la famille est le *patrimoine,* que celui-ci consiste en possession de propriété ou, seulement, en l'existence des enfants

1. Cf. ci-dessus, t. III, II, 1.

(ce qui est le cas du prolétaire). Le droit privé règle la gestion du patrimoine. Bon disciple de Locke, Hegel montre — sans chercher la moindre justification, puisque c'est là, pour lui, une donnée — que justice et injustice, dans le droit privé, se définissent seulement par rapport à la propriété. Etre délictueux ou criminel, c'est enfreindre les lois qui correspondent à la libre disposition par chacun de lui-même et de son avoir. Bref, concernant la famille bourgeoise telle qu'elle se manifeste en ce premier tiers du XIXe siècle, Hegel exprime abstraitement ce que le roman balzacien va décrire avec tant d'art et de vigueur.

Le second niveau de la moralité objective est celui de ce que les *Principes...* appellent la Société civile, étant entendu que le terme allemand qui y répond signifie à la fois cela, mais aussi « société bourgeoise ». C'est ce que nous nommerions, aujourd'hui, le *domaine économique*. Il s'agit, en effet, de la vie, de la société en tant qu'on y produit, qu'on y échange et qu'on y consomme des biens. Retenant les analyses des économistes, Hegel considère que la Société civile forme un système, que chaque profession renvoie à toutes les autres pratiquées sur le territoire national et que, dès lors, il y a solidarité de fait. Cependant, ce système est traversé de contradictions qui tiennent à la nature même de la société civile. Ces contradictions inéluctables, qui peuvent, si elles s'aggravent, devenir dangereuses pour la collectivité, sont en même temps conditions du progrès économique. Hegel, pessimiste comme Ricardo, comprend que le conflit est la loi même du capitalisme et le principe de son dynamisme. Il analyse trois types de ces contradictions sans dépassement : celles qui opposent les individus à l'intérieur d'une même profession, celles qui opposent les professions les unes aux autres, celles qui opposent les riches — qui deviennent toujours plus riches — et les pauvres — qui deviennent toujours plus nombreux et plus pauvres. Certes, la Société civile invente des techniques pour remédier à ces traverses : elle profite des guerres entre nations pour conquérir des ressources neuves ou des marchés, elle se lance dans la colonisation. Mais, en tant que telle, elle est incapable de surmonter ses déchirements fructueux. La nécessité d'une intervention souveraine s'impose : celle de l'Etat, qui est « la Raison en acte ». Depuis le premier empereur de Chine, depuis la Cité grecque, l'Etat a toujours eu cette fonction transcendante. Mais les conditions historiques étaient telles que les gouvernants ne pouvaient pas connaître cette essence. Avec la situation moderne, cette connaissance est possible (encore faut-il, pense Hegel, que la conscience des dirigeants puisse y accéder). Hegel, dans son exposé qui veut n'être qu'une description, demeure très prudent. Puisqu'il faut une incarnation du souverain, autant reconnaître le principe monarchique, qui n'est pas plus mauvais qu'un autre. Mais, si le monarque est arbitre en dernier ressort, il est un citoyen parmi les autres et reste soumis aux lois de l'Etat. En vérité, le réalisme hégélien ne prête guère attention aux problèmes constitutionnels : ce qui lui importe, c'est la pratique gouvernementale. Or, en ce domaine, il se montre à la fois intransigeant et original. A ses yeux, jusqu'ici en dépit de la Raison, les instances qui détiennent le pouvoir de décision central ont été « choisies ». Ni la puissance guerrière, ni l'ancienneté de la naissance, ni le tirage au sort, ni l'élection populaire, ni une quelconque combinaison de ces modalités ne font *la compétence*. Le corps des dirigeants doit être compétent. C'est au moins ainsi qu'il faudrait qu'il soit connu. Modernisant l'optique platonicienne, Hegel se fait ici le champion de la technobureaucratie, en fondant le recrutement des fonctionnaires d'Etat sur un enseignement et une sélection destinés à repérer hiérarchiquement « les spécialistes de l'Universel étatique ».

Incarnée par le monarque, la souveraineté absolue de l'Etat s'exerce dans et par l'administration de la société civile, usant, s'il le faut, de la conciliation : des organes sont prévus — « les chambres professionnelles ou locales » —

où ces spécialistes s'efforcent d'apparier l'intérêt supérieur de la collectivité et les intérêts particuliers des membres de la Société civile, étant bien entendu que ces chambres sont moins le lieu des décisions que celui des informations et des explications. Il en est déjà ainsi, explique Hegel, mais comme on ne le sait pas, on ne parvient pas à tirer parti de cette modernité naissante.

Tel est l'Etat, selon le philosophe de Berlin. Peu importe son rêve de l'Etat mondial qui, après des guerres cruelles, achèvera le parcours de l'humanité et réalisera la société transparente ! Il est plus intéressant de noter que, sous bien des aspects, les Etats actuels, plus d'un siècle et demi après, sont conformes à ce modèle. Et de bons esprits, nullement réactionnaires, comme Alexandre Kojève [1] et Eric Weil [2], considèrent que au fond, il n'y a rien à reprendre dans cette analyse de la forme pleinement développée de l'Etat-nation — sinon en ce qui concerne les relations internationales et leur répercussion sur l'ordre intérieur des Etats historiques.

### De l'équivoque de Marx : libération sociale ou rationalité industrielle

Ainsi, on peut dire, en simplifiant, qu'après la théorie politique de John Locke et l'analyse économique d'Adam Smith, l'hégélianisme constitue une nouvelle justification, plus profonde et plus synthétique, de cet Etat laïque et industriel, à structure juridico-administrative unifiée, qui est né en Europe occidentale au XVII<sup>e</sup> siècle. La force démonstrative des *Principes de la philosophie du droit* est que ceux-ci ne récusent en aucune manière ni les crises de la Société civile ni les guerres entre nations et qu'ils intègrent la néga-

1. *Introduction à la lecture de Hegel*, Paris, N.R.F., 1948, 2e éd., 1962.
2. *Philosophie politique*, Vrin, Paris, 1956.

tivité au cours dramatique, mais finalement triomphant, de l'humanité. Le temps marquant de cette analyse est la théorie même de l'Etat comme Raison en acte. La disposition hiérarchique adoptée par le texte vise à prouver que l'Etat est la vérité de la société et que, du même coup, sa réalisation moderne est elle-même la vérité de l'histoire.

Or, cette philosophie politique orgueilleuse se heurte à la contestation. Celle de Sören Kierkegaard, qui plaide au nom de la subjectivité avide d'infini; celle de Friedrich Nietzsche, qui s'attaque à la nouvelle idole, l'Etat, et à son Ancien et à son Nouveau Testament, la philosophie systématique et la science expérimentale. Mais la contestation qui importe ici est celle que développe Marx, dans la mesure où celle-ci est à l'origine d'un ensemble théorique qui sous le nom de *marxisme,* a été adopté par les organisations ouvrières d'Europe dès la fin du XIX^e^ siècle et qui, en tant que tel, a été requis comme ferment de la Révolution bolchevique et comme doctrine officielle de l'Etat soviétique et, depuis lors, d'autres Etats se réclamant du « socialisme scientifique ».

En fait, la mise en question radicale de l'hégélianisme opérée par Marx dès les années 1843-1844 — rappelons que Hegel est mort en 1831 et que, jusqu'à l'accession au trône de Prusse, en 1840, de Frédéric-Guillaume IV, qui réinstalle la monarchie absolue et chasse les libéraux de l'Université, son enseignement domine l'intellectualité allemande —, est, au moins comme symptôme, un des événements les plus importants de l'idéologie européenne moderne. Sa vigueur est grande, sa rigueur incontestable, mais sa signification est singulièrement ambiguë. Aussi convient-il de suivre méticuleusement la démarche par laquelle le jeune Marx, lecteur assidu de Hegel, se sépare du maître et définit ainsi un point de vue d'une singulière originalité.

L'affaire commence précisément avec l'échec historique de la politique de Hegel et avec le constat que ceux-là qui veulent reprendre l'étendard n'aboutissent qu'à une critique abstraite et inefficace. Rien dans le développement de l'Etat prussien, rien dans le statut des sociétés les plus avancées, anglaise et française, ne manifeste un quelconque progrès de la rationalité. Là, les libertés continuent d'être bafouées, ici la misère et les révoltes de la classe ouvrière s'accroissent. Quant aux « hégéliens de gauche » — dont Marx fait partie à son arrivée à Berlin —, ils s'enferment dans une critique stérile de l' « état de choses allemand ». Leur erreur, remarque Marx, est, au fond, de n'être point assez hégéliens : ils prennent les *Principes...* pour un modèle à réaliser, optique idéaliste (ou utopique) que Hegel n'aurait jamais acceptée. Il faut prendre ce dernier au piège de sa propre rigueur : son réalisme politique l'a conduit à affirmer que ce qui est faux en pratique ne saurait être vrai en théorie. Or, la connaissance qu'il prétendait donner de l'essence de l'Etat comme arbitre souverain des conflits de la Société civile est fausse, puisque l'impuissance et ses conséquences, la violence et l'arbitraire de l'Etat, se renforcent. Il faut donc reconsidérer soigneusement la description hégélienne pour savoir si elle possède cette « vérité » à laquelle elle prétend.

A cette tâche, Marx s'emploie et les résultats qu'il obtient l'entraînent à rompre avec l'hégélianisme, même de gauche. Si l'on veut saisir la nature de la société moderne, il faut renverser la pyramide construite par Hegel. L'Etat n'est pas cette instance supérieure, réalisant, quoi qu'elle fasse, adroitement ou maladroitement, la Raison. Il est, comme tout ce qui est en ce monde social dominé par le Capital, une *propriété,* la propriété des propriétaires de terres, de manufactures, de capital bancaire, etc. Il a pour fonction de maintenir cette propriété et, comme cela est exigé par la règle du jeu capitaliste, de promouvoir l'augmentation de ses profits. Il est un organisme de domination usant de la loi, de la police et de l'armée pour que perdure l'exploitation de ceux qui n'ont que leur force de travail à louer pour assurer leur survie par ceux qui possèdent les moyens de production. Quant aux contradictions qui traversent la Société civile, il est illégitime de les réduire à une seule essence logique. Les conflits qui opposent les manufacturiers ou les commerçants les uns aux autres ne sont pas de même nature que la lutte des classes qui met aux prises prolétaires et capitalistes. Les premiers sont les conséquences de l'anarchie du système économique fondé sur la propriété privée; la seconde est le principe de ce même système et la marque de sa cruauté.

La description de Hegel est mensongère. Elle masque la réalité de la société. Il faut souligner ici un point important : le Marx qui critique la théorie hégélienne de l'Etat (et, par conséquent, à travers celle-ci les énoncés fondamentaux de l'Etat libéral de John Locke et ses applications dans les diverses constitutions projetées ou appliquées par la Ire République française) et qui découvre la lutte des classes comme fait historique décisif — ce Marx qui n'est pas le jeune Marx, mais qui conservera ces idées directrices jusqu'à la fin de sa vie, même si elles ne sont plus seules à le conduire — refuse de se situer comme Hegel du point de vue de l'Etat, c'est-à-dire du point de vue des gouvernants — des propriétaires — : il se place dans la Société civile, donc du côté des dominés. D'une certaine manière, c'est la société, déchirée par le conflit de classes, qui parle, et qui parle contre l'Etat, contre l'autorité qui organise matériellement la société d'exploitation.

Ayant défini cette perspective, Marx et Engels s'attachent, dès lors, à trois tâches qu'ils se refusent à séparer. Il s'agit, d'une part, de tirer de ces analyses leur conséquence logique. Hegel ne s'est pas trompé parce qu'il était sot ou méchant. Tout réaliste qu'il se voulait, il a fallu qu'il soit abusé. Il importe donc que soit dégagée la raison de son « mensonge ». Il convient, d'autre part, de poursuivre l'étude du fonctionnement de ce système économique et des justifications qu'en donne précisément cette invention du XVIIIe siècle qu'est l'économie politique : il convient d'expliquer la cause du profit, qui est « l'âme » du capitalisme. Il faut enfin, pour mener à bien ces deux tâches intellectuelles, sortir de l'espace allemand, qui est, par bien des côtés, archaïque, et connaître les mouvements de la société, non seulement par l'investigation de la comptabilité des industriels, mais aussi par la compréhension des actions ouvrières contre la misère et les conditions effroyables du travail.

A ce dernier objectif répond la constitution à Bruxelles — la police française ayant chassé Marx et Engels — des « Bureaux d'informations ouvrières ». Le but de cette organisation est de mettre en relation les unes avec les autres les diverses forces prolétariennes qui, en Europe occidentale, se révoltent, afin d'élargir l'expérience et de coordonner le mouvement. Par ce biais, Marx et Engels entreront en relation avec la « Ligue des Communistes », dont le Congrès de 1847 préparant la formation d'un « Parti communiste » donnera aux deux chercheurs militants l'occasion d'exposer leurs idées dans le *Manifeste du Parti communiste,* édité comme document de synthèse l'année suivante. Il faut remarquer que ces diverses entreprises n'ont pas pour fin l'organisation d'un parti, dans la signification actuelle du terme. C'est Lénine qui donnera la formule — empruntée à l'armée prussienne et à la police tsariste — du parti « marxiste ». Ce qui est recherché alors — et ce sera encore le cas tout au début de la fondation de l'« Association internationale des Travailleurs », dite Première Internationale, en 1864 —, c'est un rassemblement de toutes les forces prolétariennes dans le but d'abolir le régime capitaliste.

La première tâche, elle, est proprement philosophique. Et, cependant, d'une certaine manière elle s'inscrit en rupture avec tout le passé de la philosophie. Selon Marx, l'erreur de la philosophie systématique — dont l'hégélianisme représente la forme la plus achevée — est d'avoir postulé que, par la réflexion, par le travail logique, par l'accumulation des connaissances, il est possible d'accéder à un lieu, le lieu de la vérité, à partir de quoi il est possible de porter des jugements infaillibles qui déterminent universellement et une fois pour toutes ce qu'il en est et ce qu'il doit en être de l'Etre, de l'Homme, de la Société. Ce que montre l'exemple du plus savant et du plus profond des philosophes, c'est que « toute philosophie est fille de son temps » — phrase qui paradoxalement est de Hegel lui-même! ou, plus généralement, que toute théorie est théorie de la pratique. Cela veut dire que le moment théorique — celui de l'idée, de l'énoncé conceptuel — s'inscrit toujours comme réflexion d'une pratique déterminée et que, par conséquent, s'il est possible d'élaborer des connaissances vraies — vérifiées logiquement et pratiquement —, il est fallacieux, à partir de là, de prétendre assembler ces connaissances en une doctrine close disant sur toutes choses ce qu'il est une fois pour toutes.

Hegel a réfléchi exactement la pratique de l'Etat bourgeois. Mais ce savoir politique, qu'il a cru exhaustif, lui a masqué la Société civile, c'est-à-dire le fondement économique de cet Etat. L'avantage du point de vue qui a permis à Marx de développer sa critique est d'être plus *concret*, au sens hégélien : il rassemble en les combinant la réalité répressive du pouvoir bourgeois, l'exploitation économique due au régime capitaliste et le fait historique de la lutte des classes. Le « gain » théorique résulte du fait que le théorique s'applique à une pratique, se connaît comme tel et s'efforce, du coup, de prendre son objet dans ses déterminations multiples. En cela, d'ailleurs, consiste, dans cette première optique, tout le matérialisme de Marx, ce matérialisme qui a reçu ultérieurement, de la part de Engels lui-même, tant de surenchères doctrinales. Car il ne s'agit pas, pour Marx, critique de la logique de la philosophie, de reconstruire un nouveau système du monde et de l'homme. Etre matérialiste, c'est affirmer que le point de départ de la réflexion ou, plus précisément, le référent auquel celle-ci revient immanquablement pourvu qu'elle se veuille concrète, au sens employé ci-dessus, est la pratique prise dans sa matérialité sociale. Les *Thèses sur Feuerbach* soulignent clairement cet ancrage :

la matière dont il est question ne se réduit point à celle que définit la philosophie spéculative, matérialiste ou non. Elle est à la fois ce en quoi consiste la pratique sociale et ce contre quoi elle lutte, c'est-à-dire activité corporelle de transformation du réel et de soi.

Cette dimension de la pensée de Marx, que va appauvrir la lecture de Engels — avec le consentement tacite de Marx, il faut le noter —, récuse à l'avance toute mise en forme doctrinale, donc toute exposition systématique. Elle est essentiellement polémique, puisqu'elle a pour objectif de rappeler que la philosophie passée, qui, dans son ensemble, s'est située dans la perspective des gouvernants ou des maîtres de la parole, est idéaliste en tant que le concept ou la représentation se substitue à la chose et la théorie à la pratique. Cette attitude que Marx prend face à la philosophie doctrinale est aussi celle qu'il adopte à l'égard d'une « science » nouvelle : l'économie politique. Il n'est pas possible de suivre ici la critique que font Marx et Engels des doctrines de Smith, de Ricardo, de Malthus, de Sismondi. Ils se livrent, en apparence, à une simple opération de clarification concernant la nature et la mesure de la valeur, la mesure du salaire, la fonction de la monnaie, la relation valeur/prix, etc. Cependant ce travail de critique méticuleuse a pour fin de faire apparaître ce que l'économie politique passe sous silence ou explique de manière hâtive : la cause du profit, moteur du système capitaliste.

En fait, ils montrent que les insuffisances et les erreurs de ce discours scientifique résultent du fait que ses auteurs sont décidés, en quelque sorte, à l'avance, à anhistoriser la réalité, à considérer que ce qui est aujourd'hui est éternel. Adam Smith n'a pas voulu voir, déclare Marx, que le mode de production capitaliste est une donnée historique instituant des rapports de production et des mécanismes d'exploitation singuliers; il l'a considéré, d'entrée de jeu, comme une donnée normale correspondant à l'évolution des techniques, ayant ses avantages — nombreux — et ses défauts — mineurs et susceptibles d'être corrigés —, et ne cachant aucun secret. Or, il y a un secret puisque le capitalisme peut se présenter comme l'expression la plus développée de la rationalité économique et que, en même temps, il instaure un système d'une dureté inouïe, qui condamne la majorité de la population à la misère et engendre crises et guerres massives. La première partie du *Manifeste du Parti communiste* est bien étrange, à cet égard, qui, d'une part, chante les louanges de la bourgeoisie manufacturière et conquérante, qui surpasse par l'ampleur de ses constructions tout ce que l'humanité a pu réaliser jusqu'alors, et qui, d'autre part, compromet, par la nécessité même de son système, ce qu'elle a construit.

Ainsi, la critique du texte de l'économie politique est, au même moment, la réfutation du capitalisme. Elle découvre que le profit a son origine dans le *surtravail* extorqué par la bourgeoisie au prolétariat; elle met en évidence le fait que le seul moyen de supprimer cette situation, source de désordres monstrueux, est la constitution d'un ordre économique où il serait possible de réduire la journée de travail au fur et à mesure de la progression de l'efficacité technique des moyens de production; cet ordre économique, c'est le *communisme,* dont la première étape est la prise du pouvoir par le peuple « en armes » prenant pour décision initiale la socialisation des moyens de production. Le premier livre du *Capital* contient, à la fois, une théorie de la civilisation marchande, matrice de la civilisation industrielle (la première section), une critique de toute science économique raisonnant sur cet être abstrait qu'est l'*homo œconomicus* et, comme perspective un programme révolutionnaire.

C'est aussi le sens du matérialisme historique qui, entendu au sens strict, est moins « la science de l'histoire » qu'une *autre* analyse de l'histoire, qui se situerait, non dans l'optique des chefs militaires, des Etats et des archives administratives, mais dans celle des dominés, ou, au moins, leur donnerait la parole. Or, sauf pour le présent ou pour le passé proche, une telle analyse est difficile à faire dans la mesure où les traces laissées par le passé témoignent de la classe dominante et de son point de vue. Aussi bien le matérialisme historique — en particulier lorsqu'il est appliqué à l'actualité, comme le fait Marx dans *Les luttes de classes en France (1848-1850)* ou dans *La Guerre civile en France* — est-il un constant rappel de l'existence de ceux-là et de cela qu'oublient l'historiographie officielle, les peuples, la vie quotidienne, les corps engagés dans les traverses du plaisir, du travail et de la mort.

En vérité, on peut se demander comment à partir d'une telle entreprise qui refuse toute doctrinalisation philosophique, qui, en récusant l'économie politique classique, met en question toute science sociale et conteste l'objectivité de ses « objets », qui accumule des connaissances et des démonstrations non pour construire un savoir, mais aider à la réussite d'actions déjà engagées, a pu naître une conception affublée d'un suffixe en *isme,* qui est la marque même du système? Il serait fort rassurant pour l'esprit qu'on puisse déterminer une date — 1843? 1857? 1864? — marquant l'apparition du marxisme doctrinal; ou de désigner un responsable — Engels? Kautsky? Plekhanov? Lénine? mais lequel? — Il n'en est, hélas! rien. Dès les premiers écrits, alors que se développe cette direction sur laquelle on vient d'insister, une autre se manifeste avec une égale puissance. Il va de soi que, dans l'esprit de leur auteur, les deux sont liées et que les preuves administrées procèdent de l'une et de l'autre. Il n'est pas interdit, cependant, si on considère ce que sont devenus les marxismes et ce à quoi ils sont utilisés aujourd'hui, de procéder par « abstraction mentale » et de tenter de démêler ces deux directions.

On a analysé la première, foncièrement antidoctrinale. La seconde lui est coprésente et cela jusqu'en 1883. Alors qu'il élabore une critique politique de la politique hégélienne, Marx reste profondément tributaire d'un élément décisif de la pensée de Hegel : la *philosophie de l'histoire.* Il reste ainsi tributaire de son temps et on sait que le XIXe siècle n'a pas été avare de ces constructions, mi-conceptuelles, mi-factuelles, qui pensent l'histoire de l'humanité « comme celle d'un seul homme » et définissent un commencement, une fin et un sens du devenir des sociétés. Une philosophie de l'histoire matérialiste, c'est en ce sens aussi qu'on peut concevoir le marxisme. A Hegel, Marx emprunte l'idée que le progrès dramatique est l'œuvre de la négativité : mais là où le philosophe y met l'action de l'Esprit, il y voit la lutte des asservis de tous les siècles et, singulièrement, dans la société bourgeoise, ceux qui produisent et sont réduits à l'aliénation extrême : les prolétaires. Il y a, dans le marxisme (de Marx), un messianisme du prolétariat, dont Georg Lukacs dans *Histoire et Conscience de classe* [1] sera l'interprète le plus profond et qui sert, aujourd'hui encore, à couvrir rhétoriquement les pratiques autoritaires de l'Etat soviétique ou ses menées impérialistes. Du coup, aux guerres, selon Hegel, se substituent les révolutions, à la dernière des guerres la révolution finale et à l'Etat mondial de la satisfaction universelle la société communiste enfin transparente.

Ce messianisme a une conséquence politique. S'il est vrai qu'il y a un sens de l'histoire (et que ce sens est intelligible, pour ceux qui savent — pour les hégéliens — ou pour ceux qui sont dans le camp du prolétariat — pour les marxistes —), alors il est possible de décider ce qui va dans ce sens et ce qui le contrarie. Engels n'hésitait pas à vilipender les révoltes nationales des Slaves du Sud, qui gênaient la bonne croissance de la classe ouvrière allemande dans le droit fil de la Révolution; Lénine et Trotski condamnaient les rebelles de Cronstadt; Staline « dékoulakisait » et faisait instruire les procès de Moscou; l'Union soviétique se couvrait de camps de travail et les hôpitaux psychiatriques sont nombreux. Il est absurde d'imputer à Marx ces suites désastreuses, car précisément le prolétariat n'est pas au pouvoir en Union soviétique; celle-ci est un Etat militaro-bureaucratique. Il

1. Trad. franç., Ed. de Minuit, Paris, 1956.

n'en reste pas moins que la pente messianique induit au pouvoir inquisitorial d'une Eglise...

Elle a aussi une conséquence stratégique. Pour le bien comprendre, il faut remarquer que Marx — cette fois, il s'agit bien d'une évolution — se laisse peu à peu séduire par les progrès des sciences expérimentales, physiciennes et biologiques. Il ne proteste pas lorsque Engels construit — dans l'arbitraire le plus complet — une dialectique de la nature comme introduction à l'histoire dialectique des sociétés. Les livres deuxième et troisième du *Capital*, édités après sa mort, témoignent du désir de construire, contre l'économie classique, une économie politique scientifique. Dès lors, la philosophie de l'histoire matérialiste va se teinter de positivisme. Le matérialisme historique prend alors son allure doctrinale : l'histoire, au sens banal du terme, s'explique « en dernière instance » par la causalité économique, les superstructures idéologiques, politiques, juridiques par l'infrastructure. Ainsi, Marx, mettant entre parenthèses l'action politique, affirme que la révolution ne peut surgir que « lorsque les forces de production (nouvelles) entrent en conflit avec les rapports (anciens) de production ». Une interprétation littérale d'un tel énoncé aura sur la IIe et sur la IIIe Internationale des effets catastrophiques.

Le texte de Marx (et de Engels) est donc traversé par ces deux courants, l'un qui l'inscrit comme théoricien et comme militant des luttes ouvrières contre l'exploitation capitaliste et la domination des Etats bourgeois, l'autre comme fondateur d'une nouvelle conception totale du monde axée sur une philosophie de l'histoire dogmatique et positiviste. Il n'est pas jusqu'à son action comme dirigeant de l'Association internationale des Travailleurs, fondée en 1864, qui ne traduise cette dualité. Dans les discussions, il se montre tantôt le rassembleur de toutes les révoltes, méfiant à l'égard des programmes, tantôt un redoutable doctrinaire qui manie, entre autres contre les bakouninistes, les foudres de l'exclusion. Cette équivocité, gênante mais réelle, explique probablement pourquoi, de nos jours, le marxisme est à la fois la doctrine officielle d'Etats autoritaires et l'étendard que brandissent les peuples avides de liberté.

### La dogmatique marxiste

Dans la dernière décennie du XIXe siècle, le capitalisme franchit une nouvelle étape de son développement. Le machinisme accroît son efficacité, les liens entre les Etats et les classes possédantes deviennent de plus en plus étroits, la colonisation s'étend au monde entier et Jules Ferry chante ses avantages, tant pour les colonisateurs, qui accroissent leur production et leurs profits, que pour les colonisés, qui reçoivent les bienfaits de la civilisation. Le libéralisme économique triomphe, accepte ses crises, n'hésite pas à mater leurs conséquences lorsqu'elles mobilisent les travailleurs. Il s'achemine vers ce stade que Lénine, volontiers catastrophiste, qualifie de suprême : l'impérialisme.

A l'organisation mondiale de la bourgeoisie, tutrice du travail et administrateur de l'industrie, répond l'organisation internationale du prolétariat. C'est alors que le marxisme fait son entrée massive dans l'histoire contemporaine. La fondation à Paris de la IIe Internationale en 1889, qui est suivie d'importants succès des partis qui y adhèrent et des syndicats qui s'en réclament, en Allemagne et en France notamment, se fait sous l'égide de la pensée de Marx qui, peu à peu, absorbe ou élimine les autres courants, proudhonien, anarcho-syndicaliste ou « trade-unioniste ». L'historien aurait à étudier précisément comment cela s'est produit. Il reste que le marxisme est constitué comme *l'idéologie du mouvement ouvrier européen*. Et c'est à partir de ce moment que dans sa forme et dans son contenu la tendance à l'instituer comme doctrine se renforce. Tant il est vrai que le parti, organisé pour faire face à l'Etat et pour prendre le pouvoir, calque sa structure sur ce qu'il combat et dogmatise tout ce qui lui advient.

De la sorte, la IIe Internationale engendre une orthodoxie. Comme telle, elle procède par exclusion : dans le domaine des idées, s'étant installée délibérément dans la perspective de la philosophie de l'histoire positiviste et économiste, ayant interprété celle-ci avec plus de raideur encore, elle refuse comme contre-révolutionnaire tout ce qui n'entre point dans ce cadre. Philosophiquement, Lénine, dans *Matérialisme et empiriocriticisme* (1909), expédie brutalement du côté de l'obscurantisme deux savants comme Ernst Mach et Richard Avenarius qui avaient tenté, avec beaucoup de bonne volonté, de faire entrer, dans le *corpus* marxiste assoupli, les récentes découvertes scientifiques. Politiquement, l'Internationale est unanime à accepter la fable selon laquelle c'est une tendance normale, « spontanée », de la classe ouvrière que de limiter sa lutte à l'obtention de revendications « économiques » ; elle accepte avec autant de tranquillité l'idée que l'anarchisme est un dévoiement petit-bourgeois de la force révolutionnaire et que les luttes nationales — celles des peuples colonisés — ne valent qu'autant qu'elles affaiblissent le camp de l'impérialisme et qu'en tout état de cause, elles doivent servir à la libération du prolétariat européen.

Cependant, sur cet horizon commun, se dessinent deux contradictions importantes si l'on ne compte pas celle qui a opposé, au début, Eduard Bernstein à l'ensemble de l'organisation et fut réglée par son exclusion en 1899. L'hérésie bernsteinienne est, sans doute, d'avoir pris trop au sérieux et surtout souligné trop clairement les conséquences du fond économiste de la doctrine : à ses yeux, l'implication de l'analyse marxiste est que le capitalisme, premier moment de la socialisation de la production, doit conduire naturellement et par une série de transitions à la seconde étape, qui est le socialisme. Dès lors, la stratégie politique consiste à œuvrer pour une modernisation de l'industrie, de toute façon bénéfique. Le Parti social-démocrate allemand, élément le plus puissant de l'Internationale, engagé dans ses luttes politiques électorales et syndicales contre les partis bourgeois, ne pouvait admettre un tel « quiétisme ». Bernstein condamné, un premier conflit se fait jour, avec une fraction des socialistes français, à propos de la participation à des gouvernements bourgeois, de membres d'un parti qui se donne pour objectif la révolution. Le débat s'engage autour d'un thème qui va nourrir abondamment la scolastique marxiste et qui, de nos jours encore, demeure l'occasion d'argumentations péremptoires et abstraites : celui des rapports réformes/révolution. L'Internationale, sous l'impulsion de Karl Kautsky, tranche en faveur d'une position de principe : aucun compromis avec la gestion bourgeoise n'est acceptable; le chemin de la révolution passe par le renforcement inlassable, entre autres par le moyen que fournissent la lutte électorale et la revendication syndicale, du Parti de la classe ouvrière; et cela jusqu'au moment où celui-ci deviendra majoritaire au sein des institutions et de l'opinion populaire; dans la mesure où il est peu probable que les classes dominantes se laisseront déposséder sans combattre, il importe de prévoir une intervention en force des masses, qui s'emparent du pouvoir.

Or, voici qu'un deuxième débat surgit, dont les conséquences historiques furent décisives. A cette vision de l'histoire dialectique où l'emportent les aspects positifs et synthétiques, Lénine, solidaire de Kautsky jusqu'à l'échec de la révolution russe de 1905, élabore une stratégie de l'offensive et de la négativité. Celle-ci et le succès du coup de force bolchevik de 1917 vont être à l'origine du premier schisme important, lors de la formation de la III$^{e}$ Internationale. Lénine ne nie point qu'il faille développer les organisations de masse et user des élections comme lieu de propagande, mais cette opération doit avoir pour noyau un groupe militairement organisé de « révolutionnaires professionnels » clandestins; étant donné la structure idéologique, ces militants sont des intellectuels issus de la bourgeoisie; mais peu importe cette origine, pourvu qu'ils soient armés du socialisme scientifique, savoir qu'ils ont pour fonction d'enseigner aux exploités. Lénine ne nie pas non plus que le prolétariat ouvrier est la classe révolutionnaire par excellence; mais il est criminel de ne pas tenir compte de la force contestatrice profonde de la paysannerie, qui est plus qu'une simple force d'appoint. Lénine ne nie pas enfin qu'il faille un développement suffisant des forces productives pour permettre l'explosion prolétarienne. Mais, il est abstrait de penser que, pour un pays peu développé industriellement comme la Russie des Tsars, il faille décomposer l'action révolutionnaire en deux étapes : la première, d'instauration d'un pouvoir bourgeois, grâce auquel se renforcera quantitativement et qualitativement la classe ouvrière; la seconde, de passage au socialisme. Les deux étapes peuvent et doivent être enchaînées, pour ne plus former qu'une seule séquence. A ce propos, le dirigeant bolchevik élabore — dans la perspective de son constat de l'existence de l'impérialisme, forme nouvelle et ultime du capitalisme — la thèse dite du « maillon le plus faible » selon laquelle, dans la chaîne constituée par les Etats bourgeois, l'internationalisme prolétarien commande de s'attaquer au plus vulnérable afin de provoquer une désagrégation de l'ensemble.

Comme on sait, le léninisme, majoritaire au sein du Parti social-démocrate russe, est minoritaire dans l'Internationale. Il est clair qu'il définit une hétérodoxie par rapport à la philosophie de l'histoire doctrinale de Marx et d'Engels. Son succès va poser, dès lors, des problèmes étranges qu'on retrouvera, sous peu, lorsqu'on analysera brièvement les interprétations données de la nature de l'Etat socialiste soviétique. Toutefois, avant d'y venir, il ne serait pas légitime d'achever ce panorama de l'idéologie contradictoire du marxisme avant la Première Guerre mondiale sans évoquer la figure de Rosa Luxemburg. Comme économiste, Rosa Luxemburg approfondit la théorie marxiste des crises; elle montre ainsi comment le capitalisme, déchiré par ses contradictions, se trouve contraint à étendre constamment son champ de domination, à conquérir le monde afin de s'emparer des matières premières et de la main-d'œuvre et de s'ouvrir de nouveaux marchés. Le temps n'est pas éloigné où la planète entière sera passée sous sa coupe et où il ne pourra plus éluder l'échéance : alors les exploités du monde se lèveront pour instaurer le socialisme. Comme militant, elle manifeste aussi bien dans le domaine de la formation des ouvriers que dans celui de l'organisation politique, un sens aigu de la démocratie interne. Dès les premiers mois de la révolution bolchevik, elle montre son inquiétude devant l'autoritarisme du jeune pouvoir soviétique. Elle est la première de cette longue lignée de militants qui adhèrent au marxisme, mais qui redoutent les conséquences que peut avoir une prise de pouvoir violente réalisée par un groupe restreint, qui protestent lorsqu'ils se rendent compte que l'instauration du socialisme s'opère au détriment des libertés, qu'elle devient l'affaire d'une minorité de dirigeants qui, forts de leur savoir, réitèrent, d'une autre manière, l'oppression bourgeoise.

Lénine s'aperçoit très vite de la mauvaise tournure que prend le régime soviétique. Dès octobre 1921, il constate : « [Le prolétariat industriel] chez nous, en raison de la guerre, de la ruine et des destructions terribles, est déclassé, c'est-à-dire qu'il a été détourné de son chemin de classe et a cessé d'exister en tant que prolétariat. *On appelle prolétariat la classe occupée à produire les biens matériels dans les entreprises de la grande industrie capitaliste.* Etant donné que la grande industrie capitaliste est ruinée et que les fabriques et les usines sont immobilisées, *le prolétariat a disparu* [1]. » Et le *Cahier de service des secrétaires de Lénine* note ceci, en date du 7 février 1923 : [c'est une secrétaire qui parle] : « Je suis allé chez Vladimir Ilitch (...) Il a dicté sur les sujets suivants : 1) Comment peut-on réunir les institutions du Parti et celles des Soviets? 2) L'étude est-elle compatible avec l'activité professionnelle des fonctionnaires? Arrivé aux mots " et

1. *Œuvres complètes*, éd. de Moscou, t. 33, p. 59.

plus cette révolution sera brusque... ", il s'est arrêté, il les a répétés plusieurs fois, semblant avoir du mal à poursuivre; il m'a demandé de l'aider en relisant ce qui précédait; il s'est mis à rire et il a dit : " Là je crois que je me suis définitivement enlisé "; notez cela : il s'est enlisé juste à cet endroit [1]. »

**Du marxisme comme doctrine d'État**

Au cours des années 1930-1933, après la guerre civile et la consolidation du pouvoir bolchevik, après les échecs des actions révolutionnaires en Allemagne, en Italie, en Hongrie et, enfin, en Chine, après la période équivoque de la N.E.P., l'Union des Républiques socialistes soviétiques, reconnue comme puissance internationale, subit une inflexion décisive sous l'autorité de celui qui, depuis de nombreuses années déjà, contrôle l'appareil du P.C. (b), Joseph Staline. Dès 1936, alors que les procès de Moscou éliminèrent les opposants et que la Constitution de l'U.R.S.S. est promulguée — elle a été refaite à très peu près en 1977 —, le marxisme est codifié et officiellement défini comme la doctrine de l'internationalisme prolétarien. Andréï Jdanov est l'exécuteur des hautes œuvres philosophiques; il exerce son ministère avec fermeté et rigueur : c'est un véritable système du monde qui est élaboré, avec ses textes sacrés, son hagiographie, sa théorie de l'Etre — matérialiste, bien sûr —, sa logique — dialectique, une dialectique « au pas cadencé », qui n'omet rien sur les mécanismes du bien-penser —, sa philosophie de l'histoire, celle qui conduit l'humanité du communisme primitif au communisme civilisé en passant par cette étape nécessaire et éclatante qu'est l'Union soviétique, patrie du socialisme dans un seul pays et guide de tous les exploités, son éthique fondée sur le culte du héros positif et du stakhanovisme, sa métho-

1. *Id.* C.R., pp. 519-520. Pour ces deux références, cf. R. LINHART : *Lénine, les Paysans, Taylor,* éd. du Seuil, Paris, 1976.

dologie scientifique qui oriente les recherches des savants vers la découverte des lois de la science prolétarienne, son esthétique enfin, le réalisme socialiste...

Des écrits comme ceux de Staline consacrés à la linguistique et des affaires comme celle de Lyssenko qui, en dépit de toutes les preuves expérimentales, imposa comme enseignement biologique officiel une théorie aberrante, montrent que cette description n'est pas caricaturale. Le marxisme ainsi travesti est imposé comme forme unique et définitive de la pensée; le « socialisme scientifique » est un *Credo* : de même que la philosophie fut jadis réduite au rôle de servante de la théologie, la recherche est faite servante du pouvoir bureaucratique. La critique faite du stalinisme n'altère que superficiellement cet état de fait. C'est toujours au nom du même « socialisme scientifique » que sont jugées et réformées les dissidences intellectuelles et, sous le couvert de l'internationalisme prolétarien, dont l'Union soviétique détient, par définition, la vérité, qu'est maintenue la sujétion des Etats de l'Europe de l'Est et qu'est véhiculé l'impérialisme soviétique dans le monde...

Est-ce à cela que se réduit l'effort multiforme de Marx, presque un siècle après sa mort? A n'être que le pendant lourd et autoritaire de cette autre idéologie informelle et tout aussi délétère que diffuse l'autre pouvoir mondial? D'autres lectures de Marx interprètent de façon différente cette évolution de l'idéologie soviétique. Faut-il considérer, à la suite de Léon Trotski, que cette orthodoxie à la fois péremptoire et pauvre, est l'expression directe de la dégénérescence bureaucratique d'un Etat ouvrier qui a besoin de cette « couverture » idéelle, de ce formalisme autoritaire et prétendument exhaustif pour masquer un pragmatisme politique forcené? C'est supposer qu'il y a un socialisme scientifique. Faut-il penser, comme l'a proposé Louis Althusser [1], que l'Union

1. *Réponse à John Lewis*, Paris, 1973, et *Eléments d'autocritique*, Paris, 1973.

soviétique continue de payer la déviation économiste, déviation théorique et pratique, qui caractérise le stalinisme et comprendre cette ontologie dogmatique comme une erreur — qui confine au crime? C'est, d'une part, reconnaître un poids singulier aux représentations abstraites (Staline a bien eu des idées concernant l'exercice de son pouvoir, mais concernaient-elles la philosophie de l'histoire?) et c'est, d'autre part, admettre qu'il y a une utilisation correcte du marxisme comme conception du monde. N'est-il pas plus simple de penser, comme le font les théoriciens chinois, qu'en vertu d'une espèce de gravité naturelle un régime de classe s'est reconstitué en Union soviétique, la parure marxiste étant une trahison supplémentaire des nouveaux dirigeants « social-impérialistes » ?

On pourrait aussi évoquer les explications se référant à l'apparition d'une forme scientifique du capitalisme d'Etat ou se fondant sur les choix historiques faits par les dirigeants soviétiques. Ce n'est pas ici le lieu de trancher. Ce que l'on peut remarquer pour conclure et qui concerne une *Histoire des Idéologies,* c'est que le marxisme, qui s'est constitué dans la pensée de Marx et d'Engels comme théorie de la société industrielle du point de vue de ceux qui subissaient l'exploitation capitaliste, demeure vivant lorsqu'il rencontre les mêmes conditions ou des conditions proches, par exemple, celles de l'exploitation « socialiste », qu'il parvient à se détacher de l'inféodation au marxisme officiel (soviétique ou chinois) et qu'il se veut instrument de lutte et non programme de pouvoir; que la IIe Internationale voit l'apparition de cette notion de l'Etat-classe, notion que Marx dénonçait avec vigueur, en 1875, lorsqu'il critiquait le programme lassallien de l'« Etat ouvrier allemand »; que le marxisme comme instrument d'émancipation disparaît lorsque cette notion de l'Etat-classe se confond dans le cadre d'un pays multinational où domine, en fait, la nation russe, avec celle du Parti, dont Lénine a été l'initiateur; qu'il cesse alors d'être une pensée, qu'il devient une « idéologie », au sens que nous avons récusé dans l'ensemble de cet ouvrage, c'est-à-dire un discours qui sert, pour le plus grand bien du pouvoir central en place, à l'administration des hommes, au même titre que la police et l'armée.

## Bibliographie


BERNSTEIN (E.) : *Problèmes du socialisme* (1897), trad. franç., Paris, 1975.

GRAMSCI (A.) : *Morceaux choisis*, Ed. Sociales, Paris, 1959.

HEGEL (G.W.F.) : *Principes de la philosophie du droit* (1821), trad. franç., 1975.

HOBBES (Th.) : *Léviathan* (1651), trad. franc., Paris, 1971.

KAUTSKY (K.) : *La dictature du prolétariat* (1918), éd. franç., 1972.

LÉNINE (V.I.) : *Œuvres complètes*, éd. de Moscou.

LOCKE (J.) : *Deuxième Traité du Gouvernement civil* (1690), trad. franç., Paris, 1967.

LUKACS (G.) : *Histoire et conscience de classe* (1923), trad. franç., Paris, 1956.

LUXEMBURG (R.) : *La Révolution russe* (1918), trad. franç., Paris, 1947.

MAO TSÉ-TOUNG : *Problèmes stratégiques de la guerre contre le Japon* (1938), *Œuvres choisies*, Paris, 1955.

MARX (K.) : *Œuvres*, 2 vol., éd. de la Pléiade, Paris, et plus précisément : *Critique de la philosophie du droit de Hegel* et *Sur la question juive* (avec introd. de F. Châtelet), éd. Aubier-Montaigne et *Le Manifeste du Parti communiste* et *La critique du programme de Gotha* (avec introd. de F. Châtelet) « Livre de Poche ».

NEUBERG (A.) : (pseudonyme collectif) : *L'Insurrection armée* (1931), éd. franç., Paris, 1970.

QUESNAY (F.) : *Tableau économique de la France* (1758), in *Ecrits*, 2 vol., Paris, 1948.

SMITH (A.) : *Recherches sur la nature et les causes de la richesse des nations* (1776), N.R.F., Paris, 1976, introd. G. Mairet.

STALINE (J.) : *Les principes du léninisme* (1924), éd. franç., Paris, 1947.

TROTSKI (L.) : *La Révolution permanente* (1930), in *De la Révolution*, Paris, 1963.

Pour une bibliographie plus complète sur le marxisme, cf. : *Les Marxistes et la Politique*, textes choisis par F. Châtelet, E. Pisier-Kouchner et J.-M. Vincent, Paris, 1975, pp. 699-715.

*CHAPITRE TROISIÈME*

# L'IDÉOLOGIE DE LA CONQUÊTE

## 1

## Sauvages et civilisés au XVIII^e siècle

par Hélène CLASTRES

Un des traits du Siècle des Lumières, c'est le renouveau d'intérêt pour les sauvages; intérêt durable puisque — depuis la publication en 1703 des *Dialogues* du baron de la Hontan — il traverse tout le siècle, et divers : naturalistes, philosophes, médecins, romanciers ont affaire au Sauvage. Renouveau car, éteints les longs débats et polémiques surgis avec la découverte du Nouveau Monde, la curiosité pour les sauvages avait fini par s'user. En apparence donc, le XVIII^e siècle renouerait avec le discours de la Renaissance et l'existence, sur ce point, d'une telle filiation a été volontiers soulignée. Il est vrai que les mots sont demeurés les mêmes qui décrivent ou définissent les peuples sauvages — nature, liberté, innocence, indistinction du « tien » et du « mien » — et que, par exemple, Rousseau ou Diderot peuvent sûrement rappeler Ronsard ou Montaigne. Vrai aussi que, en des temps différents, des jugements de valeur semblables ont pu être formulés (rien là de surprenant, de tels jugements ne permettant que peu de possibilités distinctes) : encore n'ont-ils pas, chez des penseurs différents, une égale importance, et c'est lire étrangement Montaigne que faire de lui l'inventeur du « bon sauvage ». Reconstituer à partir de ces similitudes les idées relatives au sauvage — bon, mauvais ou l'un et l'autre ensemble — est possible; cela s'est fait. Mais peut-être est-ce peu pertinent. Avec des mots semblables on peut tenir des discours sensiblement différents : le sens change, le regard porté à l'objet, et l'objet enfin. On n'a pas toujours dit la même chose des sauvages, on ne les a pas toujours placés à la même distance, et, sur ce thème plus tout à fait neuf, le XVIIIe siècle inaugure vraiment : plus que la continuité avec quelques penseurs de la Renaissance (ou que la préfiguration de ce qui ne sera réellement dit que plus tard), c'est la nouveauté, la rupture qui nous semblent significatives; et une secrète affinité qui parcourt tout le siècle et lie entre elles des œuvres pourtant très différentes et des idées pourtant divergentes ou antagoniques. C'est dire que le discours qui s'élabore au XVIIIe siècle sur les sauvages possède une unité propre, et qui n'est pas l'unité d'une pensée mais tient plutôt à une forme particulière de discours et à des « universaux » communs. Unité d'ordre rhétorique qui, si elle n'interdit pas la diversité lui assigne des limites : des pensées ne sont plus possibles, d'autres ne le sont pas encore. Ordonnée à deux idées régulatrices, nature, raison (la première pour le moins ambiguë), qui, si elles ne s'opposent nullement, permettent cependant de subsumer respectivement l'état sauvage et le policé, la rhétorique du Siècle des Lumières n'a plus pour objet les sauvages, mais le Sauvage, au point que, à la limite, le sauvage n'est que son objet apparent.

## Est-il bon, est-il méchant?

« A. Ce discours me paraît véhément; mais à travers je ne sais quoi d'abrupt et de sauvage, il me semble y retrouver des idées et des tournures européennes [1].» C'est que le Sauvage,

1. DIDEROT : *Supplément au voyage de Bougainville.*

quand il est appelé à faire son autoportrait, parle comme un philosophe. Qu'il se fasse direct et accusateur, comme le discours d'adieux à Bougainville que Diderot prête au vieillard tahitien, ou railleur et impertinent, comme les répliques du Huron au baron de la Hontan, le langage du Sauvage est celui d'un homme éclairé du siècle. Ainsi : « Nous sommes innocents, nous sommes heureux; et tu ne peux que nuire à notre bonheur. Nous suivons le pur instinct de la nature [1]... » Et déjà à l'orée du siècle : « Ha! vive les Hurons qui sans loix, sans prisons et sans tortures passent la vie dans la douceur, dans la tranquillité et jouissent d'un bonheur inconnu aux François. Nous vivons simplement sous les loix de l'instinct et de la conduite innocente que la Nature sage nous a imprimés dès le berceau [2]. » Procédé littéraire qui permet, par l'effet de contraste que produit l'éloge d'une société selon la nature, une critique prudente de la société policée? Sans doute, et c'est dans ce seul but qu'on donne la parole aux sauvages. User de cette référence à fin de penser sa propre société n'est pas nouveau assurément. Montaigne l'avait fait. Mais son regard est essentiellement différent. Pour être, à ses yeux déjà, conforme à la nature, la société tupinamba n'en est pas moins aussi positive que la sienne propre : « Ils sont sauvages, de mesmes que nous appelons sauvages les fruicts que nature, de soy et de son progrez ordinaire, a produicts. » A faire ressortir la diversité des coutumes, la relativité de ce qui tient à des usages différents, il saisit chaque société dans sa singularité et c'est à ce titre qu'il les rapporte l'une à l'autre. Aussi le cannibale y est-il réellement le sujet de son discours : non seulement sa société est donnée en plein et non en négatif, mais quand il est appelé à juger de la société de Montaigne son regard est celui d'un Indien tupinamba : le frappent le spectacle de l'obéissance de tous à un, enfant de surcroît, et celui d'une

1. *Id.*
2. La Hontan : *Dialogues curieux entre l'Auteur et un Sauvage de bon sens.*

division en moitiés inégales, riches et pauvres, acceptée sans révolte. La différence, en somme, c'est que le cannibale de Montaigne fait de l'ethnologie, tandis que les sauvages de Diderot ou de La Hontan font plutôt de la morale. Cela ne signifie pas que soient absentes de ces œuvres des vérités sur les sociétés de sauvages. Rappelons que La Hontan (très lu au XVIII^e^) avait vécu longtemps au Canada, que Diderot connaissait fort bien les témoignages (Bougainville, mais aussi Charlevoix ou le père Gumilla, auquel il se réfère dans son essai sur les femmes, et pour montrer, cette fois, par comparaison avec le statut peu enviable des femmes de l'Orénoque, que la considération portée aux femmes est le fait d'une société policée). La fiction littéraire ne contient sûrement pas moins de vérités que le discours scientifique, aussi bien utilise-t-elle les mêmes sources. Reste que, quand on en appelle aux sauvages, ce n'est pas tellement d'eux qu'on parle, mais de soi, qu'il s'agisse de souligner les défauts d'une société actuelle ou, au contraire, de vanter ses mérites. Les sauvages sont désormais l'objet d'un discours qui ne les tient en compte que pour autant qu'ils sont aptes à incarner l'idée d'une nature universelle; quand on parle d'eux, on parle aussitôt de la Nature et d'elle seule : nature sage, raison naturelle, opposée à l'artifice et à la convention; mais aussi nature dure, inefficacité et faiblesse du droit *naturel* en regard du droit *positif*. La référence à la nature permet donc des controverses, elle entraîne aussi des visions opposées du Sauvage, mais dans tous les cas elle fait d'eux une figure de l'universel, un négatif. Partant, le Sauvage sert seulement à renvoyer aux civilisés l'image de ce qu'ils ne sont pas.

Quels sont les prédicats qu'enveloppe ce concept : *sauvage?* L'*Encyclopédie* dit à l'article « Sauvage » : « Peuples barbares qui vivent sans lois, sans police, sans religion et qui n'ont point d'habitation fixe. » Elle explique par l'étymologie l'usage du mot, dérivé de *selvaticus,* « parce que les sauvages habitent ordinairement dans les forêts », et donne en exemple l'Amérique peuplée encore en grande partie de

« nations » sauvages. Ni roi, ni loi, ni foi, et sans feu ni lieu : à première vue, une cascade de négations connote l'état sauvage, c'est-à-dire l'état naturel de la société (car, Rousseau excepté, on ne met guère en question que la sociabilité soit un fait de nature). C'est donc de société qu'il s'agit, et l'article poursuit : « La liberté naturelle est le seul objet de la police des sauvages; avec cette liberté la nature et le climat dominent presque seuls chez eux. » Laissons de côté la question du climat. L'attribut premier de la sauvagerie, à quoi renvoient toutes les négations précédentes, c'est la liberté : c'est-à-dire à la fois l'état naturel des individus, et, comme tel, l'objet de législation de la société. Le « droit naturel » ne peut avoir d'autre fin (en tant qu'il est précisément conforme à la nature) que de garantir l'indépendance des hommes réunis en société. Soit dit en passant, cette définition des sauvages explique que l'exemple type, celui auquel on se réfère de beaucoup le plus fréquemment, soit le sauvage américain. L'Afrique, par exemple, entre pour peu dans ce schéma : à l'exception de la partie, encore mal connue, qu'habitent les Cafres et les Hottentots (sauvages, eux), ce qu'on connaît de l'Afrique — les royautés de l'Ouest qui organisent d'elles-mêmes la fourniture d'esclaves — ne permet pas de classer les Africains parmi les sauvages. De l'Africain, on dit qu'il est « né pour servir », qu'il se gouverne « par la volonté arbitraire de ses maîtres » : les termes sont de Linné, mais expriment ce qui est alors lieu commun. Cela n'empêche pas les protestations, surtout dans la seconde moitié du siècle, contre l'esclavage; mais ce n'est pas la question. L'Afrique offre le modèle de sociétés tyranniques, tout le contraire, par conséquent, de sociétés organisées selon le « droit naturel », de sauvages. Avec les sauvages de l'Amérique, en particulier à cette époque avec ceux du Canada, les Européens (Français et Anglais) ont une expérience toute différente : c'est la nécessité permanente où ils sont de parlementer avec les tribus (pourtant déjà affaiblies par les guerres commencées presque au début du XVIIe siècle), jointe à l'impossibilité d'y parvenir, parce qu'on ne sait tout simplement jamais à quel chef se vouer. Tel refusera de signer un traité arguant qu'il n'a pas mandat pour le faire, tel autre signera une paix dont ses guerriers ne tiendront aucun compte. L'histoire de la colonisation française et anglaise, puis anglaise après la capitulation en 1760 de la Nouvelle-France, est toute faite de ces traités (de paix ou de cession de terres), toujours obtenus avec difficulté et rarement respectés [1]. Les sauvages américains sont donc libres, on le sait d'autant mieux que ce n'est pas là simple vérité d'observation mais d'expérience. « Les prétendus sauvages de l'Amérique », écrit Voltaire dans l'*Essai sur les mœurs,* « sont des souverains qui reçoivent des ambassadeurs de nos colonies... Ils connaissent l'honneur dont jamais nos sauvage d'Europe n'ont entendu parler. » Non que Voltaire soit un primitiviste, loin de là, ni qu'à ses yeux les Américains ne soient point sauvages. C'est qu'il existe condition plus méprisable encore que celle de l'humanité sauvage. En effet, ces autres sauvages dont il parle et qui se trouvent « dans toute l'Europe », rustres, ignorants, de peu d'idées, sont *soumis :* « Il faut convenir surtout que les peuples du Canada et les Cafres, qu'il nous a plu d'appeler sauvages, sont infiniment supérieurs aux nôtres... Les peuplades d'Amérique et d'Afrique sont libres et nos sauvages d'Europe n'ont pas même l'idée de la liberté. »

Cette liberté, on s'attache à en préciser les différents modes. C'est en premier lieu dans l'ordre politique qu'elle se donne, c'est l'absence de subordination à une autorité quelle qu'elle soit. Elle engendre au mieux des sociétés qui se gouvernent par les usages, au pire l'anarchie pure et simple. Sur cette question, les témoignages des chroniqueurs de l'époque n'apportent que des confirmations : d'emblée, fonctions de ce débat, les descriptions semblent faites pour illustrer l'une ou l'autre de ces possibilités. Charlevoix rappelle la liberté excessive (néfaste à des gens trop stupides

1. Cf. L. Lemonnier : *La guerre indienne et la formation des premiers Etats de l'Ouest,* Gallimard, 1952.

pour en faire bon usage) où étaient les Indiens du Paraguay avant l'établissement des jésuites, et l'anarchie où sont encore les Indiens du Canada. Ces exemples sont bien connus, ils ne sont pas les seuls. Le père Gumilla, l'un des fondateurs des missions de l'Orénoque, écrit, après une brève remarque sur la fonction des lois et du gouvernement : « Rien de semblable, pas même l'ombre d'une telle chose dans les nations dont je parle, ni en général, ni dans aucune d'elles en particulier. N'importe quelle fourmilière... se gouverne avec plus de régularité que chacune des nombreuses nations que j'ai vues [1]. » Et, au désordre dans la société, correspond le désordre à l'intérieur des familles : nulle obéissance du fils au père, l'inconduite des femmes à peine remarquée et jusqu'à l'inceste qui ne suscite que plaisanteries. Pires que toutes, les familles des caciques qui, à cause de la pluralité des épouses, offrent le spectacle d'un désordre encore plus grand. En somme, l'illustration vivante de ce que Diderot nomme « l'état de troupeau » où les hommes « rapprochés par l'instigation simple de la nature... n'ont formé aucunes conventions qui les assujettissent à des devoirs, ni constitué d'autorité politique qui contraigne à l'accomplissement des conventions [2]. » Plus tard, le père Gilij corrigera quelque peu les descriptions de son prédécesseur (mais c'est Gumilla qui est traduit et lu en France, non Gilij), non sans confirmer lui aussi l'inefficacité de l'organisation politique : et, s'il faut se garder de croire que la liberté des sauvages de l'Orénoque soit exempte de « préjudice d'éducation ou de coutume », reste que les caciques n'ont que du prestige, mais pas d'autorité et s'ils sont incapables de se faire obéir, c'est que, constate Gilij, leur volonté ne compte pas plus que celle des autres hommes [3]. Qu'on le réprouve (et c'est la majorité des missionnaires : ne sont-il pas là pour y mettre fin) ou qu'on l'admire (le père Dobrizhoffer ne ménage pas ses

1. GUMILLA : *El Orinoco ilustrado y defendido.*
2. *Apologie de l'abbé de Prades.*
3. GILIJ : *Ensayo de historia americana.*

louanges aux Abipons), le goût pour l'indépendance caractérise les Américains. Dans tout ce que l'Amérique compte encore de nations sauvages, c'est le même état d'insubordination politique qui est attesté. On comprend que Buffon puisse décrire la société sauvage comme « un assemblage tumultueux d'hommes barbares et indépendants qui n'obéissent qu'à leurs passions particulières [1] ». Sans doute se trouve-t-il ailleurs des sauvages qui, quoique aussi dénués d'autorité politique, offrent l'exemple de sociétés paisibles : Tahiti, lorsqu'elle sera découverte, viendra faire contrepoids à l'exemple américain. Cela ne modifie guère le débat dont l'arrière-fond, ou plus exactement l'objet réel est ailleurs. Les controverses veulent établir que le « droit naturel », s'il n'est pas contraire à la raison, est à coup sûr trop fragile pour l'assurer : de là, la double figure de la sauvagerie qui donne aussi bien l'image de la paix et de l'innocence que celle de la violence et de la cruauté. Infiniment supérieur est, en regard, le « droit civil », conforme à la raison ou du moins tendant à réaliser cette conformité, et stable. Dans cet ordre-là (exception faite de Rousseau qui situe l'harmonie ou dans l' « état de société commencée » ou dans un ordre encore futur), ce n'est point la société sauvage qui est bonne, mais la présente société policée qui voit poindre le bonheur avec l'avènement de la raison. Et si on invoque le Sauvage, c'est pour défendre l'idéal politique d'un libéralisme fort tempéré.

Seconde modalité de la liberté propre à l'état sauvage, l'absence d'impératifs religieux. « Sans religion », pour les rédacteurs de l'*Encyclopédie*, n'a plus le même sens qu'auparavant (sens qu'il garde pourtant dans les témoignages contemporains). Le « manque » est — si on peut dire — positif, dans la mesure où on veut y voir le signe d'une conformité à d'autres lois, celles de la nature *et* celles de la raison. Dans ce domaine, en effet, c'est une idéologie antireligieuse

1. *Histoire naturelle de l'homme.*

qu'ordonne la référence à ces deux grands principes; aussi l'absence de religion laisse-t-elle apparaître, entre la société sauvage et la société policée, une autre mesure que l'absence de gouvernement : la balance, cette fois, peut pencher en faveur de la première. La religion : un carcan de préceptes « opposés à la nature et contraires à la raison », intolérables donc aux esprits éclairés (étant entendu que ni Voltaire, ni les Encyclopédistes, ni Rousseau ne mettent en question leur utilité pour maintenir le peuple dans l'obéissance). On argumente moins ici pour savoir si la liberté est ou n'est pas bonne pour des sauvages, s'ils sont ou non capables d'en user avec sagesse : le scandale est qu'elle soit refusée aux meilleurs esprits que compte l'humanité. Chez les sauvages pas de religion, cela est à dire : la nature plutôt que des prêtres pour gouverner les mœurs, la raison qui dicte d'obéir aux inclinations les plus naturelles plutôt que des dogmes qui les entravent. Il importe peu aux théoriciens que les témoignages sur ce sujet soient loin d'offrir la même unanimité que sur le chapitre du politique, qu'il y règne au surplus quelque incertitude sur ce qu'il convient de nommer religion. Car les descriptions ne manquent pas de croyances et de rites, qu'on se contente d'y voir globalement un « ramas d'absurdités », comme dit de Brosses du fétichisme (et c'est le cas de Gumilla ou de Charlevoix), ou qu'on s'attache à montrer leur diversité et à faire valoir leur fonction de principes d'éthique et d'éducation pour chaque société (Dobrizhoffer ou Lafitau). Des chroniqueurs, n'est retenue que l'affirmation (fréquente en effet) que les sauvages sont sans religion, et elle n'a pas du tout chez ces derniers le contenu que d'autres lui donnent, puisqu'elle renvoie essentiellement à l'absence d'une idée de Dieu. On interprète donc; surtout, on néglige ceux des témoignages qui s'attachent à décrire les croyances et les rites, et à expliquer leur fonction. Dobrizhoffer fut connu tard[1]; mais Lafitau était délibérément

1. Son *Historia de Abiponibus* est publiée en 1784.

ignoré (en France en tout cas, moins, semble-t-il, en Angleterre) et Voltaire par exemple ne le cite que pour le railler. Ce mépris n'est pas dû seulement à ce que le père Lafitau, en comparant les mœurs des Américains à celles des anciens temps, fait des Grecs des sauvages — Ulysse, le cacique d'une petite tribu; le navire *Argo*, une pirogue ou au mieux une chaloupe [1] — mais à ce qu'il s'occupe encore de ce qui, à cette époque, n'intéresse précisément plus personne : les singularités. On y reviendra.

Les sauvages, enfin, n'ont « point d'habitation fixe ». Cela connote moins le nomadisme qu'une dernière propriété de l'état sauvage : l'égalité qui résulte de la non-appropriation de la terre. Les hommes, tirant leur subsistance de ce que produit la nature — chasse, pêche, cueillette —, doivent certes se déplacer. Mais on sait aussi qu'ils peuvent cultiver la terre (les chroniqueurs le disent; l'*Encyclopédie* le précise des Américains) : ils ne la possèdent pas néanmoins, n'ayant pas plus l'idée de se la répartir que de se partager l'air ou le ciel. Pas de biens, hormis le peu d'objets dont ils se servent, les sauvages sont égaux. Inégalité et propriété naissent ensemble, et essentiellement avec la propriété privée de la terre. Rousseau n'est pas seul à le dire, avant et après lui les théoriciens qui s'interrogent sur l'origine de la propriété font surtout des variations sur ce thème. Est-ce un bien, est-ce un mal, c'est là que les pensées s'affrontent. Dépourvus de richesses, les sauvages ont également peu de besoins d'où, une fois encore, leur indépendance, et « quel joug, demande Rousseau, imposerait-on à des gens qui n'ont besoin de rien? », d'où, aussi bien, la stagnation de leur société, l'ignorance des individus, leur paresse ou leur stupidité. Ou bien on dénonce, par comparaison, les maux qu'engendrent l'inégalité, l'excès de la richesse, la multiplication des besoins factices; ou bien on fait valoir que ce sont là les conditions et le prix du progrès. Ainsi Turgot voit-il dans l'absence alléguée d'inégalité

1. LAFITAU : *Mœurs des Sauvages américains comparées aux mœurs des premiers temps*, 1724.

chez les sauvages une preuve de leur infériorité : l'inégalité, c'est la condition de la division du travail, donc de l'échange et du commerce, c'est-à-dire de tous les bienfaits économiques et sociaux. « Préférer les sauvages », par conséquent, « est une déclamation ridicule ». (Mais qui a jamais « déclamé » cela?) Ainsi Raynal fait-il l'éloge de la propriété privée, génératrice de progrès : « On ne saurait douter que la maxime qui nous fait regarder la propriété privée comme la source de la multiplication des hommes et des subsistances ne soit une vérité incontestable [1]. » Siècle nataliste qui, entre autres, expliquera par leur faible nombre la sauvagerie où sont restés les Américains. Raynal, en outre, nie que l'Etat inca ait pu être vraiment civilisé avec le type de propriété qui était le sien, même s'il n'attribue pas, par ailleurs, aux Indiens péruviens les mêmes défauts qu'aux autres sauvages (indolent, paresseux, ignorant, stupide... pour le Haïtien; stupide, inconstant, paresseux à l'excès, lâche... pour le Guarani). C'est que les Péruviens, au moins, avaient des maîtres.

Il ne s'agit pas de penser une société où n'existe pas la propriété privée, l'autorité politique, etc., mais de juger où est la bonne société (celle qui concilie enfin la nature et la raison). Selon l'angle envisagé, ce peut être celle des sauvages, le plus souvent c'est celle que l'on voit se constituer. On se réfère aux sauvages, mesurés à ces deux normes immuables, pour le prouver; quant au sauvage lui-même, il n'est presque toujours que jugé. Le sauvage est paresseux? Signe de sa dégénérescence et de sa stupidité (Raynal, Charlevoix, d'autres encore); ou preuve qu'en lui n'est pas encore étouffée la nature, et c'est Rousseau (« Ne rien faire est la première et plus forte passion de l'homme... »), le seul philosophe du siècle des moralistes. Terminons cet aperçu par ce portrait moral du sauvage, dû au père Gumilla : « L'Indien, d'un point de vue général, est sans nul doute un homme. Mais, d'un point de vue moral, je ne crains pas d'affirmer que

1. RAYNAL : *Histoire philosophique et politique des établissements et du commerce européen dans les deux Indes.*

l'Indien barbare et sylvestre est un monstre jamais vu : sa tête est ignorance; son cœur; ingratitude, sa poitrine, inconstance; ses épaules, paresse; ses pieds, crainte; quant à son ventre fait pour boire, et à son penchant à l'ivresse, ce sont deux abîmes sans fin [1]. »

## La découverte de l'Amérique

Combien de temps, demande Raynal, « le Nouveau Monde restera-t-il, pour ainsi dire, ignoré même après avoir été découvert? Ce n'était pas à de barbares soldats, à des marchands avides, qu'il convenait de donner des idées justes et approfondies de cette moitié de l'univers. » Voilà qui est clair : *des idées,* voilà ce que l'on veut. L'histoire qu'il écrit sera donc *philosophique et politique*; Cornelius de Pauw fera sur les Américains des *Recherches philosophiques.* C'est assez des histoires, on n'est que trop encombré des récits qui accumulent les descriptions de curiosités, qui n'attachent d'importance qu'aux « singularités », et n'ont, en réalité, que défiguré les faits. Fables que tout cela, propres sans doute à distraire les bonnes gens mais non à inspirer des idées aux philosophes. On ne connaît pas l'Amérique, c'est aux Lumières qu'il appartient de la découvrir. Un grand mouvement critique s'inaugure qui, en attendant que vienne ce voyageur idéal qu'est le voyageur-philosophe, récuse presque tous les témoignages. Ne sont-ils pas dûs pour la plupart à des hommes grossiers? L'ardeur critique est générale (Rousseau n'y fait pas exception). On a vu ce que Voltaire pensait des « sauvages d'Europe » : il n'est donc pas étonnant qu'il recommande de rejeter les « faits obscurs » livrés par des « hommes obscurs », de lire avec un esprit de doute les relations des pays lointains, de n'accepter pour vrais que des événements que consignent les registres publics, ou

1. Gumilla : *op. cit.*

qu'attestent ceux des anciens auteurs « vivant dans une capitale et éclairés les uns par les autres ». Par parenthèse, on est loin de Montaigne, qui apprenait de son valet et usait d'une autre mesure : « Cet homme que j'avoy, estoit homme simple et grossier, qui est une condition propre à rendre véritable tesmoignage : car les fines gens remarquent bien plus curieusement et plus de choses, mais ils les glosent. » Pour les Lumières, et faute de témoin digne de confiance, c'est la conformité des faits avec la raison qui permettra d'établir leur véracité. Ainsi, la raison permettra-t-elle à quelques-uns (Raynal, Buffon, de Pauw) de remettre en leur bonne et due place les merveilles que les anciens voyageurs ont contées du Mexique et du Pérou : est-il vraisemblable que des sauvages aient pu construire des palais? Non pas. Il ne s'agissait donc en réalité que de cabanes : on sait comme les esprits grossiers sont portés à l'exagération. Et c'est seulement après que Jussieu et les académiciens seront revenus du Pérou que Buffon acceptera de réviser cette théorie (l'Amérique toute sauvage). Devant tant de controverses autour du Sauvage et autour de l'Amérique, des témoins contemporains s'étonnent, et s'insurgent. Le père Gilij commence son livre par une déclaration inverse de celle de Raynal, et qui vise celui-ci directement. Depuis le temps qu'on a découvert l'Amérique, jamais elle n'a été aussi mal connue; il y a deux siècles, on avait des nouvelles fraîches, des témoignages qui offraient et toute l'apparence et toute la substance de la vérité. Oviedo, Gomara et les autres Espagnols ont tout dit des Indiens, sans rien cacher ni de la violence de leurs rapports avec eux, ni des singularités des sociétés indiennes. Témoins irréprochables qui « tel César, avaient toujours à la main et l'épée et la plume ». Et il s'en prend à ses contemporains qui à la fois se passionnent pour l'Amérique et ne répandent sur elle que des falsifications. Il a sa part, pourtant, aux polémiques : missionnaire, il vise ceux qui, à seule fin d'avilir le christianisme, vantent sans y rien connaître les vertus du sauvage : « Et voilà que monte en chaire et que vient nous instruire un cacique, un roitelet d'une poignée de gens nus! » Et lui-même est loin de ne voir que falsification en tout ce qui s'est dit. Car, s'il ne se lasse pas de répéter que les anciens témoins ont dit la vérité en tout, il fait néanmoins une seule réserve, mais d'importance, sur la démographie : « Je ne nie pas cependant qu'on ne découvre vite chez ces anciens auteurs un esprit hyperbolique... Moi-même, pour en donner un exemple je ne puis me résoudre à croire à la multitude immense d'Indiens qui, disent-ils, peuplait l'Amérique. Ces fourmilières de gens innombrables, de centaines de milliers de langues et de peuples différents me paraissent être des fables [1]. » Témoins et théoriciens (pour dire vite, car les témoins ne font pas moins de théorie) ont par conséquent à évaluer les sources, à établir la vérité sur les Américains. Le fait premier c'est, on l'a vu, qu'ils sont sauvages (nous laissons de côté le détail de la polémique sur le Pérou et le Mexique, au mieux « trop nouvellement policés » pour l'être vraiment), et la société sauvage, c'est aussi celle des origines : le démontre sa conformité à la nature. La question se pose alors de comprendre pourquoi ils en sont restés là, et elle se pose pour le Nouveau Monde en termes spécifiques. Non pas du tout que l'évolution soit nécessaire de la sauvagerie à la civilisation : une telle pensée est étrangère au discours du XVIIIe siècle, exclue par les universaux qu'il postule. C'est que, la nature étant la même, ayant donné partout aux hommes les mêmes sens et partant, à situation identique, les mêmes idées (la philosophique de Locke, reprise au XVIIIe par Condillac, est le grand modèle), on aurait pu s'attendre à ce que le Nouveau Monde reproduise l'Ancien : mêmes traits physiques, mêmes mœurs là où le milieu naturel est semblable. Au lieu du parallélisme attendu, on découvre un décalage. Dans l'Ancien Monde, bien plus diversifié, toutes les formes de société existent ou ont existé des plus sauvages aux plus policées. Au Nord,

1. Gilij : *op. cit.*

Lapons, Samojèdes, etc., tous également petits et laids, également grossiers, superstitieux et stupides; mêmes traits physiques, mêmes « qualités » morales, mœurs identiques. A mesure qu'on s'éloigne du Nord, des peuples graduellement moins petits, moins laids, moins grossiers, jusqu'aux Tartares, les plus « policés » des sauvages. Et la même gradation, inversée, se retrouve à mesure que l'on s'approche de la zone torride. *In natura non datur saltus.* On explique donc ces différences par le climat, par la dégénérescence. C'est que la nature a fait seulement l'homme perfectible, mais son progrès effectif est lié à des facteurs extérieurs à sa propre nature : un climat tempéré, un milieu naturel point trop rude, donc plus aisé à dominer, permettant une population plus nombreuse (autant de conditions du progrès). Là où ne se sont pas trouvées réunies toutes ces conditions favorables les hommes ne pouvaient que demeurer sauvages. L'histoire qui ordonne alors l'humanité est une histoire *naturelle,* et du coup rien moins qu'historique. L'Amérique, avec la même diversité de climats, ne reproduit pas ce modèle. Sans doute les Esquimaux sont-ils comparables aux Lapons; et, qu'il ne s'y trouve pas de Nègres dans sa partie torride, les conditions climatiques particulières peuvent encore l'expliquer : l'humidité y est plus grande. Mais les habitants des tropiques n'y sont pas soumis à des rois; mais il ne s'y trouve pas de sociétés policées; mais les sauvages canadiens ne sont pas comparables aux Tartares. « On peut faire, écrit Voltaire, sur les nations du Nouveau Monde, une réflexion que le père Lafitau n'a point faite : c'est que les peuples éloignés des tropiques ont toujours été invincibles, et que les peuples plus rapprochés des tropiques ont presque tous été soumis à des monarques. Il en fut longtemps de même dans notre continent. Mais on ne voit point que les peuples du Canada soient allés subjuguer le Mexique comme les Tartares se sont répandus dans l'Asie et dans l'Europe [1]. » La sauvagerie de

1. VOLTAIRE : *Essai sur les Mœurs.*

l'Amérique pose donc un problème spécifique, puisque la théorie du climat ne suffit pas à rendre compte de sa différence (son indifférenciation intérieure et sa différence globale d'avec le Vieux Monde). Il faut, par conséquent, lui trouver d'autres raisons. On en avance deux principales. L'une, loin de faire l'unanimité, soulève de nouvelles controverses : le peuplement de l'Amérique est-il ancien ou récent? Question que certains formulent autrement, mais c'est tout un, le Déluge universel y est-il advenu plus tard? Sans entrer ici dans les argumentations qui s'affrontent, on peut souligner que même les tenants d'un peuplement récent ne se satisfont pas de cette seule hypothèse : elle peut expliquer que Mexique et Pérou ne soient pas vraiment policés; elle n'explique pas l'indifférenciation de tout le reste : qu'il n'existe ni peuples soumis à des rois tyranniques, ni peuples envahisseur, cela ne requiert pas un temps plus long. L'autre argument, qui fait, lui, l'unanimité, en appelle une fois de plus à des causes naturelles : c'est le faible peuplement de l'Amérique, dû lui-même à la faiblesse congénitale qui est celle de l'homme américain. Non pas de l'homme seul, du reste. Tous les instincts et inclinations dont la nature a pourvu les animaux et les hommes sont à un degré moindre en Amérique. Tout y est plus faible. « Les lions d'Amérique sont chétifs et poltrons », dit Voltaire (ainsi nommait-on le puma); et les tigres de même (jaguar); et moins bon le blé américain (maïs). Rien de surprenant donc que l'homme y soit aussi plus alangui : plus craintif, plus indolent, etc.; surtout, il manque d'ardeur pour l'autre sexe (sur ce dernier point, les missionnaires sont d'une autre opinion : mais peut-on croire là un missionnaire?). Comment aurait-il pu peupler le continent, comment aurait-il pu progresser? Le Mexique et le Pérou ont pu être relativement peuplés, beaucoup moins toutefois que ne l'a prétendu, par exemple, Las Casas. Quant au reste, les chiffres sont simplement invraisemblables. La raison contredit les témoins. S'ils avaient dit vrai, l'Amérique eût été la réplique du Vieux Monde, avec la même gradation harmonieuse des extrêmes sauvages jusqu'aux civilisés des régions tempérées. Au lieu de quoi, elle est presque entière demeurée aux origines.

L'intérêt passionné qu'elle provoque vient de là : elle donne au monde policé une image actuelle de son propre commencement. Pourquoi l'Amérique, puisque le Vieux Monde a aussi des sauvages? Mais l'Europe policée peut-elle contempler l'image de son enfance dans les peuplades serviles? Ou dans les sauvages du Nord de l'Ancien Monde, et qui ont tant dégénéré qu'ils sont à peine humains (c'est Buffon qui parle)? Et puis, ils sont si laids! Pas davantage elle ne la trouve dans son propre temps historique particulier, toujours déjà civilisé aussi loin qu'on remonte (il faut être Lafitau pour confondre Grecs et sauvages). L'Amérique, seule, est encore dans l'enfance, et sauvage pour cela. Monde à la fois libre et proche de la nature, et présentant, ici et là, des débuts de progrès. Progrès lent, pour les raisons qu'on sait, mais possible, visible. Et tel n'est pas le cas des autres, sauvages, eux, sans être enfants. C'est que l'histoire pensée au XVIIIe siècle n'est pas évolutionniste. Nulle nécessité pour conduire chaque société de la sauvagerie à la civilisation. Au contraire, des circonstances extérieures, des *hasards* (heureux ou catastrophiques, selon Voltaire ou selon Rousseau) expliquent à chaque pas le progrès; quelques hommes inventifs, et le don d'imitation. Nulle loi de développement interne de la société, comparable à celle du développement de l'individu : et si on utilise volontiers ces images, c'est qu'elles peuvent l'être de façon statique. Sans doute toutes les sociétés ont-elles commencé par être sauvages. Mais cette affirmation ne signifie rien d'autre qu'une évidence : le monde policé n'est pas sorti tout armé des mains de Dieu ou de la Nature. Il a eu un commencement, son développement a été progressif. Invention graduelle des techniques, des langues, changements graduels des mœurs, des formes de gouvernement. Ce progrès, des théoriciens le décrivent (Turgot, Condorcet, entre autres) dans des termes qui peuvent à coup sûr rappeler ceux qu'utiliseront plus tard les évolutionnistes. Mais la similitude s'arrête là; les pensées sont foncièrement différentes. Le progrès n'est pas le chemin qui s'ouvre aux sociétés sauvages, mais celui que, à rebours, il faut bien imaginer pour rendre compte de la société présente. On s'attache ainsi à relier les diverses sociétés dont la géographie offre l'éventail, selon une séquence qui va du simple au complexe (quant aux modes de vie, aux langues, aux mœurs, aux lois), et on en fait une « histoire » qui est à lire moins selon un ordre réel — temporel — que selon un ordre des raisons. L'histoire, en fait, n'intéresse guère : idée régulatrice plutôt que principe déterminant, elle ne fait que combler le vide entre les deux pôles sur quoi seuls porte, au XVIIIe siècle, la réflexion. A savoir, l'origine et le terme que déterminent la Nature et la Raison. Il faudra que ces deux universaux soient remplacés par l'histoire, prise alors à son tour comme principe déterminant, pour que naisse l'évolutionnisme. L'évolutionnisme en sociologie n'est pas une théorie vieille comme le monde, il viendra au XIXe siècle. On peut comprendre ainsi pourquoi les penseurs du XVIIIe siècle s'occupent tant de l'Amérique. Ses sauvages, libres, peuvent d'emblée occuper le lieu, vide jusqu'à présent, ou mythique, de l'origine.

Maintenant que les sauvages ont trouvé leur place dans l'ordre universel, on va pouvoir les étudier; avec ce regard nouveau, on va les observer. Car on va pouvoir enfin observer. Le savoir sur la nature de l'Homme que ni la statue imaginée par Condillac, ni les cas étudiés d'enfants sauvages n'ont réussi à livrer, les sauvages vont le rendre possible. Dans un mémoire présenté en 1796 (publié un an plus tard) à la « Société des Observateurs de l'Homme », de Gérando [1] l'explique. Les Lumières ayant enfin reconnu « que le véritable maître est la nature », l'ère des vaines théories est close, la science de l'homme peut se constituer et elle sera « une

1. De GÉRANDO : *Considérations sur les diverses méthodes à suivre dans l'observation des peuples sauvages* (toutes les citations qui suivent sont extraites de cet ouvrage).

science naturelle, une science d'observation, la plus noble de toutes ». De Gérando expose ses *Considérations* devant la Société, à l'occasion du prochain départ de deux voyageurs (le capitaine Baudin qui part explorer les mers et le citoyen Levaillant qui prépare sa troisième expédition à l'intérieur de l'Afrique), mais elles valent pour tous les cas : il s'agit de savoir quoi et comment observer, de préparer le voyageur à être philosophe. L'avertissement qui inaugure le discours le précise : « On a voulu prévoir toutes les hypothèses... Que ces considérations puissent s'appliquer à toutes les nations qui diffèrent par leurs formes morales et politiques des nations d'Europe. L'on s'est surtout attaché à présenter un cadre complet qui pût réunir tous les points de vue sous lesquels ces nations peuvent être envisagées par le philosophe. » C'est qu'on ne dispose jusqu'à présent que de « relations ordinaires » dues à des voyageurs plus préoccupés de ce qui frappe les sens que de ce qui s'adresse à la raison, plus empressés de découvrir encore du nouveau que de s'arrêter à examiner ce qu'ils viennent de découvrir. Leurs relations sont donc incomplètes et incertaines, partiales, douteuses, recueillies sans jugement et sans ordre. « Ces voyageurs n'avaient pas assez compris qu'il y a entre les instructions qu'on recueille sur l'état et le caractère des nations, un enchaînement naturel, nécessaire à leur exactitude. » C'est un tel enchaînement que de Gérando s'attache à présenter (au fil de considérations dont plus d'une ne serait pas désavouée par un ethnologue contemporain) et on y voit, dans le travail d'une Raison toute-puissante occupée à reconstruire l'univers mental des sauvages, la rhétorique d'un siècle. Car c'est le monde des idées que vise essentiellement la science de l'homme et — le voyage dans l'espace étant un voyage dans le passé — l'observation des sauvages peut établir sur des bases sûres et leur origine et leur génération. La philosophie du voyageur est celle de Condillac. « Nos idées ne sont que nos sensations élaborées », et on sait que les sensations s'élaborent de deux manières, par combinaisons et par abstractions. Il suffit donc de procéder avec ordre selon cette double voie, et « on découvrira quelle est l'étendue précise de la sphère d'idées qui appartiennent à l'individu sauvage ».

Etudier l'homme, c'est commencer par le dépouiller de « toutes les circonstances diverses » qui peuvent le modifier : éducation, opinion, mœurs, institutions politiques, etc., autant de « formes accessoires », dit de Gérando. Etudier le sauvage, c'est d'abord renoncer à voir les singularités, pensées comme extérieures à la raison (ou à la nature) universelle, jugées donc en elles-mêmes dénuées de sens, dé-raisonnables, impensables littéralement. Et le Savoir, à condamner au nom de ses universaux le regard qu'il nomme *exotique*, c'est-à-dire celui qui voit le sauvage simplement étranger, institue sur les Autres un discours pour la première fois « scientifique », résolument *ethnocentrique*. Plus tard, les universaux ne feront que changer.

## Bibliographie


BUFFON : *De l'Homme*, Maspéro, 1971.

CHARLEVOIX : *Histoire du Paraguay*, Paris, 1756.

CHINARD : *L'Amérique et le rêve exotique dans la littérature française aux XVIIe et XIIIe siècles*, Paris, 1913.

DIDEROT : *Supplément au voyage de Bougainville*, in *Œuvres complètes*, La Pléiade.

ERHARD : *L'idée de nature en France dans la première moitié du XVIIIe siècle*, Chambéry, 1963.

DE GÉRANDO : *Considérations sur les diverses méthodes à suivre dans l'observation des peuples sauvages*, Paris, 1797.

GILIJ : *Ensayo de historia americana*, Caracas, 1965.

GUMILLA : *El Orinoco ilustrado y defendido*, Caracas, 1963.

LAFITAU : *Mœurs des Sauvages américains...*, Paris, 1724.

MONTAIGNE : *Essais*, La Pléiade.

RAYNAL : *Histoire philosophique et politique des établissements et du commerce européen...*, 1780.

ROUSSEAU : *Discours sur les sciences et les arts, Discours sur l'origine et les fondements de l'inégalité..., Essai sur les langues*, in *Œuvres complètes*, La Pléiade.

VOLTAIRE : *Essai sur les Mœurs...*, nouvelle édition, 1878.

# 2

## Les idéologies du territoire

par Michel Korinman et Maurice Ronai

« La politique d'un Etat est dans sa géographie », disait Bonaparte. En fait, le territoire est une idée neuve dans l'Europe du XVIIIe siècle. Il devient la figure centrale des conduites et des discours de pouvoir.

A l'âge féodal, l'espace n'est saisi qu'à travers la figure du *domaine* : il est juxtaposition de domaines. Domaines divins, d'abord : dans un système de sphères concentriques [1], Dieu, *Dominus,* seigneur et maître de la forteresse céleste, commande à trois catégories de vassaux, anges, moines et laïcs [2]. Domaines géographico-spirituels, ensuite : la terre est divisée en trois continents qui coïncident avec des aires religieuses. L'Europe se confond presque avec la Chrétienté, toutes deux placées sous l'autorité du pape. Domaines sei-

1. Ainsi, au VIIIe siècle, on distingue sept sphères : air, éther, olympe, espace enflammé, firmament des astres, ciel des anges et ciel de la Trinité. Cet héritage grec est christianisé au XIIe siècle : ciel corporel, celui que nous voyons, ciel spirituel qu'habitent les substances spirituelles, ciel intellectuel, où les bienheureux contemplent face à face la Sainte Trinité. Cf. Le Goff : *Civilisation de l'Occident médiéval.*

2. « Le Créateur est appelé créateur par rapport à ses créatures, comme le maître est appelé maître par rapport à ses serviteurs. » (Saint Augustin, cité par Le Goff, *op. cit.*)

gneuriaux, enfin, comme distribution de fiefs, manses et tenures, comme aires d'exercice du droit de ban.

Domaines divins, géographico-spirituels et seigneuriaux sont définis avant tout comme *champs de pouvoir*. Le morcellement, l'enchevêtrement vertical d'autorités induisent une atomisation en sphères et parcelles.

Aussi le royaume (et, dans l'Italie du Nord, l'Etat territorial) ne se constitue-t-il qu'à travers un re-partage du pouvoir et, du même coup, une redistribution des « domaines ». Au morcellement domanial, l'âge moderne oppose un effort unificateur, un remembrement essentiel à travers la figure du Prince. Le prince est au territoire ce que la forme est au contenu [1]. S'engage entre le roi et son pays une relation duelle, spéculaire : le territoire est le prolongement, l'expansion du corps du prince [2].

Et l'âge moderne ne fera jamais que supprimer un terme du couple : le monarque. Le territoire devient la référence primordiale. L'idéologème *nation* est une tentation permanente pour penser la simultanéité d'une série d'avènements : mode de production capitaliste, Etat et guerre modernes. D'une topologie domaniale (parcellaire), on passe à une toposcopie dynastique (spéculaire), enfin à une topographie territoriale (unitaire). On pourrait parler de géopolitiques, au sens de *traitements* de l'espace, indiquant ainsi que prati-

1. Sa forme propre (du royaume) est la dignité royale, qui donne au principat sa dénomination de royaume; le contenu du royaume et de n'importe quel principat ou même Etat républicain résulte de plusieurs éléments, bien sûr du rassemblement des hommes..., de la juridiction, de la puissance... et de la terre, laquelle fournit aux habitants la nourriture, les autres nécessités et les agréments; et à partir de ces deux sortes d'éléments, la forme et certes le contenu, en tant qu'ils sont nécessaires, on estime qu'il y a royaume... Que l'on supprime la terre, qui fournit la nourriture, et l'on aura pu établir le royaume des esprits aériens, mais en aucune manière un royaume humain. » (Cité en latin par Léon-Pierre RAYBAUD : « La Royauté dans les œuvres de Matteo Zampini, in *Le Prince dans la France des XVIe et XVIIe siècles*; repris par J.-Y. GUIOMAR dans *L'Idéologie nationale*.)

2. Pour tout ceci, cf. J.-Y. GUIOMAR : *L'idéologie nationale*, Champ Libre, Paris, 1972.

ques et appréhensions de l'espace sont en jeu. Stratégies et idéologies territoriales : entre elles, la frontière est bien floue. Elle n'est affaire que de point de vue, selon le *corpus* envisagé. Selon qu'on étudie plutôt des discours, des œuvres, des représentations ou plutôt des décrets, des prescriptions, des campagnes, on exhibera des idéologies ou des stratégies. Elles se proposent et s'échangent modèles, configurations et arguments. Dans la démonstration d'une légitimité se donne à lire un projet, une projection. Et c'est à la « nation » de rendre compte, au niveau symbolique du triple mouvement qui conduit au marché, aux frontières, à l'Etat.

Dans le couple territoire-prince, la nation vient prendre la place du prince. De cette substitution résulte une série de questions : qui appartient à qui? qui est premier? qui délimite? la nation ou la topographie?

Ces questions, qui hantent le XIXe siècle, postulent une adéquation nécessaire, mais asymptotique de la nation à son sol. La détermination du centre d'un territoire ou d'une nation, décisive, est rarement discutée. C'est toujours son aire d'expansion qui pose problème. Jusqu'alors, trois réponses ont été apportées : frontière *naturelle,* frontière *promise* ou frontière *vitale.* Elles sont à la fois circonstancielles et matricielles. Se constituant dans un contexte particulier, elles se figent en modèle et structurent les discours à venir. A travers un matériel commun — cartes, toponymes, paysages —, on étudiera ici trois cas : France 1792-1793, Etats-Unis 1763-1787, Allemagne 1873-1933.

## France 1792-1793 : le territoire naturel

C'est peu dire que les révolutionnaires unifient le territoire : ils en produisent un, flambant neuf. C'est peu dire qu'ils donnent aux Français conscience d'être français : ils forgent un espace de représentation qui coagule dans le toponyme France. En redistribuant le pouvoir, ses attributs matériels et symboliques, ils recomposent l'espace, réel et imaginaire. Au pouvoir unitaire que projettent les Constituants, celui des propriétaires, doit correspondre une entité territoriale « une et indivisible ». Dans cette France de la fin du XVIIIe siècle, marquée par les idées physiocratiques, pour qui seule la terre est productive de richesses, dans cette France à prépondérance rurale, où chaque commerçant et industriel possède des biens fonciers, le modèle de référence ne peut être que terrien. « Qu'est ce que la patrie? demande Voltaire dans son *Dictionnaire philosophique.* Ne serait-ce pas par hasard un bon champ dont le possesseur, logé commodément dans une maison bien tenue, pourrait dire : « Ce champ que je cultive, cette maison que j'ai bâtie sont à moi... Je suis une partie du tout, une partie de la communauté, une partie de la souveraineté. Voilà ma patrie. » S'expose ainsi le programme révolutionnaire — idéologique et stratégique — avec en germe toutes ses ambiguïtés. La nation est pensée comme un gigantesque terroir; elle est au territoire ce que le propriétaire est au champ.

A la multiplicité des régimes de possession, héritée du féodalisme, s'oppose un régime unique de propriété, fondée sur la mise en valeur. Elle seule donne droit à l'exercice de la souveraineté politique. Ainsi, le territoire comme la propriété sont-ils définis comme maîtrise inaliénable d'une étendue, homogène et clôturée.

L'euphorie du 4 août 1789 n'est pas encore tombée que la libre circulation intérieure est établie : suppression des contrôles, des péages et douanes intérieures, reculement des barrières, incorporation aux provinces d'effectifs étrangers, faisant coïncider ligne douanière et frontière politique. Déjà, la frontière... Il ne s'agit encore que d'instaurer un protectionnisme modéré.

Il faut ensuite administrer ce royaume, « partagé en autant de divisions différentes qu'il y a diverses espèces de régimes ou de pouvoirs : en diocèses sous le rapport ecclésiastique, en gouvernements sous le rapport militaire, en généralités sous le rapport administratif, en bailliages sous le rapport judiciaire [1] ». Le département va bouleverser cet empilement de circonscriptions, cet enchevêtrement d'autorités, cette mosaïque de pays et de provinces — le roi était duc en Bretagne, comte en Provence, roi en Navarre. Après Sieyès, Thouret avait proposé un plan de division géométrique : 80 départements (en plus de Paris) de 320 lieues carrées chacun, divisés en 5 communes de 36 lieues carrées [2]. Mirabeau s'oppose à cette « division mathématique, presque idéale, et dont l'exécution paraît impraticable ». Il propose une division « matérielle et, de fait, propre aux localités, aux circonstances... qui soit également désirée par toutes les provinces et fondée sur des rapports déjà connus [3] ». Ce n'est pas tant le pragmatisme des Constituants qui est à retenir, que le projet d'un remembrement à la fois géométrique [4] et conforme à la nature. Déjà, la frontière naturelle. Les commissions qui dessineront la nouvelle carte tiendront en fait beaucoup plus compte des rivalités urbaines et des marchés locaux. Aussi l'effort toponymique qui assigne aux 83 départements des noms de fleuve ou de montagne gomme-t-il les traces géosémantiques de l'Ancien Régime, mais efface en même temps les intérêts matériels qui présidèrent au morcellement.

Quand le royaume était la possession personnelle du roi,

1. Rapport de Thouret au nom du Comité de constitution, le 29 septembre 1789.

2. Thouret reprend des projets avancés en 1779 par Letrosne. Le géographe de Hesseln avait publié une carte de France qui distinguait 9 régions, 81 contrées en 1780. Sieyès avait déjà publié, en 1788, une étude sur la division de la France.

3. Cité par SOBOUL : *Histoire de la Révolution française.*

4. Confrontés à l'héritage monarchique et féodal, les révolutionnaires cherchent des solutions territoriales. On peut citer la réforme du système métrique. Pour faciliter les échanges, on substitue un système unique et rationnel de mesures à la disparité de systèmes : pieds, pintes, grains, perches carrées, demi-voies, quarts de corde, aunes... Mais à partir de quoi établir un système unifié? On partira précisément du territoire, et le mètre sera défini comme le dix millionnième de la distance du pôle à l'équateur, le litre comme décimètre, cube, le gramme comme le poids d'un centimètre cube d'eau distillée, l'are comme 100 mètres carrés et le stère comme un mètre cube.

quand l'unité du royaume s'exprimait dans sa personne — l'Etat, c'est moi —, il était inutile que les sujets connaissent la configuration du pays. Seuls circulaient des portraits du monarque. Seule importait l'harmonie de son corps, que le territoire ne pouvait qu'imparfaitement refléter : polarité France et Navarre, enclaves étrangères, frontière indécise à l'Est entre la France et l'Empire par le jeu des suzerainetés combinées. Les Constituants brisent le miroir où territoire et prince renvoyaient leurs images, suscitent une icono-géographie, diffusent largement la nouvelle carte de France et appellent la jeune patrie à s'y contempler. Le territoire n'est plus le corps en expansion du roi, mais le corps de la nation. Et France ne désigne plus le roi (qu'on appelle, pour peu de temps, roi des Français), mais la nation elle-même.

La méthode des Constituants est cadastrale : la structure monarchique de l'Etat, les entraves à la circulation des marchandises sont amendées par une refonte « cartographique [1] ». Réforme de l'Etat, mais surtout conflits politiques reçoivent toujours une sanction territoriale. Ainsi, le conflit avec l'Eglise passe par la suppression des évêchés, le rejet des juridictions métropolitaines étrangères, par l'alignement de la carte ecclésiastique sur la carte départementale. C'est toute une communauté qui est déchirée dans son enracinement matériel. Et les Feuillants, qui veulent concilier le roi (la tête du pouvoir exécutif) et la nation (le pouvoir législatif), fondent ces deux pouvoirs sur le même cadre territorial unique : le département. La logique des conflits détruit le rapport constitutionnel entre exécutif et législatif et ruine leur support départemental, qui ne joue plus que dans la perception des impôts.

1. « Les Etats sont, pour la nation, ce qu'est une carte réduite pour son étendue physique; soit en partie, soit en grand, la copie doit toujours avoir les mêmes proportions que l'original. » (MIRABEAU : *Lettres de cachet.*)

« La France doit être un tout indivisible. Elle doit avoir son unité de représentation. Les citoyens de Marseille veulent donner la main aux citoyens de Dunkerque. » C'est au nom de ce principe, énoncé par Danton [1], que le Girondin Buzot propose de rassembler à Paris une garde formée de délégués des départements. « Cette belle association (la République) n'est pas resserrée dans les bornes d'un petit territoire : elle est une, indivisible, pour toute l'étendue de la France... Si le principe (...) est important et nécessaire, c'est pour Paris essentiellement [2]. » Ce qui se joue ici, c'est la place de Paris dans le processus révolutionnaire. « Il faut que Paris soit réduit à 1/83ᵉ d'influence, comme chacun des autres départements [3]. » Paris, siège de l'Assemblée, place forte de l'initiative populaire, Paris aux portes soigneusement gardées, sous le contrôle de la Commune. Le 25 septembre, puis le 8 octobre, l'affrontement entre Girondins, qui s'appuient sur la province, et Montagnards, sur les sans-culottes, est mythiquement conjuré par la proclamation de l'unité et de l'indivisibilité de la République [4]. L'unité de la représentation, qui incarne l'unité de la nation, doit se matérialiser dans l'unité du territoire. Recollement magique des morceaux, effacement imaginaire des tensions, compromis politiques sont symboliquement attestés par l'intégrité du territoire [5].

Mais pour être pleinement une, la République doit être clôturée. La Révolution, qui refuse en tout les entraves léguées par l'Ancien Régime, saurait-elle tolérer ces contours arbitraires, cette surface trouée, ce tracé dynastique? Mais où

1. Séance orageuse du 25 septembre 1792. Girondins et Montagnards s'opposent à propos de la Commune issue du 10 août. Marat sort un pistolet qu'il applique contre sa tempe et menace de se brûler la cervelle si la Gironde maintient ses accusations. Danton parle, proclame le dogme de l'indivisibilité, et l'unanimité est rétablie.

2. 8 octobre 1792.

3. Lasource, député du Tarn le 25 septembre

4. J.-Y. Guiomar : *op. cit.*

5. On ne peut s'empêcher de relever ici que la désignation des factions est géographique, descriptive pour la Gironde (dont les chefs sont issus de Bordeaux) ou métaphorique pour la Montagne, la Plaine et le Marais.

fixer les bornes? Fermeture et expansion sont vite indissociables, car un territoire se construit toujours au préjudice d'un autre, c'est-à-dire contre un autre. Alors, où s'arrêter?

C'est la guerre qui va trancher. Les Girondins, depuis 1791, voulaient la guerre. Dirigée d'abord contre les monarchies, elle bifurquera très vite contre l'Angleterre, principale rivale commerciale et industrielle. Source de profits, la guerre manifeste les ambitions libérées par l'émancipation des entraves féodales. Jusqu'en 1792, l'Etranger, c'était un comportement incivique : trahison, intrigue, émigration. Avec le déclenchement de la guerre, l'Etranger ce sont les gouvernements, puis les Etats, puis les peuples. Aussi, la Révolution doit-elle se consolider sur le territoire de l'autre. Et Robespierre n'est pas entendu lorsqu'il décèle le siège du mal non à Coblence, mais à Paris. « Il n'y a donc aucune relation entre Coblence et un autre lieu qui n'est pas loin de nous [1]? » Avec la guerre, les Girondins espèrent circonscrire le conflit aux frontières.

Les premières défaites soulignent que la sécurité du pays se défend en Belgique et sur le Rhin. Certains Girondins envisagent même l'évacuation au sud de la Loire. Quand Verdun est prise, dernière forteresse avant Paris, « l'ennemi est aux portes. » En quelques semaines, après Valmy, les armées républicaines sont sur le Rhin et les Alpes. Niçois, Savoyards et Rhénans demandent leur réunion à la République. S'ouvre alors la querelle de l'annexion.

La Constitution de 1791 avait proclamé que « la nation française renonce à entreprendre aucune guerre dans la vue de faire des conquêtes, et n'emploiera jamais ses forces contre la liberté d'aucun peuple ». Toutefois, autour des Girondins, se rassemblaient des réfugiés politiques venus de Brabant, des pays de Liège, de Suisse, de Rhénanie. « Ce qui caractérise tous ces hommes, c'est qu'ils arrivaient en France avec la ferme conviction que seule la Révolution en ce pays, le plus

1. 2 janvier 1792, aux Jacobins.

puissant du continent, permettrait à leur propre pays de se débarrasser des despotes [1]. » Ils reprennent à leur compte le cosmopolitisme des Lumières. Dès la Fête de la Fédération de 1790, une délégation d'étrangers, dirigée par Anarcharsis Cloots, représentait le « genre humain ». L'enrôlement des soldats étrangers qui désertent, l'attribution de la citoyenneté française aux « philosophes des nations étrangères qui auront servi la cause de la liberté », manifestent la vitalité du thème universaliste. Anacharsis Cloots s'en fait le porte-parole : « Le premier peuple voisin qui s'amalgamera avec nous donnera le signal de la confédération universelle. Nous trouverons dans la nation unique le meilleur gouvernement possible avec le moins de dépenses possibles. Les humains débarrassés de leurs fers nous demanderont conseil; nous les détournerons de la fédération précaire des masses en les invitant à la fédération salutaire des individus. Il n'y a qu'un océan, il n'y aura qu'une nation [2]. » On peut lire dans cette profession de foi le fantasme d'un marché capitaliste débarrassé de toutes entraves, un libre-échangisme généralisé : « L'univers cassé en mille départements égaux perdra le souvenir des anciennes dénominations et contestations nationales [3]. » Marché universel, mais polarisé autour de la France : « L'erreur prosterne tous les musulmans vers La Mecque. La vérité relèvera le front de tous les hommes fixant les yeux vers Paris [4]. » Sont forgés ainsi, à l'avant-veille de Valmy, les thèmes de la guerre de propagande : si le but est la République universelle, la France en est le noyau [5]. Et le 19 novembre 1792, la Convention nationale déclare « qu'elle accordera

1. 9 septembre 1792, *Eloge de Gutenberg.*
2. *Idem.*
3. *Idem.*
4. *Idem.*
5. Le juriste François Hotoman dans *Franco Gallia,* en 1573, avait déjà souligné que « ceux qui avaient été les principaux auteurs de recouvrer la liberté se nommèrent Francs : qui vaut autant à dire en alemant comme libres et hors de servitude : et par ce moyen l'occasion présente leur imposa ce nom de français ». Cité par J.-Y. GUIOMAR, *op. cit.*

fraternité et secours à tous les peuples qui veulent recouvrer leur liberté [1] ».

Quand une délégation de Savoisiens exprime « le vœu d'être réunis à la République française, non par une simple alliance, mais par une union indissoluble », Grégoire peut leur répondre : « Estimables Savoisiens, vous avez dit non, et soudain la liberté, agrandissant son horizon, a plané sur vos montagnes; et dès ce moment, vous avez fait aussi votre entrée dans l'univers [2]. » Un glissement historien est repérable : les Savoisiens sont rebaptisés Allobroges, du nom de la tribu gauloise qui occupait cette région. La France retrouve son étendue originelle, disjointe par les tyrans. Mais c'est l'argument géographique qui l'emporte dans le rapport de Grégoire : « Vainement, on a voulu au Piémont lier la Savoie. Sans cesse, les Alpes repoussent celle-ci dans les domaines de la France et l'ordre de la nature serait contrarié si leur gouvernement n'était pas identique... La France est un tout qui se suffira à elle-même, puisque partout la nature lui a donné des barrières qui la dispensent de s'agrandir, en sorte que nos intérêts sont d'accord avec nos principes [3]. » De la République universelle, on est passé à la République territoriale, naturellement balisée. Et le 11 janvier 1793, les députés de Nice reprennent le même argument : « Les avantages que cette nouvelle cité offre à la République française pour prix de sa réunion sont ceux d'une ligne de démarcation que la nature semble avoir tracée elle-même par une chaîne de montagnes qui paraissent faites exprès pour séparer la France de l'Italie. » Le surlendemain, Danton, préconisant la réunion de la Belgique, ajoute : « Les limites de la France sont marquées par la nature. Nous les atteindrons dans leurs quatre points, à l'Océan, au Rhin, aux Alpes, aux Pyrénées [4]. »

Derrière cette naturalisation de la frontière, c'est la

1. Sur proposition de Grégoire.
2. 21 novembre 1792.
3. Rapport de Grégoire, 27 novembre 1792, « Sur la question de l'incorporation de la Savoie à la France ».
4. 13 janvier 1793.

défensive qui s'affirme. De la guerre de conquête — offensive —, on passe à la conservation des acquis. La généreuse déclaration de 1791 est abandonnée : le 13 avril, la Convention déclare « qu'elle ne s'immiscera en aucune manière dans le gouvernement des autres puissances », mais qu'elle « s'ensevelira plutôt sous ses propres ruines que de souffrir qu'aucune puissance étrangère s'immisce dans le régime intérieur de la République [1] ».

Ce n'est plus la République universelle, mais un territoire qu'on fortifie en s'appuyant sur des obstacles topographiques : ligne des crêtes et cols alpins, où la longue marche, le transport d'une artillerie encore lourde sont difficiles, système de défense installé sur le Rhin couvrant le Bassin parisien et Paris, déployé sur un éventail de rivières, Yonne, Aube, Marne, Aisne et Oise.

« Laissons aux philosophes, laissons-leur le soin d'examiner l'humanité sous tous ses rapports : nous ne sommes pas les représentants du genre humain. Je veux donc que le législateur de la France oublie un instant l'univers pour ne s'occuper que de son pays; je veux cette espèce d'égoïsme national sans lequel nous trahirions nos devoirs... J'aime tous les hommes; j'aime particulièrement tous les hommes libres, mais j'aime mieux les hommes libres de la France que tous les autres hommes de l'univers [2]. » C'est la raison d'Etat qui triomphe à travers le dogme des frontières naturelles.

1. Danton avait appuyé ainsi cet abandon de la guerre révolutionnaire : « Vous avez rendu, dans un moment d'enthousiasme, un décret dont le motif était beau sans doute, puisque vous vous obligiez à donner protection aux peuples qui voudraient résister à l'oppression de leurs tyrans. Ce décret semblerait vous engager à soutenir quelques patriotes qui voudraient faire une révolution en Chine. Il faut avant tout songer à la conservation de notre corps politique et fonder la grandeur française. » (13 avril 1793.)
2. Robert, 26 avril 1793.

## Le territoire promis

« L'américanisation du monde est notre destinée. » Théodore Roosevelt, en 1898, énonce ainsi la double détermination du discours américain, messianique et impérial. La *manifest destiny* associe une théologie de l'expansion à une stratégie délibérément planétaire, toutes deux enracinées solidement dans la conscience américaine à travers l'idéologème de la terre/territoire promis(e).

Un retour minutieux sur la constitution de ce discours américain [1] montre comment il est *déjà* en place avant même la proclamation de l'Indépendance. Tout se passe comme si une série d'événements discursifs, entre 1761 et 1776, préfiguraient les événements matériels, conquêtes ou prises de contrôle.

Au lendemain de la guerre de Sept Ans, la Couronne britannique, après avoir doublé l'étendue de ses possessions en Amérique du Nord, réaffirme son autorité, alourdit les taxes et renforce son contrôle commercial sur les colonies de la côte Est. Parvenues à un certain développement économique et soucieuses de leur autonomie de gouvernement, les colonies sont particulièrement scandalisées par la Proclamation royale de 1763 qui impose la barrière des Alleghany comme limite à l'expansion pionnière et assigne l'Ouest des Appalaches aux tribus indiennes. Jefferson accusait déjà les rois britanniques d'avoir disloqué un pays qui formait un ensemble cohérent [2]. Le Canada, que les colons avaient contribué à conquérir sur la France, reçoit un statut particulier par la loi du Québec, en 1773. Ainsi, dès 1763, le conflit avec la Couronne britannique a pour enjeu explicite la *frontière*.

1. Nous avons largement puisé dans le précieux ouvrage d'Elise MARIENSTRAS : *Les Mythes fondateurs de la nation américaine*, qui appréhende ces mythes d'un tout autre point de vue.

2. *Mémoire contre les abus de la Couronne :* « Ce pays... fut démantelé à diverses reprises par les Princes et distribué à leurs favoris. »

*Territoire et propriété : l'argument juridique*

Revendication territoriale et séparatisme s'imbriquent très vite et font surgir la question de la propriété : ce territoire ne peut appartenir aux Anglais, puisque « l'Amérique n'a jamais fait partie du royaume d'Angleterre. Elle a appartenu à un peuple de sauvages, dispersés dans tout le continent et qui ne dépendaient pas de la souveraineté britannique [1] ». Si, dans un élan typiquement jeffersonien, il sera dit aux Indiens que les Américains ne « font plus partie des vieilles nations au-delà du grand fleuve », mais sont unis « en une seule famille avec nos frères rouges de ces lieux... que nous et nos ancêtres résidons ici depuis si longtemps qu'il nous semble que nous avons comme vous pris racine dans ce sol [2] », en fait, il est clair que ce pays appartient non à ceux qui l'habitent, mais à ceux qui le conquirent [3]. « L'Amérique a été conquise et ses colonies solidement implantées aux frais d'individus et non à ceux de l'Etat britannique. Ils ont versé leur sang pour doter leurs colonies de terre. Ils ont combattu pour eux-mêmes et ils ont le droit de posséder sans partage [4]. » *Propriété par le sang.* De plus, « lorsqu'ils arrivèrent en ce Nouveau Monde, ils achetèrent honnêtement les terres aux Indiens qui en étaient les légitimes propriétaires [5] ». *Propriété par l'argent.* Enfin, « ce désert sauvage et inculte » appartient à ceux qui « par un labeur incessant, cultivèrent le sol en friche [6] ». *Propriété par la sueur.* En fait, les Indiens ne peuvent revendiquer ce territoire « qu'ils parcourent plus qu'ils ne l'habitent [7] ». Car habiter, c'est cultiver, mettre en valeur.

1. R. Bland : *An enquiry into the rights of the British colonies,* 1766.
2. *To the chiefs of the Osages,* janvier 1806.
3. Les partisans du séparatisme se réfèrent d'ailleurs aux Anglo-Saxons. Ceux-ci, en quittant la Germanie pour s'établir en Grande-Bretagne, rompent toute allégeance à leur patrie ou aux princes d'origine.
4. Jefferson : *A summary view of rights of British America.*
5. Joseph Warren : *Discours.*
6. *Ibid.*
7. Samuel Purchas : *Hackluytus Posthumus.*

*Le changement d'échelle : l'argument géographique*

En termes de droit, la question ne saurait être tranchée. Elle ne peut l'être, on le sait, que par la violence et elle le sera. Encore cette violence, en ce siècle de la Raison, doit-elle être légitimée : « Les petites îles, incapables de se protéger elles-mêmes, sont les objets appropriés de la domination des royaumes. Mais c'est aller contre toute *raison* que de supposer qu'un continent doive être perpétuellement gouverné par une île [1]. » Et la Raison, en cette côte Est obsédée par la frontière, ne peut être que géographique. « Le soleil n'a jamais éclairé une aussi grande cause. Ce n'est point l'affaire d'une ville, d'un comté, d'une province, d'un royaume, mais d'un continent, de la huitième partie du globe... L'Angleterre, la Hollande, la Suède, comparées au reste du monde, sont sur une grande carte comme des rues, des villes, des comtés sont sur une petite : distinctions trop bornées pour une âme continentale [2]. » Les colonies n'occupent encore qu'une frange côtière, et seules de rares expéditions pénètrent vers l'intérieur; mais, « dès son arrivée, l'Européen... *change très rapidement d'échelle* : deux cents miles lui apparaissaient autrefois une très grande distance; c'est maintenant une bagatelle [3]. »

Changement d'échelle : démultiplication des ambitions. Ce court passage fournit la clef, c'est-à-dire le mode de lecture. La maturation du séparatisme est ponctuée de glissements successifs d'échelle, passages d'un espace de référence à un autre, jeux sur les proportions, sur les rapports de grandeur, grossissements ou rétrécissements des adversaires en présence. Ces effets d'optique sont en fait stratégiques : pour se penser politiquement, les colons se pensent territorialement. On pourrait dissocier quatre moments, quatre formalisations de leur identité « territoriale » face à l'ennemi, quatre changements de terrain, qui correspondent à quatre

1. Thomas Paine : *Common Sense.*
2. *Idem.*
3. Crèvecœur : *Lettres.*

consciences de soi, comme appréciations du rapport de forces.

Dans un premier temps, les colons se pensent comme sujets britanniques : « Nul ne peut se réjouir autant que moi de la défaite du Canada et, cela, non seulement parce que je suis un colon, mais parce que je suis un sujet britannique [1]. » Le conflit oppose une colonie à l'Empire : c'est au plus une rébellion provinciale. D'ailleurs, règne encore une certaine confusion : les colons se désignent à travers les toponymes de chaque colonie « pennsylvanies, jerseys et autres provinces » et se perçoivent comme périphérie.

Puis s'affirme entre les colonies, face à l'adversaire commun, un sentiment national. « Né dans l'une de ces colonies, et descendant d'ancêtres qui en furent les premiers planteurs, il [l'auteur] n'a pas honte d'avouer son amour pour le pays qui l'a vu naître [2]. » Les colons se désignent indifféremment comme colombiens ou américains, mais les « colonies s'étendent sur le continent américain, unies l'une à l'autre en un seul territoire [3] ». Ce n'est plus un centre et une périphérie qui s'opposent, mais deux nations qui s'affrontent, l'une corrompue et déclinante, l'autre prospère et vouée à la puissance.

Dans un troisième temps, les deux nations s'affrontent en tant qu'elles relèvent chacune d'une sphère autre. « Il n'existe pas d'exemple dans la nature où le satellite soit plus grand que sa planète primitive, et, puisque l'Angleterre et l'Amérique, dans leur actuelle relation, présentent une inversion de l'ordre naturel des choses, il est manifeste qu'elles appartiennent à deux systèmes différents : l'Angleterre à l'Europe et l'Amérique à elle-même [4]. » Ce passage à l'échelle continentale oppose deux entités morales, l'Europe orgueilleuse et tyrannique, l'Amérique clémente et laborieuse, deux hémisphères, l'est et l'ouest, deux histoires, l'ancienne et la

1. Bigelow : *Works.*
2. B. Baylin : *The sentiments of a British American.*
3. Bland : *An enquiry into the rights of British colonies.*
4. Thomas Paine : *op. cit.*

nouvelle, deux natures, l'une bornée et l'autre généreuse [1].

Enfin, les colons se pensent déjà comme empire :

*Cette nation, solide et formidable,*
*Ces colonies gigantesques,*
*Verront bientôt notre marine voguer çà et là*
*Sur toutes les mers* [2].

« Nous avons établi les bases d'un nouvel empire qui permet d'accroître encore ses vastes dimensions et de donner le bonheur à ce vaste continent. C'est maintenant notre tour de nous imposer sur la face de la Terre et dans les annales du monde [3]. »

Se produit donc un déplacement qui est une inversion. « L'Angleterre est maintenant la nation la plus puissante du globe. Peu après la Réforme, quelques personnes sont venues en ce Nouveau Monde pour la sauvegarde de leur foi. Cet incident, bénin en apparence, sera peut-être la cause du transfert du siège de l'Empire en Amérique [4]. » Ce qui s'anticipe ici (sous une forme quasi prophétique), c'est la relégation à la périphérie de l'Empire britannique. Mouvement typiquement circulaire : « Les Américains sont les pèlerins de l'Occident qui transportent avec eux la grande masse des arts et des sciences, l'ardeur et l'assiduité qui se sont longtemps manifestées dans l'Est : *ils boucleront la grande boucle* [5]. » Le déplacement prévisionnel du centre se renforce d'un décalage temporel : on parle déjà de l'hégémonie européenne au passé. C'est d'une vengeance qu'il est ici question, qui « doit rompre le lien, et la Grande-Bretagne pourra mau-

1. « L'Amérique, cet immense territoire gratifié par la nature de tous les avantages du climat, des sols, de grands fleuves navigables, de lacs, doit devenir un grand pays, populeux et puissant; elle pourra en moins de temps qu'on ne le croit généralement, secouer les fers dont on l'a entravée et peut-être les imposer elle-même à ses anciens oppresseurs » (Benjamin FRANKLIN, en 1761).
2. Une ballade de 1776.
3. David RAMSAY : *A discourse* (1778).
4. John ADAMS : *Works*.
5. CRÈVECŒUR : *Lettres d'un fermier américain*.

dire son acharnement fatal. O race ruelle. O implacable Angleterre [1] ».

*La Terre promise : l'argument théologique*

On vient de voir comment les décrochements successifs d'ensembles spatiaux, impérial (colonie/métropole), national (colonies/Angleterre), continental (Amérique/Europe), puis impérial (métropole/colonie), étaient comme inscrits dans l'ordre naturel des choses. En fait, la position et la dimension américaines sont surinvesties par une théologie qui renforce la légitimité et l'inéluctabilité de l'expansion impériale, « cette fin grandiose que Dieu avait en vue [1] ». « La main divine s'est révélée de façon éclatante [3] » et « dans la découverte du Nouveau Monde, l'établissement, la croissance et la protection des Etats et Eglises de l'Amérique du Nord, l'action de la Providence est toute à fait manifeste [4] ». « La distance même que le Tout-Puissant a mise entre l'Angleterre et l'Amérique est une preuve convaincante et naturelle que l'autorité de l'une sur l'autre n'a jamais fait partie des desseins de la Providence [5]. »

La constitution des signifiants *Amérique, Américain, américaniser,* est symptomatique de cette détermination providentielle.

L'*Amérique,* c'est à la fois un nouveau Canaan, la nouvelle Jérusalem, le pays d'Eden, où règnent « Dieu et la Nature [6] », « La végétation luxuriante, la profusion royale et délicieuse des fleurs et des arbres qui ploient sous des fruits aux couleurs éclatantes [7] », « un été constant, où l'harmonie de la nature n'était troublée ni sur l'océan, ni dans les forêts, ni dans les cieux [8] ».

1. Poème de Freneau : « *The rising glory of America.* »
2. Jeremy Belknap, 1792.
3. Un sermon de Samuel Maclintock, 1784.
4. Un sermon de J. Dana, 1779.
5. Thomas Paine : *op. cit.*
6. *Idem.*
7. « Tomo Cheeki », *Jersey Chronicle,* 1795.
8. *Time Piece,* 1797.

Quant aux *Américains*, ils sont sous la protection divine. Seul un peuple élu pouvait occuper une contrée si généreusement dotée. Aussi Dieu a-t-il « passé au crible toute une nation afin d'y pouvoir envoyer son meilleur grain [1] ». Comme pour les Hébreux, « lorsqu'ils cherchaient un refuge loin de l'oppression, Il a tracé pour eux un chemin dans la mer et leur a dressé une table dans le désert [2] ». La topographie matérielle se redouble d'une topologie biblique, et la frontière atlantique est décrite comme la mer Rouge des Hébreux [3].

*Américaniser :* cette mission assignée au peuple élu, c'est, tout à la fois, *légiférer* sur les affaires du monde, « tout citoyen libre de l'Empire devrait se considérer comme le législateur de la moitié de l'humanité [4] »; *évangéliser :* « la colonisation, la croissance rapide et la prospérité sans exemple de ce pays sont les voies choisies par la Providence pour renforcer et étendre son Empire [5] »; *émanciper :* « nous étions destinés par la Providence à une expérience plus grande encore : non seulement servir d'issue de secours pour nos frères d'Europe, mais leur apprendre qu'ils ont les mêmes droits [6] »; *éclairer :* « la colonisation de l'Amérique, le début de la réalisation du dessein de la Providence qui est de faire jaillir la lumière [7] »; *régénérer :* « que le Nouveau Monde régénère l'Ancien [8] ».

De cette triple argumentation découle la conception américaine de la frontière comme mouvante, élastique, prospective, illimitée, puisque inscrite dans un plan divin qui exclut la finitude. Une frontière qui sépare à peine un en deçà déjà occupé d'un au-delà à conquérir. En postulant la

1. *Le Véritable Intérêt de la Nouvelle-Angleterre,* du puritain William STOUGHTON.
2. Sermon de Dana, 1779.
3. *Idem.*
4. Joel BARLOW : *Discours.*
5. Abiel ABBOTT : *Thanksgiving Sermon.*
6. Jeremy Belknap.
7. John ADAMS : *Diary and Autobiography.*
8. PAINE : *Les droits de l'homme.*

frontière comme étape, jalon, borne provisoire, et non comme limite, l'expansion n'est jamais que l'appropriation d'un territoire assigné par la faveur divine. Aussi n'est-il pas surprenant que le territoire américain soit pensé, en dernière instance, comme une *scène* : « L'Amérique a été désignée par la Providence pour être le *théâtre* où l'homme doit atteindre sa véritable stature [1]. » N'a-t-elle pas été « isolée des Européens et du reste du monde (...) pour être le *théâtre* d'importants événements [2] », « spectacle auguste, solennel et du plus haut intérêt [qui] a attiré vers elle les regards de toute l'humanité [3] » ? N'est-ce pas, précisément, la troublante vocation du western, et, plus généralement du cinéma américain, que d'ériger en spectacle la fondation du territoire, en exaltant, en plus de ses paysages, « la nouveauté du cadre où elle s'est déroulée [4] » ?

### Le territoire vital

Marx disait des Allemands qu'ils ont « la tête philosophique ». Il désignait par là leur impuissance à réaliser « sur terre » leur unité nationale et leur propension à légiférer « dans le monde éthéré du rêve [5] ». Avec la constitution du Reich, l'idéologie allemande descend du ciel des idées sur la *terra firma*.

Certes, l'enracinement territorial de la pensée politique allemande ne date pas de 1871. La Confédération du Rhin imposée par Napoléon, les projets du libéral Welcker ou

1. John ADAMS : *op. cit.*
2. Noah Webster, 1798.
3. Timothy DWIGHT : *A discourse on some events,* 1801.
4. *Ibid.*
5. *« Aux Français et aux Russes appartient la terre*
*La mer appartient aux Anglais*
*Mais dans le domaine éthéré du rêve*
*C'est nous qui régnons sans partage*
*Là, nous exerçons notre hégémonie*
*Là, nous ne sommes pas morcelés. »*
HEINE : *Deutschland, ein Wintermärchen,* chap. VII.

ceux de von Gagern, les idées de List, la réalisation du *Zollverein,* la politique prussienne des chemins de fer, et surtout la querelle de la « grande » et de la « petite » Allemagne présentent des enjeux ouvertement géopolitiques, mais faiblement théorisés encore, mal dégagés des rivalités dynastiques. Il faut attendre 1871 pour que les thèmes listiens de pangermanisme économique, les idées de Bruck et Schwarzenberg, la notion de *Mitteleuropa* soient remaniés dans le cadre d'un programme d'expansion qui cartographie la « place au soleil [1] » que les classes dominantes revendiquent pour l'Allemagne dans un monde en cours de redistribution.

Paul de Lagarde rêvait déjà d'une Allemagne allant de l'Argonne à la mer Noire. Le groupe wagnérien de Bayreuth autour de Hart, Langbehn, Woltman lancera le thème pangermaniste. Karl Peters, quand il fonde l'*Alldeutscher Verband* [2], assigne à l'hégémonie allemande une assiette centre-européenne. La fondation du *Deutschbund* [3] par Friedrich Lange, de la « Ligue navale » par le général Keim, des « Sociétés coloniales confédérées » par le duc de Mecklembourg, la publication de l'*Alldeutscher Atlas,* la propagande du *Deutscher Schulverein* [4] et de *Deutschland im Ausland* [5] s'inspirent des mêmes ambitions que traduit bien la carte publiée en 1895, dans le pamphlet *Grossdeutschland und Mitteleuropa* sur laquelle la Belgique flamande, les Pays-Bas, le Luxembourg, la Suisse alémanique, l'Autriche, l'Istrie [6], la Hongrie, les Marches tchèques, slovaques, baltes et polonaises sont englobés d'un sommaire trait de plume et illustrés d'une couleur bien voyante [7].

1. Expression de Bismarck lui-même.
2. Ligue pangermaniste.
3. Alliance allemande.
4. Société scolaire allemande.
5. L'Allemagne à l'étranger.
6. Appelée déjà Südkustenland, nom que reprendra Hitler en 1943.
7. Procédé qui n'est d'ailleurs pas spécifiquement allemand. En France, au même moment, circulent des cartes qui englobent l'Alsace-Lorraine, « sous administration allemande ».

A travers ce *Programme* se nouent les projets d'union douanière, le vieil idéal de la Hanse, le *Drang nach Osten*, « l'avenir allemand sur l'eau », que le concept de *Lebensraum* unifiera plus tard. En quelques années, l'Etat, de réalisation de l'Idée devient territoire, borné de frontières, forteresse, enceinte clôturée, corps vivant brassant dans une vigoureuse alchimie une terre et un peuple, sol et sang [1], épopée et topographie. On passe ainsi d'une philosophie à une géopolitique qu'incarnent Hegel, puis Ratzel.

*Ratzel*

Car Ratzel occupe une place centrale dans cette imprégnation de la pensée allemande par la figure du territoire. Tous ne se réfèrent pas à son œuvre (même si tous la lisent), mais ce vaste *compendium* (une « Enquête » au sens de Hérodote) fournit aux conduites et discours de pouvoir arguments, renseignements, raisonnements. Il écrit, entre 1869 et 1904 [2]. Son œuvre est alors pleinement opératoire [3] : intervenant dans les débats en cours, Ratzel ne tranche jamais. Il classe, découpe, associe des morceaux de peuple, des parcelles de continent. Quand surgit une querelle, il ne tente pas de réconcilier : il combine. Il fait des opérations, au sens mathématique. Pas tant les quatre opérations fondamentales que l'élévation à la *puissance*, l'extraction de *racines*.

*Axiomatique de l'expansion* [4]

Pour Ratzel, « la mobilité (*Beweglichkeit*) est une qualité essentielle du peuple en vie, propre à toutes les nations,

1. *Blut und Boden.*
2. 1869, *Etre et devenir du monde organique.* 1908, *Images de la guerre avec la France.*
3. « Le savoir géographique et ethnographique est une force politique », écrit-il.
4. En 1941 fut publiée, aux éditions Alfred Kroner (Stuttgart), une anthologie réunie et préfacée par le général HAUSHOFER : *Puis-*

même à celles qui sont apparemment au repos ». Il y a des mouvements internes (*innere Bewegung*) et externes (*äussere Bewegung*), les uns latents, les autres manifestes. Mais cette mobilité « ne réside pas dans la simple aptitude de l'homme à changer de lieu; par mobilité, nous entendons l'ensemble des dispositions physiques et spirituelles, merveilleusement développées ou en voie d'épanouissement, qui font précisément de cette aptitude un principe fondamental dans l'histoire de l'humanité ». Encore ce principe métaphysique doit-il être conjugué avec les particularismes du sol. Fixateurs ou expulsifs, les sols travaillent de l'intérieur les « prédispositions » nationales dont ils sont indissociables. Cette mobilité transcendantale joue d'elle-même, sans qu'il faille faire intervenir un quelconque instinct migratoire *(Wandertrieb)* [1]. En effet, les larges espaces sont doués d'une force d'attraction suffisamment grande pour que les peuples s'y épanchent naturellement [2]. L'axiome fonctionne ici dans le sens d'une totale inéluctabilité, puisque la mobilité est pratiquement extrinsèque au concret. Toutefois, elle s'articule à une série de facteurs empiriques. Du côté de l'humain : déficit des moyens de subsistance, refoulement *(Verdrängung)* par l'ennemi, désir *(Lust)* de conquête, nostalgie *(Sehnsucht)* d'un monde meilleur. Du côté du physique : la lutte pour la qualité du sol *(Kampf um die Qualität des Bodens)*, le fait qu'à l'intérieur de l'*œkoumène*, « il n'y a pas d'obstacles absolus au mouvement de la vie, mais incitation constante à rechercher l'espace vital ». Toutes

*sance du sol et destinée des peuples.* Karl Haushofer l'a émaillée de notes tendant à démontrer l'entière applicabilité à la période des lois énoncées par Ratzel.

1. Cette mobilité généralisée n'est pas sans rapport avec les migrations du prolétariat agraire et urbain qui deviennent endémiques après la crise de 1873, date à laquelle la restructuration du système devient impérative. Cf. Helmut Böhme : *Prolegomena zur einer Sozial- und Wirtschaftgeschichte im 19. und 20. Jahrhundert.* Francfort, 1965.

2. C'est ainsi que Haushofer fort bien parti de ce flou notionnel : le Traité de Versailles avait expulsé (*ausgetrieben*) un million d'Allemands installés sur les bords de la Vistule et en Haute-Silésie. La politique hitlérienne induira le phénomène inverse.

ces données assurent une validation supplémentaire et non nécessaire à l'argumentation qui reste juste au-delà de l'exemple. Du même coup, l'ajout empirique réalise un effet de science dans la construction intellectuelle.

« Les peuples passent, le sol demeure ». Il est constant et consistant aux phénomènes mécaniques qui lui adhèrent. Le degré de généralisation permet une forte tendance à la classification sur la base de la pure homologie : *conquista* espagnole, tchéquisation de la Bohême allemande par les travailleurs immigrés, diaspora juive relèvent d'une seule et même sous-catégorie du déplacement géopolitique : l'extension dispersée *(zerstreute Verbreitungsweise)* par infiltration *(Durchdringung)*. Tout au plus faut-il relever des intensités, car les « grandes invasions ne sont qu'un degré [élevé] dans le déplacement incessamment actif ». Dès lors, la question des origines *(Ursprung, Ursitz)*, reléguée par Ratzel du côté de la métaphysique, ne se pose plus. L'anthropogéographe constate simplement la présence d'un territoire de départ *(Ausgangsgebiet)* et d'une zone d'arrivée *(End* ou *Zielgebiet)* infiniment variables bien qu'approximativement datés. D'autre part, « à chaque déplacement actif correspond un déplacement passif, et réciproquement [1] »

La taille et la forme des Etats sont pensées comme combinatoire hiérarchisée de rapports de force, jamais comme harmonie. Cette cartographie est restituée comme *cratographie :* transcription dans l'espace d'une puissance. En exhibant un régime des causes et des effets — ainsi, « les progrès de la civilisation ont mis un terme aux invasions de masse », mais « chaque bouleversement politique un tant soit peu important donne lieu (aujourd'hui) à de petites migrations [2] » — cette géopolitique pérennise, dans l'absolu du

1. La passivité définit les lieux de passage (*Ubergangsgebiete*) et Ratzel parle même de « mers intérieures ».

2. C'est ainsi que Haushofer explique l'implantation très dense (*Siedlung*) dans le Neuland à l'Est de l'Allemagne en comparaison avec les développements transalpin et cisalpin des tribus bavaroises.

savoir, les déplacements incessants et naturalise ainsi l'idéologème bourgeois de l'*échiquier politique*.

*La consubstantiation*

Le peuple advient (à lui-même) dans un espace donné et l'espace évolue de manière concomitante à l'histoire du peuple [1]. Autant dire que l'adéquation n'est jamais parfaite; elle est, au mieux, asymptotique [2]. Le peuple *(Volk)* s'auto-engendre à partir de la peuplade *(Naturvolk)* et transcroît par « conscientisation » à la forme nationale. Au stade primitif de ce développement, il exige un espace aux frontières strictes, un lieu où sa personnalité future trouvera ses contours à l'abri de toute influence extérieure. L'exemple de l'île décrit exactement ce phénomène : Angleterre, Japon, Ceylan. Il y a alors pleine accumulation d'énergie [3]. Ce trop-plein de puissance s'exercera très vite, et comme par contrainte, en dehors des frontières que le peuple s'était imposées. Une science des distances *(Wissenschaft der Entfernungen)* s'avère utile, et l'expansion nationale avorte si elle ne s'appuie sur une compréhension de l'espace *(Raumauffassung)* sans cesse affinée. L'expansion est ce passage d'un territoire étatique vers un territoire ethnique. Ce dernier étant indéfinissable [4], on voit l'importance majeure du géographe qui débusque l'alibi des notions confuses pour mieux asseoir la politique de conquête. La frontière, par exemple, est une vue de l'esprit. Ratzel oppose la

1. A la géomorphisation de l'humain répond ainsi, pour Joseph Nadler, l'anthropomorphisation du paysage, spectacle culturel et poétique. *Literaturgeschichte der deutschen Stämme und Landschaften*, 1912.

2. La traduction sémantique de ce phénomène s'observe dans la composition tour à tour géo ou anthropomorphisante d'expressions telles que « îlot national » (*Völkerinsel*) ou « océan pacifique » (*stiller Ozean*).

3. Wolfgang Emmerich a montré comment le sens profond de tous les modèles organicistes est de gommer les limites entre société-histoire et nature. *Zur Kritik der Volkstumsideologie*, Francfort, 1971.

4. Kenneth Burke a souligné l'intérêt rhétorique de l'*indéfinissable* dans *Mein Kampf*; « The rhetoric of Hitler's battle », in *The Southern Review*, V, I, 1939.

ligne frontalière *(Grenzlinie)* à l'espace frontalier *(Grenzraum)*. La première s'explique par des impératifs diplomatiques et par la raison présente des Etats, mais le second, encore appelé ourlet *(Saum)*, *interterritoire (Zwischengebiet)*, ruban ou ceinture *(Band ou gürtelförmiger Stricht)* a le mérite d'être plus adéquat aux mouvements concrets. Inversement, une révision du dogme des frontières naturelles s'impose du point de vue de leur efficacité. Certes, l'exemple des peuples insulaires ou péninsulaires prouve qu'ils se sont très vite constitués en nations, mais des frontières fluviales comme le Main ou la basse Spree n'ont de valeur que pour le géographe militaire [1]. Naturalisation et dénaturalisation se recoupent dans un *no man's land* notionnel : Ratzel discute la frontière raciale *(Rassengrenze)*, culturelle *(Kulturgrenze)*, linguistique *(Sprachgrenze)* et leur impossible collage et suggère que la frontière-ligne n'est jamais que le produit d'une tension dans l'interterritoire [2].

*Réfraction*

Le sol agit sur le peuple qui, en retour, le transforme. Climat, relief, configuration dotent un peuple de l'aptitude à s'étendre comme elle sanctionne l'aptitude d'une région à produire des civilisations. Mais la valeur *(Wert)* du territoire peut être objective ou subjective suivant les intérêts en jeu. Ainsi la situation centrale ou périphérique, insulaire ou continentale, le relief offensif ou défensif, autonomisant ou incontrôlable, influent sur la politique des Etats mais aussi sur l'aptitude des peuples à s'enraciner. Et l'Etat devient organisme par l'organisation du sol par le peuple.

Les articulations rhétoriques du discours géopolitique [3]

1. « Le Rhin, fleuve allemand, mais non frontière allemande », Ernst Moritz Arndt, 1813. On sait la fortune qu'a connue l'ouvrage *Rhein-Reich-Frankreich* en 1940.

2. Ainsi Haushofer estime contre nature l'occupation de la Rhénanie par les Français, mais trouve raisonnable celle de la Tchécoslovaquie par les Allemands.

3. On comprend les réserves de l'appareil géographisant de la bourgeoisie française, dont la critique établie se cantonnera dans un

ne sont pas neutres : elles assurent une bonne réception des stratégies sous-jacentes. L'évidence de catégories apparemment sémantiques se substitue aux enjeux stratégiques, que la propagande explicite et que le conflit révèle. Un circuit langagier institue des correspondances globalisantes (oasis/île, Polynésiens/Esquimaux), pour faire passer, rendre acceptables des visées expansionnistes [1].

Quand Ratzel propose de « se mettre à l'école de continents » comme l'Asie ou l'Amérique, où la « bousculade » *(Staatengedränge)* spatiale est courante, c'est aux bouleversements de la carte européenne qu'il pense et invite à penser. Quand il classe les peuples selon leur aptitude à la domination (Français pour qui elle existe chez les chefs mais non dans les masses, Espagnols pour qui elle est plus forte dans les masses, Anglais chez qui elle est égale de part et d'autre), c'est aux Allemands qu'il songe [2]. Le typologisme joue apparemment à vide, mais la propagande des Ligues lui donne un contenu.

*Du centralisme géographique...*

Ratzel entreprend, en 1869, une anthropogéographie qui débouche sur une géographie politique. Ce n'est pas l'objet qui change (il reste planétaire) ou la méthode (elle reste axiomatique), mais le degré d'*implication*. De la science pure à la science impliquée. Après s'être interrogé sur le devenir des peuples, à travers un *balayage* du globe, Ratzel propose aux Allemands, colonisateurs-nés *(geborene Kolo-*

descriptivisme semi-élogieux et ambigu : l'œuvre ratzélienne dérangeait parce que transpirait alors une géographie cyniquement politique. « L'école géographique française, dont Vidal de la Blache est le maître à penser, tint à se démarquer de la géographie allemande, tout particulièrement de la pensée de Ratzel. Et pour cause, car cette dernière apparaissait évidemment trop comme une légitimation de l'expansionnisme du Reich. » Yves LACOSTE : *La géographie, ça sert d'abord à faire la guerre,* Paris, 1976.

1. Haushofer relève que la campagne polonaise de 1939 équivaut à la conquête japonaise de la Mandchourie.

2. Haushofer précise que les Allemands, sous le national-socialisme, passent lentement du premier au troisième type.

*nisten)* d'unifier leur Etat, encore fédéral, de mordre sur les voisins pour s'étendre en Europe, de se tailler une place sur le marché mondial. *Centrage.* Le programme qu'il expose, organicisme territorial et expansionnisme national, fonde une collaboration idéale entre groupes d'intérêts (agrariens ultra-conservateurs, petits et moyens bourgeois libéraux, grand capital [1] que la peur du prolétariat, la hantise de la *Kleinstaaterei* [2] et la haine du Français ne suffisent plus à unifier. Opérateur de classes, donc, mais aussi opérateur de phases, car Ratzel ne travaille pas sur la conjoncture, mais sur la période. Entre 1869 et 1904, se sont succédé trois phases :

1°) Crise économique de 1873, consolidation de l'unité allemande dans une stratégie défensive qui recherche l'équilibre européen.

2°) Stagnation et dilemme de l'Etat agraire/industrialisé, aventure coloniale qui arrache quelques lambeaux en Afrique (1884-1885) [3].

3°) A partir de 1890, essor impérial vers la *Weltmacht*, véritable envol planétaire fondé sur une politique navaliste.

Opérateur de discours, surtout : le pangermanisme s'appuyait sur une série de discours — raciaux, naturalistes, historiens, culturalistes — aux logiques incompatibles, postulant chacun une frontière idéale. Ratzel en fait l'amalgame,

1. Les grands propriétaires terriens, liés à la bureaucratie et à l'Eglise, refusent la mobilité capitaliste et revendiquent une protection douanière qui préserve un système semi-patriarcal et la stabilité de leurs revenus. Les petits et moyens bourgeois, libéraux, sont intéressés à la révolution permanente des frontières intra- et extra-nationales. Le grand capital bancaire et industriel s'allie aux uns ou aux autres selon le moment ou les besoins de la restructuration du système. Aucun gouvernement, Bismarck, Caprivi ou Bülow, ne saura surmonter cette répartition tripartite du pouvoir héritée de la révolution « par en haut » : véritable quadrature du triangle.

2. Atomisation en petits pays qui fut la structure de l'Allemagne jusqu'à la fondation du II^e^ Reich.

3. La colonisation a le privilège inappréciable d'offrir à une moyenne bourgeoisie menacée, des possibilités d'identification politiques et sociales. Manfred CLEMENZ : *Gesellschaftliche Ursprünge des Faschismus,* Francfort, 1972.

puis les projette sur la carte sans en privilégier aucun.

Opérateur d'appareils, enfin. La revendication expansionniste est mise en circulation à partir d'une série de lieux : Université, ses atlas et son *Schulverein*, états-majors avec von Bernhardi, Moltke, Schlieffen et Tirpitz, les Partis, les Ligues, les Sociétés à vocation économique comme le *Mitteleuropäischer Verein*[1]. Ratzel taille un discours sur mesure, à la mesure de cette multiplicité d'intérêts, de conceptions et d'ambitions.

*... Au centralisme racial.*

Le Suédois Kjellen[2] se contente de radicaliser les principaux concepts ratzeliens : le sens de l'espace *(Raumsinn)*, aptitude naturelle d'un peuple à organiser la nature, devient l'apanage de la race germanique. Les peuples sont plus ou moins doués, plus ou moins prédestinés à commander, c'est-à-dire gouverner les autres. Kjellen pousse l'assimilation de l'Etat à un individu : la géographie politique devient *Geopolitik*. Et c'est un Allemand, Haushofer, général et professeur, soldat et politique, qui prend la tête de la nouvelle école. Accentuant Ratzel et Kjellen, il reprend les thèses de l'Anglais MacKinder. Celui-ci considérait que, sur le globe, une seule masse de terre importait : l'ensemble Europe-Asie-Afrique, qu'il appele le *Worldisland*, l'île mondiale, dont le centre, région clé, le *Heartland*, le cœur, correspond à la Russie. « Qui tient l'Europe orientale tient le *Heartland*. Qui tient le *Heartland* commande le *Worldisland*. Qui tient cette île commande au Monde. » MacKinder conclut en opposant puissances maritimes et continentales. Haushofer se contente de déplacer le *Heartland* un peu vers l'ouest, mettant l'Allemagne au centre du globe[3]. Un de ses étudiants, Rudolf Hess,

1. Société économique de l'Allemagne moyenne, animée par Herbert von Bismarck, le fils du chancelier.

2. *Les grandes puissances aujourd'hui*, 1914; *L'Etat, forme de vie*, 1917.

3. Toutes les géopolitiques postulent un centre: *Mare Nostrum* des géographes mussoliniens. *Plus grande Asie* des géographes japonais.

met Haushofer en rapport avec Hitler. Haushofer rend visite à ce dernier dans la prison de Landsberg alors qu'il y rédige *Mein Kampf*. La géopolitique aryanisée devient la doctrine du Parti national-socialiste. En 1933, Haushofer est doyen à la faculté des sciences de l'université de Munich. La géopolitique est devenue la « conscience politique de l'Etat ».

Territoire naturel, promis ou vital. Ces trois idéologèmes ne sont pas spécifiquement français, américains ou allemands. Ils se combinent et le jeune nationalisme israélien les exploite tour à tour suivant qu'il s'adresse à l'opinion mondiale (frontière naturelle : hauteur du Golan), à la communauté juive (terre promise : retour à Eretz), à l'opinion israélienne (il est vital que nous débordions les limites de 1948).

**Bibliographie**

Bloch (E.) : *Erbschaft dieser Zeit*, Francfort, 1962.
Böhme (H.) : *Prolegomena zur einer Sozial- und Wirtschaftsgeschichteim 19. und 20. Jahrhundert*, Francfort, 1965.
Emmerich (W.) : *Zur Kritik der Volkstumsideologie*, Francfort, 1971.
Godechot (J.) : *La pensée révolutionnaire*, Paris, 1964.
Guérin (D.) : *La Lutte des classes sous la Ire République*, Paris, 1942.
Guiomar (J.-Y.) : *L'Idéologie nationale*, Paris, 1974.
Julien (Cl.) : *L'Empire américain*, Paris, 1968.
Lerner (M.) : *America as a civilization*, 1961.
Marienstras (E.) : *Les Mythes fondateurs de la nation américaine*, Paris, 1976.
Nye (R.B.) et Morpurgo (J.E.) : *Histoire des Etats-Unis*, 1961.
Ratzel : *Politische Geographie*.
Soboul (A.) : *Histoire de la Révolution française*, Paris, 1972.
Turner (F.) : *The frontier in American History*, 1903.

**L'Américain Spykman reprend les thèses de MacKinder à partir d'une cartographie centrée sur les Etats-Unis. Sur les cartes chinoises, la Chine est au centre du monde. Idéologie (vision du monde) et stratégie (gestion des intérêts) coagulent dans ce géocentrisme.**

*CHAPITRE QUATRIÈME*

# LES IDÉOLOGIES DE LA GUERRE OU DE LA PAIX

## 1

## Les idéologies de la coexistence

par André GLUCKSMANN

Il vaut mieux vivre en paix qu'en guerre. A partir de cette idée point sotte et assez majoritairement partagée depuis l'origine des temps — aussi bien : depuis l'origine des temps de guerre —, la « doctrine » de la coexistence pacifique projette son brouillard de mots. Doctrine? Doctrines au pluriel? Idéologie? Théorie? S'agit-il d'argumenter rationnellement, ou simplement dans l'ordre du raisonnable, ou du moral, ou du sentimental? Les scénaristes jouent de tous les claviers pour harmoniser ce remède proposé définitif aux folies des Etats et des Nations : « la » coexistence pacifique.

L'académisme en matière de guerres et de paix surpasse de loin le pire connu dans les Lettres et les Arts aux meilleures époques de l'Ordre moral. Gide mérite ici d'être paraphrasé : avec de « bons » sentiments, avec les sentiments tamponnés comme « bons » par les élites au pouvoir, on ne fait pas plus de paix solides que de bonnes littératures. Non plus en attendant des gouvernements qu'ils se montrent rationnels ou raisonnables. A moins que les pouvoirs qui dominent la vie politique du monde aient changé : portant la responsabilité d'avoir organisé et mené à terme, à mesure que l'histoire « avance », des conflits de plus en plus mondiaux et dévastateurs, ils devraient avoir subi une mutation brusque et profonde pour devenir, tout à coup, ces centres de pouvoirs supposés coexister pacifiquement.

Que le XXe siècle ait produit par une sorte de génération spontanée des Etats puissants et pacifiques, telle est la thèse que sous-entendent les apologètes, intellectuellement fort divers et politiquement assez différents, de la coexistence pacifique dans ses différentes versions. A quoi on peut soupçonner que l'affiche de ladite coexistence est une trouvaille des services de « relations publiques » des pouvoirs en place. De ce fait, une idéologie au sens le plus péjoratif du terme, un attrape-nigaud qui voile de ses « bons » sentiments et de sa prétendue rationalité la manière effective dont les décisions sont prises au sommet. Les bandes enregistrées des conversations tenues par un Président des Etats-Unis (Nixon) avec ses conseillers les plus intimes et décisifs introduisent dans le monde du roman de Série noire beaucoup plus que dans l'univers feutré et sophistiqué des stratèges des Instituts de Recherche. A moins que roman policier et théories de la dissuasion ne racontent, pour l'essentiel, la même histoire, auquel cas il convient de reconnaître au roman l'avantage de la clarté et de la distinction. Celui qui suppose plus de délicatesses de sentiment et de finesses de raisonnement entre les gérontes qui prennent les décisions au Kremlin bute sur une difficulté cependant : il s'agit d'imaginer l'existence d'un certain amour de la raison et d'un penchant pour le « lait de la tendresse humaine » chez les Maîtres du Goulag.

Dis-moi avec qui tu prétends coexister et je te dirai qui tu es : la paix de l'avenir semble peu garantie par les théories proposées, mais celles-là en apprennent assez long sur les illusions dont les pouvoirs modernes bercent leurs sujets. L'histoire est l'histoire des Grands, la théorie trouve sa vérité à adresser ses conseils éclairés aux princes qui gouvernent — lieu commun des théoriciens. Plus révélatrices les figures qu'ils proposent de l'ennemi avec qui on est censé coexister. Est-il bon, est-il méchant? La première hypothèse ne fait pas sortir du monde classique où les sages conseillers (repeints « scientifiques » pour faire actuel) adressent leurs conseils de modération, de bonne entente et de bonne humeur à des princes qui, bien qu'ennemis, sont supposés assez avisés et désintéressés pour prêter l'oreille à ces discours édifiants. La seconde hypothèse nous fait passer des classiques aux modernes, de la persuasion à la dissuasion : les effets de manches se transforment, les princes sont invités non plus à s'entendre sur quelque chose, mais à partir de rien, à partir de ce rien qu'ils ne peuvent que vouloir (tous, aussi égarés fussent-ils) éviter le *rien* de l'apocalypse nucléaire.

Les deux hypothèses tombent finalement dans les mêmes chausse-trapes, les apories pratiques de l'action morale et de l'action dissuasive font trébucher sur les mêmes cas d'indécidabilité : quand faut-il s'entendre malgré les risques d'être trompé? Quand faut-il s'arrêter de peur d'aller trop loin sans savoir si l'autre n'ira pas un peu plus loin? Qui risque de tirer le premier? Qui tente de tirer le dernier?

N'est-ce point qu'elles ont manqué la vraie question : qui dissuade qui? Qui coexiste avec qui? En supposant ces questions trop vite résolues au départ : les Etats dissuadent les Etats. N'y a-t-il pas au contraire une pratique de la coexistence, limitée mais réelle, qui ne dissuade pas l'Etat par l'Etat mais par... l'opinion publique? la population? Il ne s'agit pas, devant les échecs des théories de la coexistence, de remplacer les Etats par un autre joueur plus gratifiant, mais plus inexistant qu'eux (style : « les hommes de bonne volonté » ou « le prolétariat international »). Dans le jeu de coexistence dissuasive que mènent les Etats modernes, d'autres acteurs interviennent parfois, dont l'accord est supposé tacite, et comme automatique, par la présomption des stratèges actuels.

On peut tenter d'entrevoir ce qui règle, dans l'histoire et la vie actuelle des nations, l'alternance des relations de guerre et de paix. Entre la paix et la guerre, comme entre les peuples, il y a des frontières; point infranchissables, ni garanties mais existantes cependant. Qu'est-ce qui permit quelques fois de s'entendre (relativement) à leur sujet? Il faudra interroger des stratèges moins ambitieux que ceux de la coexistence pacifique, plus classiques (Clausewitz, Machiavel) pour découvrir que le ressort de la paix comme de la guerre n'est pas le rapport d'Etat à Etat, mais plus fondamentalement le rapport des populations aux Etats. Peuples capables de guerres (dites « de libération », « nationales », « de résistance », toutes pour l'essentiel *défensives*). Collectivités capables de paix? Non point en se supposant réciproquement « tous frères », cela n'a pas plus réussi aux enfants du Bon Dieu qu'aux prolétaires de tous les pays qui — marxistes ou pas — ne se sont jamais unis que pour mutuellement se massacrer. Mais peut-être que les positions défensives tenues par les différentes populations (ou ensemble de populations) sont susceptibles de s'équilibrer. Tel est le discret espoir qu'on peut tenter de suivre au fil des raisonnements de Machiavel et de Clausewitz.

### La coexistence persuasive

L'idée de « coexistence pacifique » fut lancée sur le marché de l'opinion publique mondiale par les dirigeants des deux plus grandes puissances de cette fin de siècle. Acclamée avec fracas, elle passa pour inaugurer une ère de paix radicalement différente de l'histoire passée. Les décennies qui suivirent ont démenti cet optimisme précipité, les conflits et massacres qu'elles comptèrent ne tranchent pas sur les moyennes habituelles de l'histoire civilisée.

L'idée n'était pas plus neuve que la réalité qu'elle introduisait. Khrouchtchev, alors dirigeant de l'U.R.S.S., emprunta la formule à Lénine. Par elle, ce dernier signifiait que la jeune Russie soviétique n'avait pas (ou *plus* après l'échec de l'Armée Rouge devant Varsovie) l'intention de modifier le régime des

Etats voisins par une intervention armée. Quoi qu'en aient dit ses héritiers, Staline n'affirma pas autre chose (« on n'exporte pas la révolution à la pointe des baïonnettes »), si bien qu'on peut reconnaître que le « principe de la coexistence pacifique » fut constamment affirmé par les successifs dirigeants russes, même si on peut douter qu'il gouvernât un seul instant leur pratique. Aucun successeur de Lénine ne s'abstint, en effet, d'utiliser son armée pour, à l'occasion, modifier par la force le régime des pays voisins.

Les si solennels « principes » proclamés par les Super-Grands viennent ainsi rejoindre les innombrables projets de « paix perpétuelle » dont Voltaire décrivait déjà l'accumulation : « ... Nous l'Empereur de Chine, nous sommes fait représenter, dans notre conseil d'Etat, les mille et une brochures qu'on débite journellement dans le renommé village de Paris, pour l'instruction de l'Univers. Nous avons remarqué, avec une satisfaction impériale, qu'on imprime plus de pensées, ou façons de penser, ou expressions sans pensée, dans ledit village situé sur le petit ruisseau de la Seine, contenant environ cinq cent mille plaisants, ou gens voulant l'être, que l'on ne fabrique de porcelaine dans notre bourg de King Tzin sur le fleuve Jaune, lequel possède le double d'habitants, lesquels ne sont pas la moitié si plaisants que ceux de Paris... »

Qui suppose encore que lesdits principes gouvernent benoîtement les grands chefs d'Etat, règlent de plus en plus les relations internationales et mènent en douceur les nations du XXe siècle vers la concorde universelle dans le XXIe ? Les intentions qu'affichent les gouvernements sont toujours bonnes, la « coexistence pacifique » fait une affiche de plus. Quoi d'autre? Les fonctionnaires qui en ont la charge font l'apologie de la politique de coexistence pacifique de leur propre gouvernement et dénigrent celle du concurrent. Pourtant l'idée de coexistence pacifique prétend désigner plus qu'un slogan publicitaire et un thème de bonne propagande :

1° L'idée de coexistence peut se prendre en de multiples

acceptions qui sont les diverses solutions qu'on prétend apporter à un problème, toujours le même : comment faire cohabiter des ennemis potentiels? Comment régler des relations de bon voisinage entre des voisins qui ne sont pas a priori « bons » ? Comment des êtres méfiants peuvent-ils s'entendre, en se méfiant de leur entente tout en s'entendant dans leur méfiance?

2° L'idée de coexistence se donne pour définir un ordre international; selon les cas, on suppose qu'elle décrit adéquatement un état de fait; ou bien qu'elle détermine la seule norme raisonnable ou souhaitable par référence à un état de droit; ou bien qu'elle définit le fonctionnement automatique ou cryptocybernétique d'un système international qui imposerait ses lois propres à des acteurs les ignorant. Concept descriptif, concept normatif ou concept structural (« systémique »), l'idée de coexistence prétend définir la rationalité des rapports interétatiques.

Malheureusement la coexistence ne relève d'aucune de ces trois rubriques :

*a*) La coexistence pacifique n'est pas un fait. Certains moments de l'Histoire peuvent paraître moins sanglants que d'autres, mais on ne les qualifiera de « pacifiques » que par illusion rétrospective. L'Europe goûta sa « Belle Epoque » entre 1870 et 1914, avec en prime la paix, l'industrie, le commerce, les Lettres et les Arts; ce fut également la période des grandes expéditions coloniales, de la course aux armements et du déchaînement des passions nationalistes; ce « temps de paix » préparait la mondialisation des guerres du XX<sup>e</sup> siècle. L'histoire ne connaît pas d'époques de paix, même si certaines paraissent moins guerrières que d'autres. Une étymologie fait remonter la *pax romana* au pieu fiché dans les terres nouvellement conquises, par quoi l'Empire imposait aux vaincus réduits en esclavage sa « paix », c'est-à-dire le droit du plus fort. Aucune sagesse des faits ne permet de démêler ce qu'on voudrait priser comme « normal », la paix, et ce qu'on aimerait condamner comme « pathologique ».

la guerre. Ce que le premier des philosophes décryptait : « La guerre : Polemos, père de tout, roi de tout, qui montre ceux-ci dieux, ceux-là hommes, et fait paraître les uns libres, les autres esclaves » (Héraclite).

*b*) La coexistence pacifique n'est pas une norme. Certes, on fait dire à la morale populaire : « Si tous les braves gens du monde voulaient se donner la main... » ; cet optimisme du poète Paul Fort et des journalistes en veine de bons sentiments se trouve peu vérifié; les rondes populaires deviennent souvent danses macabres et les « braves gens » partent à la guerre en chantant comme les autres. La morale savante n'est pas plus avancée, elle recommande avec Kant de ne jamais traiter notre prochain comme un moyen, mais risque de demeurer muette sur les moyens d'interdire aux autres de traiter leurs prochains comme des moyens; si on veut avoir des mains, on les aura sales, objectent Hegel, Péguy, Sartre et tout un chacun. Le calcul raisonnable lui aussi tourne court, mieux vaut la paix que la guerre; mais peut-on dire : la paix vaut plus que tout, c'est-à-dire, tout : plutôt que la guerre? Inutile d'appeler peuples et chefs d'Etat à la raison et au bon sens; certes, une paix raisonnable est préférable pour tout le monde, mais ces considérations pleines de sagesse évacuent le problème pour mieux le résoudre : la guerre est déjà dans les mots. Qu'appelez-vous guerre? Qu'appellerez-vous paix? Si l'historien ne peut définir la vraie paix, le bon sens du professeur de sagesse universelle tourne court quand il s'agit de se mettre d'accord sur ce qu'on prétend cerner comme « guerre ». « Un conquérant est toujours ami de la paix... il voudrait bien faire son entrée dans notre Etat sans opposition », remarque Clausewitz, ce général prussien mort en 1831, dont les analyses font encore penser tous les états-majors, « révolutionnaires » ou pas.

Les guerres modernes se déguisent en « pacifications », « libérations », voire en « révolutions » ; quand les deux camps s'accordent à les reconnaître comme guerres, c'est qu'elles sont proches de leur terme. Une norme morale ou de simple bon sens qui permettrait de s'accorder pour éliminer la guerre comme le « pire des maux » est un mouton à cinq pattes : si l'on s'accorde à tracer une frontière nette entre paix et guerre, on s'est déjà pour l'essentiel accordé sur toutes les frontières. S'il n'y a pas de litige, il n'y a pas de guerre : conçue comme norme la coexistence pacifique n'est qu'un vœu pieux. « Il m'a semblé plus convenable de suivre la vérité effective de la chose que son imagination » (Machiavel). Au nom de la *verità effetuale della cosa,* la guerre met entre parenthèses toute vertu qui n'aurait pas de répondant dans une possible bataille : « Tous les prophètes bien armés furent vainqueurs et les désarmés déconfits » (Machiavel). Si la coexistence pacifique n'est pas une norme, c'est qu'elle est une prophétie certes, mais bien armée.

*c*) La coexistence n'est pas règle (ou système) du fonctionnement nécessaire des relations internationales, elle ne constitue pas la condition de vie de la vie internationale. A vrai dire, si la coexistence n'est ni un fait établi, ni une norme définissable sans équivoque, il paraît difficile de la concevoir structure du commerce des nations. Pourtant des centaines d'études récentes, principalement américaines, prétendent codifier les « lois naturelles » du système des nations, les jeux d'interactions qui expliqueraient le comportement de chaque acteur sur la scène mondiale. Ces systèmes sont décrits en invoquant différentes « logiques » : celles, sophistiquées, de la théorie mathématique des jeux, celles, plus scientistes, de la cybernétique et de disciplines analogues, celles, historico-diplomatiques, de l'expérience du passé (apologie de l' « équilibre » entre Etats européens au XIX^e^ siècle par Kissinger, universitaire et *manager* de la politique extérieure américaine sous Nixon).

Ces différents courants invoquent tous le même argument pour établir l'existence d'un équilibre dont ils discutent à l'infini les ressorts : s'il n'y en avait pas, nous serions tous morts. Cela fonctionne comme, en mathématique, une preuve par l'absurde; cette preuve, c'est le « fait nucléaire ». Le foisonnement des théories d'allure scientifique sur la coexistence est à compter au nombre des retombées d'Hiroshima et de Nagasaki. Il n'est pas si innocent qu'il pourrait le paraître, si on remarque qu'Hiroshima et Nagasaki sont aussi bien des retombées de ces théories encore balbutiantes mais déjà « efficaces ». Il est en effet établi que les deux bombes larguées par Truman, Président des Etats-Unis d'alors, sur ces fortes concentrations urbaines japonaises avaient une cible principalement diplomatique : il s'agissait d'influencer l'U.R.S.S. (pour lui interdire d'avaler l'Europe de l'Est) beaucoup plus que d'obtenir la reddition d'un Japon déjà sur les genoux.

C'était avouer que la coexistence à venir n'allait pas se fonder sur la persuasion (physique : d'un rapport de forces supposées réelles, ou morale : d'une conviction supposée partagée). Mais sur la dissuasion, sur l'angoisse commune d'une catastrophe risquée définitive.

### La coexistence dissuasive

Dans l'histoire des guerres, les villes rasées ne manquent point. La bombe sur Hiroshima marque le sommet (provisoire peut-être) d'une stratégie d'anéantissement qu'on connut avant l'arme nucléaire. Guernica rayée de la carte par les avions allemands pendant la guerre civile espagnole, Dresde réduite en cendres par les bombardiers américains, autant de « victoires » d'une stratégie psychomilitaire visant principalement à démoraliser l'opinion publique. Le côté opérationnel de la destruction atomique de deux grandes cités japonaises n'innove pas non plus : un nombre comparable de victimes a été obtenu ailleurs par des vagues de bombardements « classiques ».

Mais on ne lance pas un tel engin sans calculs préalables. Là gît le lièvre. C'est la première fois qu'on détruit une grande ville du Japon pour obtenir un avantage sur la

Vistule. D'autant que la Bombe visait à faire plier les Russes, alliés des Américains et adversaires des Japonais, en tombant sur les Japonais et scellant la victoire... russo-américaine. On sait que le calcul se révéla faux, que Staline ne céda point sur la Pologne et l'Europe de l'Est. On dira : quant à ces éléments précis, le calcul fut erroné, mais qui sait s'il n'a pas contribué à bloquer les chars russes en assurant, dès la fin de la Seconde Guerre mondiale, la « couverture nucléaire » de l'Ouest européen? La discussion est indécidable vu qu'elle porte sur... les causes d'un événement qui n'a pas eu lieu. Il semble douteux qu'à l'époque les Russes aient été capables d'avaler un si gros morceau : tout le continent européen. Peu importe; ces discussions montrent que ce ne sont ni les faits ni les réalités opérationnelles qui tranchent : tout semble dépendre de l'esprit avec lequel Truman lance sa Bombe, de l'esprit dans lequel Staline en prend note (on sait que son attitude reste énigmatique à Potsdam, lorsque le Président américain lui glisse qu'il va utiliser une arme nouvelle et terrifiante, comprend-il? s'en moque-t-il? était-il au courant? On en discute encore).

De but en blanc, l'arme nouvelle est proclamée « absolue » pour ce qu'elle nous ferait entrer dans un monde nouveau, celui de la dissuasion. Face à la puissante Armée Rouge, les Américains n'entreprennent pas d'aligner hommes contre hommes; les pays qu'ils entendent « protéger », ils ne les investissent pas de forces équivalentes à celles de leur adversaire potentiel. Peu importe de savoir si c'était en leurs moyens, car l'esprit de la dissuasion règne; il ne s'agit plus de mesurer forces à forces et de répliquer aux coups par des coups identiques. Aux rapports de force se substitue le rapport des menaces, « tu peux envahir, certes, le territoire que je définis comme mien, mais il ne me reste qu'à t'atomiser si je ne puis te résister pas à pas ». On passe de l'art de contraindre à l'art de dissuader. On s'y croira tout à fait dès que la dissuasion devient réciproque; chaque puissance thermonucléaire pouvant, même frappée à mort, tuer celle qui a tiré la première (grâce à une force dite de « seconde frappe »).

Jadis on donnait la coexistence pacifique entre nations hostiles comme le résultat d'un équilibre de forces. Désormais un équilibre de menaces prend le relais — de menaces apocalyptiques : tiens-toi tranquille ou je te supprime (rapidement devenu : ou nous sautons tous deux). Multiples variations sur le thème; si nous ne voulons pas mourir tous deux, il nous faudra vivre ensemble. Guerres froides et paix chaudes, politiques du bord de l'abîme et esprits de détente, téléphone rouge et menaces, portes claquées, tempêtes font les rythmes alternés d'un univers où la plus grande raison qu'on a de vivre côte à côte semble la peur d'une mort commune. Président de la première puissance à devenir nucléaire, Truman déclare avant Hiroshima : « Notre avenir repose entre nos mains. »

*Un projet de maîtrise du monde*

Côté pile : la méfiance dissuasive, on ne prend jamais assez de précautions; et si l'adversaire potentiel pouvait malgré tout annihiler notre capacité de répliquer après avoir été frappé? développons l'armement nucléaire! Et si ce même adversaire projetait de nous grignoter, feuille après feuille (« stratégie de l'artichaut ») ? ou pion après pion jusqu'à l'effondrement de notre édifice (théorie des « dominos ») ? Développons l'armement conventionnel! Et s'il profitait de chaque accord de limitation des armements que nous signons avec lui pour le tourner et nous doubler? Il peut inventer de nouvelles armes, non prévues dans les interdictions, ou bien de nouveaux moyens d'annuler notre menace. Ou bien il peut mentir; développons la recherche et l'espionnage! Et s'il nous attaquait malgré tout, mais à petite échelle? il nous prend une ville, puis fait valoir que notre menace de réplique thermonucléaire est disproportionnée; l'enjeu n'en vaut pas la chandelle. Donc marquons préalablement notre énergie, mobilisons les esprits! Mais s'il croit que nous nous préparons, par un tel tintamarre, à l'attaquer? Donc démobilisons! Les mêmes raisonnements pouvant être obtenus, avec autant de vraisemblance, pour tous les partenaires du jeu atomique, beaux jours en perspective pour les marchands de fusées, les sophistes de la recherche et du développement en ces matières, ainsi que pour les spécialistes ès « défis » et « détentes », psychologues patentés du corps à corps nucléaire.

Côté face : l'entente « coexistentielle » entre Super-Grands. Ne sont-ils pas responsables de la planète pour ce qu'ils détiennent de quoi la faire sauter plusieurs fois? Puisque, de proche en proche, la moindre étincelle risque de mettre le feu aux poudres nucléaires, ne convient-il pas de discipliner tous les « alliés », de lier tous les indépendants, d'exercer sur tout le globe des pouvoirs de police plus ou moins discrets? Partageons le monde entre puissances thermonucléaires! Sous forme brutale, péremptoire et un peu fruste, cette optique s'affirme dans la « doctrine Brejnev » qui baptise « internationalisme prolétarien » la direction monolithique revendiquée par le Kremlin sur tous les socialistes et apparentés. Le même point de vue se fait valoir aux Etats-Unis par des raisons plus « techniques » et sophistiquées. D'où l'immense bibliothèque des doctrines stratégiques à l'époque nucléaire : les études importantes en matière de stratégie se comptaient sur les doigts de la main avant 1945 aux Etats-Unis; importantes ou pas, ces études dépassent plusieurs milliers de volumes aujourd'hui, non compris les revues spécialisées, les mémoires de généraux et les souvenirs des diplomates.

On a dépassé une doctrine considérée désormais comme grossière, celle des représailles « massives »; c'était encore la dissuasion du plus fort : « si tu me touches, je frappe ». Ce type de menace est peu maniable; s'il est crédible lorsqu'il s'agit de défendre le territoire des Etats-Unis ou Moscou, sa fiabilité décroît vertigineusement dès qu'il s'agit d'enjeux moindres (Tombouctou) et que les deux adversaires se montrent capables d'agiter les mêmes apocalyptiques promesses. Les différentes doctrines dites de « représailles graduées » ou graduelles visent à monnayer l'alternative du tout ou rien (il ne s'agit plus de répliquer d'un coup, d'un seul). Elles étendent cette alternative au spectre entier des conflits possibles — directs ou indirects (c'est-à-dire par alliés interposés) — entre deux adversaires capables chacun du pire (infliger la peine capitale nucléaire).

Les stratèges nucléaires sont ainsi amenés à élaborer des projets de partage « technique » du monde. Programmant de régler les conflits même mineurs, même indirects (crises, guerres limitées) par une manipulation prévisible et raisonnée du risque nucléaire, un condominium sur la planète se profile à l'horizon. Les doctrines de l' « escalade » prétendent établir scientifiquement des échelles de violences croissantes en permettant à l'adversaire le mieux préparé de contrôler l'ascension de cette violence à son avantage; compensant, par exemple, une infériorité locale (dans un conflit colonial) par la menace de monter à un degré supérieur, celui d'une guerre nucléaire limitée, échelon où son armement lui donnerait une supériorité relative. Si l'autre ne cède pas « équitablement », le premier pourrait ainsi l'emporter dans une crise en proclamant sa résolution d'escalader, en manifestant sa détermination par des actes, en employant des violences de plus en plus grandes si les moyens inférieurs se révèlent insuffisants. Pourquoi l'autre n'escaladerait-il pas à son tour? Parce qu'au sommet, répliquent les stratèges du gradualisme, le risque est égal pour tous et chacun a intérêt à éviter le chaos final. Donc on s'arrête à mi-hauteur de l'ascension aux extrêmes et l'adversaire technologiquement le mieux préparé à disputer des guerres limitées (nucléaires ou pas) l'emporte. La dominance dans les zones « tempérées » de la violence militaire permettrait de contrôler les échelons inférieurs et éviterait les risques d'égalisation par suicides collectifs.

Dite (U.S.A.) ou implicite (U.R.S.S.), cette théorie de la réplique graduelle comporte de multiples variantes qui peuvent toutes servir de discours accompagnateur à un accroissement de l'effort d'armement en matière conventionnelle aussi bien que nucléaire. Plus important encore : cette doctrine sert de leitmotiv à la planétarisation des petits conflits (degrés inférieurs de l'escalade) : il ne faut pas laisser les petites puissances jouer avec le feu, la police des Grands doit s'imposer partout. Une lutte anticoloniale, un incident entre deux nationalismes sont ainsi « déplacés » en conflits, potentiels ou à l'occasion réels, entre les deux Grands.

Le fond réaliste de la moderne coexistence pacifique revient à la « nucléarisation » de la politique des grandes puissances, la volonté délibérée de faire jouer le risque nucléaire sur l'éventail complet des conflits possibles s'avère ainsi à la fois instrument de l'hégémonie des Super-Grands et dispositif de balkanisation du monde. L'optimiste et le pessimiste trouveront là tous deux matière à cultiver leurs manies.

*La preuve par le moyen de la mort*

L'intérêt bien compris des Super-Grands suffit-il à expliquer l'extraordinaire diffusion de ces doctrines, sous leur face stratégique (dissuasion) comme sous leur face politique (coexistence pacifique) ? Les deux blocs toujours disposés à mettre en valeur leurs différences idéologiques ont oublié de se disputer sur ce point, le soleil de la raison atomique les éclaire également. Soudaine et étonnante unanimité : à peine apparue, l'arme baptisée absolue trône, principe de mise en ordre de la planète, reine de l'univers. Sur le terrain les choses ne se passent ni mieux, ni plus mal que dans la moyenne des temps, les guerres coloniales ou impériales vont leur train, on tire à la mitrailleuse sur les ouvriers polonais, hongrois comme sur la population russe, à l'occasion d'événements locaux qu'on apprend quinze ans plus tard; les génocides suivent leur cours, paysans jaunes ou noirs, voire blancs sont décimés. Mais, dans les têtes, tout paraît transformé à partir du moment où les lettres grasses de nos quotidiens annoncent, avec Hiroshima, que la fin des temps peut être demain et que l'humanité désormais décide de son sort en toute responsabilité. L'ère atomique serait-elle l'âge de raison?

« C'est seulement dans le risque de sa vie qu'on prouve sa liberté » (Hegel). Un siècle avant la mise au point scientifique de l'arme, un philosophe avait énoncé le principe qui gouverne la logique dissuasive. Pas n'importe quel philosophe, mais le plus grand penseur politique allemand de son époque — l'époque des guerres de la Révolution et de l'Empire; le philosophe, disait-on, « officiel de l'Etat prussien », mais aussi bien le père de la dialectique, le grand-père du marxisme « révolutionnaire ». Pas n'importe quelle logique, mais celle de la maîtrise du monde.

Menaces et contre-menaces, manipulations du risque, horizon du suicide collectif — cela ne suffirait pas à faire l'originalité des stratégies nucléaires. La guerre moderne n'a pas inventé les menaces d'anéantissement ni les vertus militaires du terrorisme antipopulation. Tacite, dans la *Vie d'Agricola,* fait préciser au chef breton Galgacus les impitoyables méthodes de l'impérialisme romain, « là où ils ont tout dévasté, ils appellent cela la paix » (*atque ubi solitudinem faciunt pacem appellant*). Le côté proprement moderne de la menace nucléaire tient à ce qu'elle propose pour principe d'ordre : la destruction possible de la planète devient point de départ unique de son organisation rationnelle. Destruction dissuasive et construction de la coexistence se font l'avers et le revers de la même planification apocalyptique. De ce côté moderne, posé dans l'équation : destruction = construction, Hegel fut le premier à mettre au clair la logique.

La tentation d'annihiler l'ennemi, le risque affronté par le combattant (de là son « courage »), chaque histoire de guerre mentionne ces éléments depuis les plus anciennes mythologies. Il était réservé au XIX^e^ siècle de vouloir penser tout l'ordre du monde à partir de ces deux traits, comme c'est l'apanage du XX^e^ siècle d'inscrire cette philosophie dans la réalité en invoquant l'arme nucléaire.

Deux individus indépendants se rencontrent (par individus, Hegel entend aussi bien des Etats, des civilisations que des « consciences »). Chacun peut mourir, chacun peut la mort de l'autre et, par méfiance, précaution, défi, prestige ou aventure, chacun veut la mort de l'autre. Lutte à mort. Maître celui qui « tient » le plus dans le risque de la mort, bref : qui sait mourir. Esclave celui qui plie parce que trop attaché à la vie et, du coup, vaincu. Les scénarios des stratèges nucléaires ne sont, pour l'essentiel, guère différents, même si ne le reconnaissent ni les hégéliens, fascinés par la profondeur spéculative du maître penseur, ni les apologètes de la « science » des scénaristes américains. La dominance dans l'escalade atomique et la maîtrise hégélienne ont ceci de commun — qui est essentiel : celui-là est le plus fort qui ose et sait se rapprocher le plus de la mort, ce « maître absolu ».

Le nerf de l'intrigue hégélienne est « la preuve suprême par le moyen de la mort ». Le maître l'a donnée en risquant sa vie, l'esclave se définit comme esclave en s'y refusant. Cette preuve s'avère suprême parce qu'elle fait point de départ absolu : le maître a brûlé tous ses vaisseaux, il a tout risqué, il ne laisse rien derrière lui. Et l'esclave, qui a voulu échapper à cette négation absolue, s'y est soumis malgré lui : il est devenu la chose du maître; parce qu'il voulait garder quelque chose, il est dépossédé de tout. En jargon dissuasif : le maître s'est montré « crédible » dans une « conduite de risque »; pas l'esclave qui, au bord de l'abîme, s'est révélé trop attaché aux biens de ce monde, il a en quelque sorte refusé de « mourir pour Dantzig ».

Ce commencement absolu est commencement d'un ordre. Le maître jouit, l'esclave travaille, l'ensemble transforme le monde, humanise la nature, naturalise l'humanité. Dans cet ensemble le maître continue à tenir les commandes. Contrairement aux versions bien pensantes de la « dialectique du maître et de l'esclave » destinées aux enfants de Marie et de Lénine, Hegel n'a jamais eu la stupidité d'affirmer que l'esclave se libère « par le travail ». Certes, le maître qui se borne « à jouir » sans se cultiver s'abêtit et devient l'esclave de l'esclave. Mais l'esclave qui se borne à travailler « s'entête », « s'abrutit », « se fixe au sein de la servitude »; il ne devient jamais le maître du maître et tombe dans ce que Marx, à son tour, méprisera comme « idiotisme de métier ».

L'ordre sera absolu dans la lancée de ce commencement absolu, dans l'horizon de la mort. Les superpuissances policeront le monde, interdisant aux conflits des petites nations de « dégénérer », c'est-à-dire imposant la coexistence par leur gardiennage.

Grâce au travail de l'esclave, le maître barbare peut s'effacer devant le maître cultivé. Le premier jouissait et s'assouvissait bêtement, devenant « esclave de l'esclave ». Le second « fait sur lui-même ce qu'il fait sur l'esclave », il fait dans l'universel, lucidement, ce que l'esclave fait dans le particulier et l'entêtement. Tandis que l'esclave *travaille* « dans quelque angoisse particulière », le maître *cultive* l'angoisse (« la dissolution universelle *en général* »), c'est lui qui le premier sort de la relation domination-servitude.

L'esclave s'en sort en devenant maître, pas en renversant les maîtres. Il entre dans leur communauté en partageant ce qui fonde leur maîtrise, en partageant leur angoisse. Il doit se « tremper dans la peur absolue ». Il doit dépasser les « angoisses particulières », celle de perdre une chose ou l'autre, voire sa vie. Son travail, il n'a pas à le glorifier comme libérateur, mais à le découvrir « en miettes » et à le réduire en miettes : « Quand tout le contenu de la conscience naturelle n'a pas chancelé... le sens propre est simplement entêtement, une liberté qui reste encore au sein de la servitude. » Pour devenir maître, l'esclave doit savoir perdre son travail comme sa vie : il sort de l'esclavage par où il était entré. Il avait refusé « d'extirper de soi tout être immédiat », il avait interrompu la lutte à mort parce qu'il tenait trop à la vie. Devenu citoyen, il se prouve capable d'être soldat, de monter aux extrêmes, d'accomplir « le mouvement de l'abstraction absolue », d'administrer la « suprême preuve par le moyen de la mort », bref de mourir pour la patrie. Désormais, il est au courant.

Pour l'esclave, « la crainte du maître est le commencement de la sagesse ». Et quelle en est l'assomption? La libération par le travail? Que non! Le renversement du maître? Non encore! Le comble de la sagesse, qui, dans l'Etat rationnel, fait que personne n'est esclave, c'est que tous n'ont qu'un seul maître, *le maître absolu : la mort*. Vouloir et savoir le rien, c'est savoir et vouloir la mort.

Axiome commun à Hegel et aux prophètes de la dissuasion : tout pouvoir s'affirme de détruire avant que de construire; la force est avant tout de terroriser. Les épures des coexistences bien policées sont calculées à l'horizon vierge des catastrophes planifiées. La revue des savants atomistes américains *(Atomic Scientists)* orna longtemps son titre d'une horloge, la petite aiguille marquant Minuit, la grande s'en approchait ou s'en éloignait selon que les fluctuations de la vie internationale faisaient toucher de plus près ou de plus loin la fin du monde. Les raisonnements de la « coexistence pacifique » commencent où les démonstrations stratégiques aboutissent *à zéro,* et la raison moderne compte de la même façon la paix et la guerre, à rebours.

La coexistence dissuasive n'est que la manière moderne de poser et de résoudre la question du pouvoir. Les sujets s'y définissent par leur assujetissement au risque de mourir subi dans une solitude « atomique »; la maîtrise s'y institue comme manipulation de ce risque, « moi ou le chaos » déclarent les maîtres de notre temps en s'installant dans une forteresse d'autant plus absolue qu'elle est davantage assiégée. La dernière image que nous laisse Wagner de son Olympe XIXe siècle est celle d'un Wotan assemblant les dieux autour de lui et autour d'eux des fagots prêts à consumer tout le Walhalla et ses divins habitants. Les dieux modernes coexistent, crépusculaires.

### La coexistence débordée

La coexistence pacifique, dans ses diverses acceptions, organise le jeu d'unités parfaitement définies — les Etats — en fonction de leur place plus ou moins élevée dans l'ordre de la puissance nucléaire. Domine celui capable d'anéantir et lui-même et les autres : le jeu se limite à l'affrontement d'Etats dont l'enjeu principal est de se conserver en vie. Dans ces limites, il prend une relative vérité car, aussi infatué qu'il soit, aussi totalitaire, aussi dictatorial, un Etat moderne hésite quand on lui mire sa mort certaine : « Contre tout ce qui est étranger, on peut se procurer la sécurité, mais la mort fait que nous habitons, nous tous, hommes, une ville sans rempart » (Epicure). L'absolument nouveau, la mutation inouïe introduite par l'arme thermonucléaire est de faire paraître certain aux yeux des plus butés l'axiome suivant : les Etats, tous, sont des animaux mortels. Le côté stupéfiant de la nouvelle permet de mesurer l'immortalité que s'attribuent d'ordinaire les Etats.

Si l'existence de la menace nucléaire peut modifier les idéologies d'Etats qui ne se croient plus immortels, il ne faut point espérer qu'elle règle par là les relations interétatiques. L'horizon d'une catastrophe atomique s'inscrit dans l'effort technologique d'armement entrepris dès leur naissance par les jeunes Etats-nations qui, en cinq siècles, sont devenus de plus en plus menaçants et vulnérables. Au terme de ce qui fut à l'époque le plus grand carnage militaire de l'histoire, après la guerre de 1914-1918, Valéry proclamait : « Nous autres, civilisations, savons désormais que nous sommes mortelles. » On connaît la suite. L'armement crée, entre Super-Grands, un équilibre catastrophique analogue à celui que l'Europe vécut après 1918. Il n'est même pas inconcevable qu'une percée technologique en matière d'armement persuade un Grand qu'il jouit des mêmes avantages que Hitler dans l'Europe mal préparée d'avant 1940. Tenter sa chance, jouer son va-tout sont conduites de mortels qui se savent tels! Qu'on démontre à ce Grand téméraire que les risques sont énormes n'empêche pas absolument qu'il les prenne... La même démonstration préalable avait été présentée sans résultat à Hitler et à Picrochole.

La paix n'est pas garantie par l'arme atomique, qui ne la rend pas non plus calculable. L'exemple de la guerre du Viêt-nam le montre. Elle a duré trente ans en pleine période de dissuasion réciproque et de coexistence pacifique (1945-1975). Elle a prouvé doublement que de se limiter aux relations entre Etats rendait les coexistants nucléaires incapables de maîtriser la durée, l'extension et les fins des conflits. Par deux fois l'expérience fut faite, dans un même affrontement, que la guerre n'oppose pas simplement des Etats à des Etats, mais doit compter avec l'intervention des opinions publiques.

L'opinion publique des Vietnamiens, d'abord. Elle frappe deux fois d'impuissance une stratégie américaine incapable de mobiliser le « Sud » libéral contre le « Nord » communiste et d'opposer sur le terrain des Vietnamiens aux Vietnamiens, en forces équivalentes. Incapable également de terroriser de façon décisive les populations du Nord, même en frappant la capitale Hanoï : l'opinion publique n'a pas (suffisamment) lâché son Etat pour que celui-ci fût contraint d'abandonner son intervention au Sud. Les forces américaines ont largué plus de bombes sur le Viêt-nam qu'elles n'en ont utilisé pendant toute la Seconde Guerre mondiale. Cette formidable supériorité en matière de terrorisme aérien, de représailles, de menaces d'annihilation ne servit à rien. Démonstration *in vivo* que la dominance à un échelon d'escalade n'implique pas, contrairement à ce que laissent croire de nombreux stratèges, qu'on règle par elle les conflits d'échelons inférieurs. La guerre sur le terrain n'est pas dominée par la menace, et la mise en œuvre des menaces, de représailles aériennes frôlant le génocide. Il y a une relative autonomie de chaque type de conflit parce que les Etats qui s'affrontent, directement ou indirectement, ne contrôlent pas absolument les combattants. Le guérillero qui risque sa vie dans la jungle n'est pas décisivement « touché » lorsque Hanoï est bombardée. Ni le paysan qui achemine des armes. Le pouvoir en place à Hanoï eût pu, certes, s'affoler, mais il avait d'autres issues, il pouvait à la limite abandonner aux bombes sa capitale, faisant valoir que son pouvoir ne gouverne pas des pierres, mais une opinion publique plus difficile à abattre. Face aux menaces d'un adversaire supérieur par sa technique et ses capacités mortifères, la ressource d'un Etat est de se refuser à être seul au monde, il se réfugie dans son opinion publique et prêche la guerre populaire, l'encerclement des villes par les campagnes, du ciel par la terre. A mesure que l'un occupe l'air, l'autre creuse des trous de plus en plus profonds. Que celui qui s'aliène le moins les populations survivantes gagne!

La deuxième limite rencontrée par les stratèges américains — ils ne l'avaient aucunement prévue — tient à l'opinion publique du pays technologiquement supérieur. La guerre du Viêt-nam eût pu continuer dix années de plus si la jeunesse américaine n'avait, de l'intérieur, « cassé » l'armée américaine, la rendant parfaitement incapable d'assumer les tâches que lui prescrivaient ses généraux. A coups de guitares et de grenades jetées dans le mess des supérieurs, à force de drogues et de prêches des curés, rabbins et pasteurs, par les manifestations étudiantes, les révoltes des Noirs et l'honnêteté de certains journalistes. C'est la plus forte mobilisation d'une opinion publique contre la politique militaire de son propre gouvernement qu'ait jamais connu un pays non intérieurement désintégré par une défaite (comme fut la Russie tsariste de 1917). C'est la première fois qu'une armée — la plus moderne du monde — est mise hors d'état de nuire non par ceux qui la combattent, mais par ceux qui y combattent.

Quelques soldats fusillés dans les tranchées en 1917 et le mouvement Dada : la Première Guerre mondiale ne rencontra que des oppositions infiniment minoritaires, l'opinion publique fut immensément et intensément complice de l'effarante boucherie. Les oppositions aux guerres coloniales s'élevèrent, dans les métropoles européennes, tardives et timides. Les réseaux de désertion pendant la guerre d'Algérie furent en France incomparablement plus minces que le gigantesque mouvement de rébellion qui gagna des millions de jeunes Américains au point de s'imposer à l'opinion et de stopper la guerre (non sans mettre fin, simple détail, aux carrières de deux Présidents des Etats-Unis).

On n'imagine point là un mouvement irrésistible qui serait garantie de paix parce que capable de bloquer toute agression. Il suffit de reconnaître que l'illusion d'une coexistence des Etats a fait long feu, qu'une donnée nouvelle s'impose : l'opinion publique n'est pas nécessairement cette chose de l'Etat, infiniment malléable et mobilisable. La possibilité pour l'opinion de s'exprimer et de contester, dans tous les camps, peut à l'occasion compter décisivement.

La coexistence entre grands Etats assure à chacun le droit d'opprimer son camp à sa guise contre la promesse de ne pas se mêler des affaires « intérieures » des autres camps. Cela ne va pas sans conflits sur la définition des frontières, flottantes, de chaque camp. Ces conflits rallument chaque fois le risque d'une confrontation plus générale, puisque c'est précisément par la manipulation de ce risque que les Grands prétendent policer les conflits, les leurs et ceux des petits. L'intervention contestataire des opinions publiques a bloqué, occasionnellement, ces mécanismes. Il reste à découvrir que, d'Est ou d'Ouest, ces contestations sont solidaires qui visent toutes à faire, aux géants nucléaires et policiers, des pieds d'argile. Aux Etats-Unis, la lutte anti-guerre fut menée au nom des *civil rights*; toute proche, la dissidence des pays socialistes se réclame unitairement des droits de l'homme. De l'homme? Entendons des *gouvernés,* de ceux qui ne peuvent se garantir une coexistence qu'en arrachant des droits susceptibles de bloquer les foucades belliqueuses des gouvernants.

## 2

## Les idéologies de la libération

par Christian DESCAMPS

Les dictionnaires passent — quelquefois — de *liberté* à *libéralisme*. La *libération* est omise; c'est cette place vide que nous voudrions interpeller, comme elle a interpellé des millions de damnés de la terre. Un gigantesque processus de « retour du refoulé » a bouleversé — depuis trente ans — la scène politique mondiale. Parlons franc, le meilleur d'une génération a rencontré le « tiers-mondisme ». Cette même génération, que d'aucuns se plaisent — trop — à dire aujourd'hui perdue, a participé d'une confusion. Celle-ci mêlait libération et socialisme. Le tiers monde fut un bon lieu : Cuba, l'Algérie, la Chine firent rêver, servirent de test de Rorschah.

Mais nous voudrions, ici, sortir d'Occident et tenter deux approches. L'une de *l'ailleurs,* voudrait repérer la force des armes de la critique au sein du tiers monde. L'autre voudrait, en conclusion, repasser par le problème de l'Etat, cet impensé de la libération. Relisant Hegel, nous nous demanderons si les indépendances ne construisent pas des Etats sur l'absence de sociétés civiles.

Le tiers monde fait irruption sur l'échiquier politique par ses luttes de libération. Celles-ci ont forgé leurs théories :

Guevara, Césaire, Senghor, Fanon, Mao ont eu des effets pratiques. Mais un fait s'est imposé massivement, brutalement. A l'opposé de tous les dogmes révolutionnaires (si cette expression n'est pas un hippopotame à vapeur), les prolétariats du monde industriel sont restés indifférents aux soulèvements des colonisés. Les ouvriers anglais n'ont pas soutenu les Mau-Mau, les Hollandais, les Malais, et les quelques mouvements de rappelés français s'opposant à la guerre d'Algérie restèrent hyperminoritaires.

Le schéma de la révolution permanente élaboré par Trotski s'est révélé inapplicable au tiers monde. Rappelons l'argumentation de Trotski : « Dans la révolution russe, le prolétariat industriel s'était emparé du terrain même qui servit de base à la démocratie semi-prolétarienne des métiers et des sans-culottes à la fin du XVIIe siècle... Le capital étranger avait rassemblé autour de lui l'armée du prolétariat industriel, sans laisser à l'artisanat le temps de naître et de se développer. Comme résultat de cet état de choses, au moment de la révolution bourgeoise, un prolétariat industriel d'un type social très élevé, se trouva être la force principale dans les villes. » Cette force principale, absente dans le tiers monde, ruina ce schéma.

Si partout — ou presque — (il reste d'importantes poches en Afrique du Sud), la domination coloniale a été abolie, nulle part cette abolition ne s'est accompagnée d'un bouleversement des pouvoirs. Nulle part les fondements de la domination ne furent ébranlés. Le paysan cubain, le partisan viêtnamien, l'étudiant turc qui se dressait contre Menderes ont pu faire croire — un temps — que l'action politique avait le visage du tiers monde. Cette espérance était d'autant plus forte qu'elle s'accompagnait de la passivité des masses occidentales. Mais si le réveil fut brutal, il ne s'agit pas de tomber de l'autre côté du cheval, ni de masquer les changements effectifs sous prétexte qu'ils furent surestimés. En trente ans, la géopolitique mondiale a été bouleversée [1]. L'univers en

1. Les Cubains parlent, en Angola, de pays latino-africains.

damier s'est défait en une organisation aux pôles plus complexifiés. Mais nous ne pourrons éviter la désagréable vérité : pourquoi les révolutions nationales, après avoir vaincu les ennemis extérieurs, se sont-elles effondrées ou muées en instances bureaucratiques? Nous ne pourrons pleinement répondre à cette question, mais nous tenterons de suivre les réseaux qui permettent de penser ces processus. Nulle part ne fut posé le problème, ô combien concret, de la prise du pouvoir sur la production. Une idée de base semble partagée par toutes les idéologies de la libération : il n'y a pas mille façons de développer la production, la productivité, de sortir de l'arriération. Il y en a deux. Le modèle capitaliste ou le modèle de la rationalité bureaucratique. Dans le deuxième cas, l'idéologie bolchevik, sous des formes plus ou moins accentuées, servit de paradigme. Mais on sait aujourd'hui qu'elle participait, elle aussi, de la croyance dans le fait que le capitalisme est le *seul* système de production efficace et rationnel (il suffit pour s'en convaincre de lire Lénine, qui vante l'organisation des P.T.T. [1]). Quelques-uns se sont bien opposés à ces « évidences ». Mais, répétant les erreurs de l'opposition ouvrière russe, leurs critiques de la hiérarchie mêlèrent dans le même opprobre spécialistes et techniciens (indispensables) et gérants incontrôlés de la production. Cette critique indifférenciée laissait la part belle aux apôtres de « l'efficacité », du « rationnel », bref, du modèle hérité.

Aujourd'hui, l'Etat règne partout, même s'il se vante çà et là d'être « l'Etat du Peuple entier ». Ses formes varient, il peut se nommer Dictature du Prolétariat (même si ce terme est souvent abandonné pour celui d'hégémonie) ou transition vers le socialisme. Mais nulle part l'Etat ne s'est résorbé dans les sociétés civiles. Pourtant, les paysans se sont battus pour la terre, la dignité, la liberté, la souveraineté.

1. C. Castoriadis : *L'institution imaginaire de la société,* Seuil, 1976.

C'est pourtant au lendemain de la victoire que commencèrent les difficultés, impensées ou invisibles la veille.

Les idéologies de la libération ont modifié la carte du monde, mais elles restaient globalement héritières de la pensée juridico-philosophique du XVIIIe siècle. C'est la Déclaration des droits de l'homme de 1793, qui énonce que « la souveraineté réside dans le peuple, qu'elle est une, indivisible, imprescriptible et inaliénable ». Cette condensation laisse en blanc la problématique des pouvoirs de l'Etat, de sa forme. Cette absence des contradictions au sein du peuple, qui fit la *force* des luttes de libération coloniale, fit la faiblesse des lendemains qui déchantèrent. Mais situons les pensées de la libération dans leur cadre historique.

### Les idéologies colonialistes : légitimation et critique

La décolonisation se donne comme négative, comme négativité; elle rencontre le fait colonial dans ses légitimations. Les Etats-Unis ont forgé leur naissance dans l'opposition à la tutelle coloniale anglaise. Mais remontons l'histoire. Le pape Alexandre VI, par une bulle de 1493, partage le monde entre l'Espagne et le Portugal, « afin que les nations barbares soient subjuguées et réduites à la foi ». On connaît les protestations de Las Casas, l'anticolonialisme de Montaigne. Mais Rabelais rêve d'une colonisation humaine, car ces peuples sont comme « des enfants nouvellement nés qu'il faut allaiter, bercer, réjouir ». Diderot contestera le droit de l'occupant : « Si un Tahitien débarquait sur nos côtes et s'il gravait sur l'une de nos pierres ou sur l'écorce d'un de nos arbres : *Ce pays appartient aux habitants de Tahiti,* qu'en penserais-tu ? » Mais la bible d'un certain anticolonialisme fut l'*Histoire philosophique et politique des établissements et du commerce des Européens dans les deux Indes,* de Raynal. D'un côté, il est très violent, il est le Fanon du XVIIIe siècle : « J'ai pris les armes contre vous (les Barbares européens), j'ai baigné mes mains dans votre sang »; mais, d'un autre, il reste favorable à la pénétration pacifique de l'Occident. Fidèle au christianisme des premiers siècles, il est partisan de la suppression progressive de l'esclavage. En ce sens, il précède l'anticolonialisme des libéraux, comme celui des Physiocrates. Car les libéraux sont convaincus de l'inutilité des colonies. L'indépendance des Etats-Unis n'a pas nui à la Grande-Bretagne. A la théorie de la dépendance, on oppose, dans le sillage d'Adam Smith, les bienfaits de la liberté commerciale. Ainsi, les anticolonialistes libéraux s'opposeront au développement de la conquête de l'Algérie.

Tout bascule dans les années 1870 (Commune de Paris, crise économique, modifications des échanges internationaux), avec l'apparition d'un colonialisme pur et dur qui prône la notion d'empire. S'élabore alors une doctrine expansionniste qui va convaincre les milieux d'affaires encore divisés et prudents. Jules Ferry, Disraeli, Léopold II, Theodore Roosevelt en arriveront au grand partage.

Ce colonialisme-là se justifie de darwinisme. Comme le note François Jacob [1] : « On a souvent utilisé l'évolution biologique comme l'exemple par excellence de la concurrence vitale, de la victoire des forts sur les faibles, des maîtres sur les esclaves, pour fonder sur une exigence de la nature les inégalités sociales ou raciales et pour en justifier les pires excès... » C'est donc sans trop de précautions que le colonialisme se donne comme un « fait de nature », comme un processus d'élimination nécessaire de « l'arriéré » par l'évolué, processus qui ne peut qu'apporter bénéfice à l'humanité entière. Les races supérieures doivent manifester leur « droit » à l'égard des « inférieurs ». C'est d'ailleurs un « devoir ». En France, l'idéologie républicaine opposera son expansion à la royauté qui, elle, sacrifiait ses colonies. Les bases maritimes d'outre-mer et leur rôle stratégique justifieront les conquêtes; mais les colonies se révéleront d'excel-

1. *La logique du vivant,* N.R.F.

lents placements de capitaux, tout autant que des garants contre les troubles sociaux dans la mesure où elles offrent des espaces d'émigration.

Marx parle peu, si l'on excepte l'Irlande, de la question coloniale. Héritier de la philosophie de l'histoire hégélienne, il inscrit ses interprétations dans la visée d'un progrès qui, venu d'Orient, débouche sur le capitalisme occidental. La colonisation liée à l'extension du capitalisme — exploitation de matières premières et de ressources agricoles — est en même temps porteuse de « civilisation ». Ce qui l'occupe dans *Le Capital*, dans « l'accumulation primitive (la théorie moderne de la colonisation) [...], ce n'est pas la situation actuelle des colonies, c'est le secret que l'économie politique de l'Ancien Monde a découvert dans le Nouveau... »

Engels écrit dans *The Northern Star* [1] du 22 janvier 1848 : « La lutte des Bédouins était sans espoir, mais bien que la façon dont la guerre a été menée par des soldats brutaux comme Bugeaud soit très condamnable, la conquête de l'Algérie est un fait important et propice au progrès de la civilisation... Après tout, le bourgeois moderne, avec la civilisation, l'industrie, l'ordre et les « lumières » qu'il apporte tout de même avec lui est préférable au seigneur féodal ou au pillard de grand chemin, et à l'état barbare de la société à laquelle ils appartiennent. » Engels est ici fidèle à la ligne du *Manifeste du Parti communiste,* qui insiste sur le rôle éminemment révolutionnaire de la bourgeoisie.

La colonisation brise donc les frontières, forçant l'autre à devenir bourgeois, donc civilisé. C'est Marx qui note que la domination britannique des Indes « fracasse la structure de la société indienne, mais que, d'autre part, elle crée, en unifiant et en développant le pays, les conditions d'une étape nouvelle ». Ainsi, « le bon marché des produits est une artillerie lourde qui permet de battre en brèche toutes les murailles de Chine et contraint à la capitulation les barbares

1. Cité par Gallissot et Badia : *Marxisme et Algérie,* U.G.E.

les plus opiniâtrement hostiles à tout étranger ». Car la bourgeoisie a soumis la campagne à la domination de la ville. Elle a créé d'énormes cités; elle a prodigieusement augmenté les chiffres de la population des villes par rapport à la campagne et, par là, elle a arraché une partie importante de la population à l'abrutissement de la vie des champs (on retrouve là le mépris du paysan, cet autre héritage hégélien).

La IIe Internationale s'attache peu aux questions coloniales, Bernstein ira même jusqu'à justifier la colonisation. Rosa Luxemburg n'accordera qu'une attention secondaire aux « peuples », car elle reste fidèle au primat de la lutte des classes prolétariennes. Dans son schéma, elle identifie lutte des classes et lutte anti-impérialiste. Mais gardant la primauté de la production, elle centre ses analyses sur le découpage économie naturelle/économie marchande et capitalisme. C'est donc un facteur externe qui assure le développement du capitalisme : la ruine de l'économie naturelle, le pillage des sociétés non capitalistes. Mais elle annonce aussi la constitution d'une classe ouvrière dans les colonies, classe qui trouvera sa place dans le concert du prolétariat international. Comme Marx, elle pense aux Etats-Unis... Il faudra attendre Lénine pour que soit mise en valeur, dans une visée d'ensemble, la lutte des mouvements de libération nationale. C'est Lénine qui écrit *A propos de la brochure de Junius* (R. Luxemburg) : « Des guerres nationales ne sont pas seulement probables, mais inévitables à l'époque de l'impérialisme, de la part des colonies et des semi-colonies... » En 1920, il écrit : « L'impérialisme mondial ne pourra que s'écrouler quand l'offensive révolutionnaire des ouvriers exploités et opprimés au sein de chaque pays fera sa jonction avec l'offensive révolutionnaire de centaines de millions d'hommes qui jusqu'à présent étaient en dehors de l'histoire. » L'Internationale communiste appelle donc à la rébellion des « esclaves coloniaux d'Afrique et d'Asie ». Le soutien aux peuples en lutte est une condition d'adhésion à la IIIe Internationale. La Première Guerre mondiale avait ouvert des brèches dans l'édifice colonial, mais les années 1930 voient une nouvelle exaltation de l'idée coloniale. Que l'on songe à l'exposition coloniale de 1931, que l'on relise Gide et, surtout, Herbart. Mais c'est probablement Céline qui décrit le mieux l'univers colonial. Bardamu, le héros du *Voyage au bout de la nuit,* raconte l'univers de « Nègres et de petits Blancs » de cette époque :

« Les indigènes eux ne fonctionnent guère en somme qu'à coups de trique, ils gardent cette dignité, tandis que les Blancs perfectionnés par l'instruction publique, ils marchent tout seuls.

« (Le Directeur) : « Quand j'arrivais au Petit Togo, moi, voici tantôt trente ans, ils ne vivaient encore que de chasse, de pêche et de massacres entre tribus, ces salopards!... Aujourd'hui, plus de victoires! Nous sommes là! Plus de tribus! Plus de chichis! Plus de fla fla! Mais de la main-d'œuvre et des cacahuètes! Au boulot! Plus de chasse! Plus de fusils! Des cacahuètes et du caoutchouc!... Pour payer l'impôt! (...) La nègrerie pue sa misère, ses vanités interminables, ses résignations immondes; en somme, tout comme les pauvres de chez nous, mais avec plus d'enfants encore et moins de linge sale et moins de vin rouge autour...

« Les Blancs cossus de Fort Gono s'entêtaient au jeu, tout en lampant d'abondance et de plus bâillant et rotant à loisir. Pour deux cents francs, on s'envoyait la belle patronne. Leur pantalon leur donnait, aux rigolos, un mal inouï pour parvenir à se gratter, leurs bretelles n'en finissaient pas de s'évader...

« Ils passaient ainsi, pendant des semaines et des années les uns devant les autres, les colons, jusqu'au moment où ils ne se regardaient même plus, tellement ils étaient fatigués de se détester...

« L'apéritif durait trois bonnes heures. On y parlait toujours du gouverneur, le pivot de toutes les conversations, et puis des vols d'objets possibles et impossibles, et enfin de la sexualité... les trois couleurs du drapeau colonial. Les fonctionnaires présents accusaient sans ambages les militaires de se vautrer dans la concussion et l'abus d'autorité, mais les militaires le leur rendaient bien. Les commerçants considéraient quant à eux tous ces prébendiers comme autant d'hypocrites imposteurs et pillards. »

Devant ces idéologies, il sera urgent, pour les mouvements de libération, de rallier tout le peuple. Mais ce front commun de la lutte expliquera — souvent — leur faiblesse, leur flou social et politique.

## Un front nulle part et partout

La guérilla, stratégie et tactique des libérations, n'a de sens que si elle bénéficie du soutien populaire. Arme du faible contre le fort, seul le soutien de la population peut lui permettre de ne pas finir écrasée. Elle a pour force l'espace et le temps. Le guérillero ne dit pas : « C'est vrai parce que j'en meurs »; il fuit, il gagne du temps; mais sa fuite est une fuite active, c'est la possibilité de se retourner, de retourner la situation. Force du faible, la guérilla se doit d'échapper à la loi du Maître, à la mimésis. Mao fut le premier contemporain à mettre en relief ces phénomènes, même si l'on peut lui trouver de grands ancêtres. Robin des Bois, Mandrin, Cartouche, la guérilla espagnole, Pancho Villa, ou les cangaceiros brésiliens sont dans toutes les mémoires (Hobsbawn [1] analyse le banditisme social). Car ces bandes peuvent échouer en simple criminalité, ou se transformer en guérilla populaire. Haïti fut la première colonie libérée par les partisans (1803), Simon Bolivar les utilisera; mais jusqu'à la fin de la Seconde Guerre mondiale les forces de résistance furent presque toujours écrasées. Ainsi, la victoire de Mao, puis Diên Biên Phu brillent-ils comme des phares,

1. HOBSBAWN : *Les Bandits*, Maspéro.

même si ces phares — trop brûlants — masquent des échecs (Philippines, Malaisie).

Quels sont les principes de la guérilla? Sun-tseu (VIe siècle avant notre ère), cité par Mao et repris par Giap, écrit : « Sans bataille, immobiliser l'ennemi voilà qui est excellent [1]. » Mais — pour l'Occident du moins —, c'est Clausewitz *(De la Guerre)* qui a dressé les principes d'efficacité de la guerre populaire :

1 — La guerre doit être drainée vers l'intérieur du pays.

2 — Une catastrophe unique ne doit pas suffire à trancher son sort.

3 — Le théâtre de la guerre doit embrasser une étendue considérable de territoire.

4 — Les mesures prises doivent correspondre au caractère national.

5 — Le pays doit être d'un genre coupé ou inaccessible, qu'il soit montagneux, boisé ou marécageux, ou en raison du mode particulier de culture.

A ces principes, il faut ajouter le temps qui comme tel est à la base de la guérilla, car « la simple durée du combat suffira peu à peu à amener la dépense de force jusqu'au point où son objectif ne sera plus un équivalent adéquat, donc à un point où il devra abandonner la lutte... La guerre populaire, vaporeuse et fluide, ne doit jamais se condenser [2] nulle part en un corps solide, sinon l'ennemi envoie une forme adéquate contre le noyau et le brise. »

A la guerre classique, s'oppose donc la guerre populaire. On sait, pour revenir au grand « exemple russe », que Trotski, opposé à la guérilla, avait adopté une stratégie de guerre positionnelle. Sitôt le terrain repris sur les blancs, il désarme les partisans et les amalgame à l'armée populaire (les partisans généralement incontrôlés étaient plus proches des anarchistes que du parti bolchevik). Mao, lui, inverse le modèle

1. Cf. la tactique de l'encerclement mutuel au jeu de Go.
2. Notons que fluidité et condensation sont des termes clefs de la problématique économique libidinale de Freud.

soviétique, il va des campagnes vers les villes. De plus, ses partisans deviennent la base de l'armée. De tactique, la guérilla devient stratégie; mais, dans sa visée, le parti conserve toujours la primauté : « Le parti commande aux fusils. » Même si la révolution est subordonnée à la guérilla, « le pouvoir est au bout du fusil ».

L'espace est utilisé à plein. Giap écrit : « Pas de front défini, le front est nulle part et partout. » On verra apparaître, avec la guerre du Viêt-nam, un rhizome de tunnels [1], de tranchées, de fortifications offensives destinés à tourner l'adversaire, à le contre-attaquer... Car la guérilla fonctionne sur la décentralisation des processus militaires, sur l'autonomie des armes à la base. On en a un exemple avec les actions de commandos d'artilleurs dotés de fusées portatives ou de mortiers. (Guy Brossollet utilise ces principes dans son *Essai sur la non-bataille.*) Mais les principes du « peu contre beaucoup » ne sont applicables que si la population participe à la guérilla. Dans ce cas seulement, le partisan pourra se dérober. Deux stratégies sont pourtant possibles. Le partisan peut libérer des zones, construire des bases, tenir un front (Yougoslavie, Chine, Viêt-nam avant 1954, Guinée-Bissau) ou jouer de la dispersion jusqu'au terme du conflit. C'est ce que fit le F.L.N. en Algérie, qui, rendant le pays ingouvernable, joua de la bascule ville-campagne.

La force du partisan réside donc dans son évanescence. On chiffre de dix à trente la proportion de réguliers nécessaires pour les réduire. Mais il a besoin d'un terrain humain, car la jungle est neutre, pire même, car elle favorise les raids aéroportés de l'ennemi (Malaisie).

1. Le « bricolage » devient stratégie; ainsi le four « Diên Biên Phu » qui rejette la fumée vers le sol.

### Mao Tsé-toung et la stratégie

Nous n'aborderons ici que les ouvrages militaires de celui qui voulait « illuminer le monde comme le soleil qui se lève à l'Est ». Mao réalise un coup de force contre l'orthodoxie marxiste qui reléguait la paysannerie à n'être que l'alliée ponctuelle du prolétariat. Fasciné par les révolutions de 1905 et de 1917, il ne peut pourtant mener une révolution prolétarienne sans prolétariat. Il prône l'enquête : « Qui n'a pas fait d'enquête n'a pas droit à la parole. » En Chine deux à trois millions d'ouvriers ne suffisent pas pour conduire une révolution prolétarienne. Tenir compte de la paysannerie, c'est tenir compte du nombre et de l'immensité du territoire sur lequel la population est répartie. Il forge donc la thèse de l'encerclement des villes par la campagne, encerclement qui sera réalisé avec l'appui de l'Armée Rouge qui seule peut mener une guerre populaire. A la différence de l'armée de Clausewitz, cette armée fait la guerre « dans le but de mener la propagande parmi les masses, de les armer, de les organiser ». Car l'armée combattante doit dans le même temps combattre et produire. Dans cette guerre d'usure, tout affrontement d'ensemble devra être esquivé afin que l'ennemi s'enlise au sein d'une population hostile (« le poisson dans l'eau »).

On sait que Mao établit une ferme ligne de partage entre guerre juste et guerre injuste, mais il insiste aussi sur la différence entre guerre civile et guerre étrangère. Dans le cas de la guerre civile, les soldats ennemis appartiennent au même peuple, ils sont victimes et non responsables de l'exploitation. Aussi, demande-t-il de « bien traiter les prisonniers ».

Au franc-tireur qui ne fait pas de prisonniers, Mao oppose le partisan — militant autant que soldat — au service d'une cause politique. Recruté parmi les francs-tireurs, le partisan se doit de garder la mobilité. Il doit, à la fois, éviter l'affrontement et s'organiser. Ainsi, la révolution chinoise organisera deux armées : une armée régulière et une armée de partisans; mais ces deux armées restent soumises politiquement au parti. Car pour Mao, il y a unité de la guerre et de la politique. La fin — au double sens du terme —, c'est l'anéantissement de l'ennemi, la prise du pouvoir par le peuple en armes; on est loin de la guerre classique, où la victoire ne relevait que de la tactique. Aussi, bien que la guerre révolutionnaire soit toujours offensive, elle va comporter des phases prolongées de défense stratégique. Défense qui, dans le cas de la Chine, a consisté à sacrifier de l'espace pour gagner du temps. Ce sera la nécessité de la retraite (la Longue Marche), devant un adversaire trop puissant. Mao définit donc un principe de lutte à mort [1] dont le peuple doit sortir vainqueur. Car le peuple est, à certains égards, tout-puissant. Il n'est jamais effrayé, même par la bombe atomique qui n'est « qu'un tigre de papier ». Mais il n'est pas infaillible; il peut se tromper, et il fera alors « l'expérience des défaites ». Car c'est au sein du peuple que s'opère la distinction du vrai et du faux. Mao forge ici un principe qui le différencie de toute la tradition philosophique qui, des Sophistes à Hegel, donnait privilège aux personnes cultivées, à celles qui savaient tenir le bon discours de la légitimation. C'est avec les paysans, ces exclus, que Mao mènera sa lutte, car « l'œil du paysan voit juste ».

Nous n'avons parlé, ici, que des principes de Mao, non de la Chine, qui s'est substituée à l'U.R.S.S., dans les mythologies de la libération. Le prestige progressiste de l'U.R.S.S. a été quelque peu écorné par la répression des révoltes successives des prolétariats de l'Est. Mais, s'il est vrai que la révolution qui, en 1950, a abattu le pouvoir de Chang Kaï-chek, a réfuté bon nombre d'analyses traditionnelles, il est vrai aussi qu'au noyau primitif de révolutionnaires professionnels (formés à Moscou) se sont ajoutés, surtout à partir de la guerre, des cadres paysans, des milliers d'étudiants, des

1. Cf. A. Glucksmann : *Le discours de la guerre,* U.G.E.

petits bourgeois ruinés, etc. Dans ce creuset, s'est formée une nouvelle couche dirigeante, égalitariste, homogène idéologiquement [1] qui aura pour infanterie la masse des paysans. Quand Chang Kaï-chek fut à Formose, la quasi-totalité des généraux et quelque dix millions de fonctionnaires se sont ralliés au nouvel Etat...

## Giap, Hô Chi Minh et le F.N.L.

Giap doit à Mao, mais il importe de le situer dans le contexte particulier du Viêt-nam. Rappelons que, dès 1858, cette terre fut le lieu de résistances populaires et que, en 1916, le roi patriote Duy Than participe à la résistance au système colonial. Il faut, pour saisir les enjeux de cette lutte, relire Balazs [2] qui affirme que « la philosophie chinoise est d'abord une pensée politique ». Deleuze et Guattari notent [3] : « Quand Balazs demande : pourquoi le capitalisme n'est pas né en Chine au XIIIe siècle où toutes les conditions scientifiques et techniques semblaient pourtant données? La réponse est dans l'Etat qui fermait les mines dès que les réserves de métal étaient jugées suffisantes, et qui gardait le monopole du contrôle étroit du commerce. » Quelque chose s'est tramé dans cet espace que, faute d'autres termes, il nous faut bien nommer une métaphysique de l'Etat [4], métaphysique fondamentale pour comprendre la pénétration qui s'y fit sous le nom de marxisme.

En 1920, Hô Chi Minh adhère à la IIIe Internationale; mais l'oncle Hô modérera ses troupes de guérilleros qui ne sont, en 1941, qu'une poignée par rapport à l'armée japonaise. C'est à la faveur de ce qu'il nomme « les contradic-

1. *L'homogène idéologique du Cambodge* de 1975-1976 fait frémir. Toute sexualité y est régie par le parti.
2. *La bureaucratie céleste*, N.R.F.
3. *L'Anti-Œdipe*, Ed. de Minuit.
4. Cf. *Chronique indiscrète des mandarins* de WOU KING TSEU et *L'odyssée de Lao Ts'am* de LIEOU NGO.

tions de l'impérialisme », celles de la fin de la guerre, que Hô décide, le moment venu, de l'insurrection. En 1945, le soulèvement d'Hanoï lui assure le contrôle de Hué, de Saigon. Mais l'ordre mondial s'est recréé à Potsdam (juillet 1945) et les Britanniques aideront les troupes françaises à reprendre les villes aux révolutionnaires.

S'engage, alors, un long combat qui a pour thème la légitimité de la souveraineté vietnamienne; légitimité bien faible avant la victoire de Mao à Pékin.

Aussi, Diên Biên Phu sonnera comme un coup de tonnerre. Cette victoire d'un petit peuple, c'est la victoire du peuple. A partir de Diên Biên Phu, cette guerre du peuple devient guerre exemplaire.

Giap écrit : « Nous avons créé cette grande vérité de l'histoire : un peuple colonisé, faible, mais uni dans la lutte, qui se dresse pour défendre avec résolution son indépendance et la paix, est parfaitement capable de vaincre les forces agressives d'une puissance impérialiste. »

Diên Biên Phu touche l'opinion française qui saisit l'inanité de cette guerre, comme il saisit Guevara qui proposera « de créer deux, trois, de nombreux Viêt-nams », Giap se réfère au capitalisme qui produit ses propres fossoyeurs, mais Giap réexamine aussi le rapport guerre/politique. Sa lutte renvoie au politique, non à la morale. Ainsi, le F.N.L. devra ménager les classes moyennes, jamais il n'envahira de village avant qu'une base politique n'y ait été préparée.

C'est ce long travail qui fait l'originalité de la lutte des Vietnamiens. Les accords de Genève prévoyaient des élections en juillet 1956, élections qui devaient faire passer dans les faits la réunification du pays. Il faudra toute la rouerie de Diem, sa chasse aux sorcières, mais aussi les erreurs de la réforme agraire brutale du Nord pour relancer le conflit. On connaît, trop, l'intervention américaine, ses bombardements massifs, qui devaient, selon l'état-major, mettre « le « Viêt-nam à genoux en quelques semaines ».

Mais, malgré une résistance héroïque, des offensives victorieuses comme celle du Têt (1968), le F.N.L. ne réussira jamais à soulever la population de Saigon. Pendant les dernières années, le F.N.L. abandonnera la guerre populaire; il utilisera de grandes unités blindées ou motorisées; il est certes vrai que les bombardements ont changé la géographie et fabriqué « de nombreuses zones désertiques ». Mais quand le G.R.P. lance un appel au soulèvement de Saigon, la ville ne se soulève pas. Ce qui advient là, c'est à la fois une victoire militaire et une victoire nordiste. La résistance intérieure du Sud s'est subordonnée à l'appareil extérieur...

### Fanon : la violence de la différence

Fanon, qui est psychiatre, constate les dégâts, l'Hiroshima des valeurs provoqué par la colonisation. Il ne s'agit pas seulement de rompre d'avec le colonisateur, mais de re-construire. Le contact avec la civilisation (la blanche, la seule, celle des « enfants de Marx et Coca-Cola ») ne comporte pas de retour en arrière. Les thèmes du paradis perdu, les communismes primitifs, sont des mystifications régressives. Le colonisateur dispose du pouvoir civil et militaire, mais aussi du savoir et de la maîtrise. C'est donc d'une rupture brutale que Fanon veut partir dans sa quête d'une authenticité négative : « Quittons cette Europe qui n'en finit pas de parler de l'homme, tout en le massacrant partout où elle le rencontre. » Fanon n'attend donc rien des humanistes européens, même s'il ne se masque pas la « malédiction de l'indépendance ». Il pense au vide congolais quand il écrit : « Parfois l'effort colossal auquel sont conviés les peuples sous-développés ne donne pas les résultats escomptés. »

Mais Fanon se fait le chantre de la spontanéité des masses, de la beauté de leur violence thérapeutique, libératrice [1], dans un monde coupé en deux par les casernes et les postes

1. *L'An V de la Révolution algérienne; Les Damnés de la Terre.*

de police. Il veut retourner la violence. « La violence qui a présidé à l'arrangement du monde colonial, qui a rythmé inlassablement la destruction des formes sociales indigènes, démoli sans restriction les systèmes de référence de l'économie, les modes d'apparence, d'habillement, sera revendiquée et assumée par le colonisé au moment où, décidant d'écrire l'histoire en actes, la masse colonisée s'engouffrera dans les villes interdites. » Ici, Fanon n'est pas loin de Bataille, d'une transgression salvatrice. Mais il faudrait aussi noter l'influence de Césaire; Césaire qui a rompu avec le Parti communiste en 1956 et qui dira de Fanon : « Peut-être fallait-il être antillais, c'est-à-dire, si dénué, si dépersonnalisé pour partir avec une telle fougue à la conquête de soi et de la plénitude. »

Fanon décrit la violence, celle du colon qui fait l'histoire (la sienne) sur la négation de l'histoire du colonisé. Cette violence ne peut céder que devant une violence plus grande. A la destruction de son histoire, le colonisé ne peut opposer qu'un présent de la lutte. C'est en elle-même que l'insurrection populaire trouve sa légitimation autant que sa justification tactique.

La violence révèle l'inanité des humanistes constructions axiologiques. La haine parcourt, de fait, le tissu social; même si elle gêne l'internationalisme abstrait; Fanon constate : « Nous fûmes étonnés de constater que les Nord-Africains détestaient les hommes de couleur... Le Français n'aime pas le Juif, qui n'aime pas l'Arabe, qui n'aime pas le Nègre. »

Comprendre, toujours comprendre, c'est aussi se référer au maître et à l'esclave. Fanon — comme Mohammed Sahli ou Anouar Abdel Malek — est ici marqué par la lecture que Sartre donne de Hegel.

Mais, si chez Hegel il y a réciprocité, le maître colonial, lui, ne tient pas compte de la conscience de l'esclave : « Il ne réclame pas sa reconnaissance, mais son travail. »

Mais Fanon, politique, est aussi psychiatre; il a travaillé à Saint-Alban, avec Tosquelles, il a fréquenté Oury et La Borde. Aussi constate-t-il l'échec de toute la nosographie classique dans une société bouleversée. On n'a pas assez insisté sur ce côté de Fanon, sur la richesse de ses analyses qui annoncent le meilleur de ce que l'antipsychiatrie révèlera quinze ans plus tard. La tripartition réel — imaginaire — symbolique est singulièrement bouleversée par le réel de la violence coloniale.

Reprenons simplement quelques cas analysés par Fanon; soit les cas :

— d'impuissance chez un Algérien consécutif au viol de sa femme;

— de pulsions homicides indifférenciées chez un rescapé d'une liquidation collective;

— de psychose anxieuse grave à titre de dépersonnalisation après le meurtre forcené d'une femme;

— d'un gardien de police européen déprimé qui rencontre en milieu hospitalier une de ses victimes, un patriote algérien atteint de stupeur;

— d'assassinat par deux jeunes Algériens de treize et quatorze ans de leurs camarades de jeux européens;

— de délire d'accusation et de conduite suicidaire déguisée en « acte terroriste » chez un jeune Algérien de douze ans.

Ces cas posent, dès leur énonciation, l'inanité de la sémiologie anhistorique de l'Ecole d'Alger; Fanon démontrera, à propos de chacun de ces cas, que la criminalité est produite dans et par le socius.

La criminalité de l'Algérien, son « impétuosité », sa violence comme ses meurtres, ne sont pas seulement le produit de ses « organisations nerveuses » (*sic*), mais sont les produits directs de la situation coloniale. Fanon analyse et revendique la fabrication sociale des symptômes.

Car Fanon doit, dans le contexte algérien, s'opposer autant aux psychiatres — apolitiques, comme il se doit — de l'Ecole d'Alger qu'aux éditoriaux de *L'Echo d'Alger*. Tous sont d'accord pour dire que la guerre qui éclate en 1954, n'est pas une guerre d'indépendance, mais l'œuvre de masses criminelles plus ou moins privées de cortex. Plutôt que de se draper dans la dignité offensée de beaucoup de révolutionnaires puritains, Fanon revendique le pathologique comme une des formes de l'efficace. Fanon « n'explique » pas ses cas, il les rend compréhensibles en décrivant l'environnement; loin de fabriquer un système d'excuse de cette « sauvagerie », il la revendique. C'est le mérite de Fanon que d'avoir déplacé la violence de la sphère des relations internationales pour la repérer au niveau quotidien, au niveau micro-social. L'héritage colonial d'intériorité, de soumission, ne sera arraché que par une violence cathartique. La violence désintoxique, elle est « pardon royal ». Acte moral, elle réhabilite le colonisé à ses propres yeux. L'esclave de Hegel fanonisé, produit maintenant de la violence; c'est là son travail, sa « praxis absolue ».

Fanon demande au militant l'acte irrévocable, celui qui scelle l'engagement. Il construit donc un dispositif de retour du négatif. Beaucoup l'ont accusé de manquer de « maturité politique », d'oublier l'éducation politique, l'organisation nécessaire de la classe paysanne. Ces reproches furent systématisés par le communiste vietnamien Ngu-Yen-Nghe. S'il est vrai que la position de Fanon à l'égard de la spontanéité se révèle fragile, il est vrai aussi qu'après l'avoir vantée, il admet la nécessité de la « canaliser ». Mais il reste que jamais le problème du parti, de son organisation, de sa hiérarchie ne furent posés par Fanon. S'il perçoit les difficultés, celles des lendemains de l'indépendance, il reste vague, même s'il reconnaît « qu'il arrive à des Noirs d'être plus blancs que les Blancs, et que l'éventualité d'un drapeau national, la possibilité d'une nation indépendante n'entraînent pas automatiquement certaines couches de la population à renoncer à leurs privilèges ou à leurs intérêts ».

Mais le problème du pouvoir reste impensé par Fanon qui reste prisonnier de la phase héroïque de la lutte armée. Fanon, comme plus tard Guevara, qu'il a littéralement fasciné, pense que le parti traditionnel est inapte à conduire la révolution. Lui aussi refuse la séparation du politique et du militaire, comme il refusera le fossé qui se creusera pendant la guerre d'Algérie entre le gouvernement provisoire de Tunis et les forces armées de l'intérieur.

Fanon a donc parcouru tout l'espace culturel, de la recherche de l'identité à l'extrême violence. Militant au sein du F.L.N., il n'attache qu'une importance secondaire au facteur arabo-islamique; et, c'est de propos délibéré; car s'il ne nie pas l'évidence du sens national, s'il ne pense pas que les peuples puissent transcender leur identité notionale, il veut briser la veule confusion entre conscience nationale et nationalisme. Il perçoit le danger d'un retour — mythique — de l'idée de nation noire. Cette notion efface, pour lui, les différences, elle n'est que la copie inversée des falsifications du colonisateur. Vanter la négritude, c'est masquer les différences de classes, les clivages, les conflits; c'est aussi se voir, se sentir indifférencié : « Le concept de négritude en tant qu'affirmation inconditionnelle de la culture africaine mène à un cul-de-sac. » Les Noirs américains n'ont pas la même culture que les Africains (Cleaver en fera quelques années plus tard la douloureuse expérience) : « Les Nègres de Chicago ne ressemblent aux Nigériens ou aux Tanganyikais que dans l'exacte mesure où ils se définissent par rapport aux Blancs. » C'est pourquoi Fanon s'oppose à la négritude chère à Senghor. Aussi, s'il fut un moment fasciné par celle-ci, il se donne pour tâche de sortir du grand mirage noir. Dépasser ce stade, c'est cesser de sacraliser le fait d'être noir.

Mais, aujourd'hui, Fanon gêne. Sa violence thérapeutique qui devait modifier de façon irréversible le statut de la femme, des jeunes, qui devait bouleverser les dogmes religieux, dérange encore les pouvoirs.

S'il est vrai qu'il a fantasmé un contenu social révolutionnaire des indépendances, un livre comme *Peau noire et masques blancs* a joué un rôle considérable dans la genèse de la lutte de libération des Black Panthers. Le Cleaver militant se déclare fanonien [1]; il le citera aux côtés de Malcolm X comme « l'une des figures fondatrices du Mouvement ».

### Nkrumah et l'unité africaine

On dit l'Afrique noire mal partie; mais il nous faut, ici, penser le processus qui a abouti à faire croire que la planification, par exemple, permettait magiquement de sortir — sans tenir compte des conditions naturelles, humaines, des hiérarchies — le continent du sous-développement. Dans notre mythologie, les dogoms sont aujourd'hui remplacés par des coups d'Etat militaires. Mais est-ce si drôle de constater les massacres d'Amin Dada, ce produit direct du colonialisme anglais [2]?

Il nous faut restituer l'Afrique dans un univers délimité par les puissances coloniales. L'Afrique, c'est aussi trois siècles de traite; c'était hier encore l'interdiction des libres déplacements. Ce qui apparut en face de ce quadrillage destructeur, ce fut le thème de l'unité africaine, du panafricanisme, ce mythe venu d'Amérique. Web Du Bois (1868-1963) joua un grand rôle [3]. Mais Senghor, aussi, joua un rôle important dans la constitution de l'identité africaine.

Senghor exalte les valeurs traditionnelles de l'Afrique. Il écrit même : « L'émotion est nègre comme la raison est hellène. » Dans sa pensée, la société africaine est collectiviste et détient le secret d'une troisième voie entre capitalisme et marxisme; il invente ainsi le concept de négritude. Ces notions joueront un rôle important dans la résistance idéologique africaine. Car l'Afrique ne se compare en rien à l'Asie. En Asie, la colonisation s'est abattue sur des cultures, sur des Etats traditionnels. Le cas de l'Afrique est tout autre.

1. *Soul on ice.*
2. Cf. *New York Review of books*, 1976.
3. Cf. Daniel Guérin : *Où va le peuple américain?* Julliard.

Car l'ensemble des cadres anciens s'est trouvé réduit en poussière. Il faudra attendre Nkrumah pour trouver quelqu'un qui a l'ambition de doter son parti et l'Afrique d'une conception philosophique et politique cohérente, qui ne se contente plus d'une mythique « philosophie africaine ». A l'opposé de Senghor, dont les thèmes de la négritude se mêlent aux fumées de Gobineau et de Teilhard de Chardin, Nkrumah se réfère explicitement au marxisme. Senghor n'est pour lui « qu'un universitaire africain choisi par le colonialisme pour devenir le serviteur éclairé de l'administration coloniale, tout prêt à accepter quelques théories de l'universalisme, pourvu qu'elles soient exprimées en termes vagues et fleuris ». Nkrumah[1] s'inspire de Lénine, plus précisément de *L'impérialisme, stade suprême du capitalisme*. Exilé en Angleterre, aux Etats-Unis, Nkrumah a la chance d'échapper à la vulgate jdanovienne qui — à l'époque — tenait lieu de marxisme en France.

Nkrumah tente donc de dégager les contradictions économiques inhérentes au système colonial. Sans jamais tomber dans un subjectivisme moralisant, il analyse les mécanismes de l'intérêt impérialiste. Il ne s'agit pas de partir de présupposés éthiques, mais des contradictions économiques. Que la domination se nomme mandat, association ou participation importe peu. Il s'agit de désigner l'ennemi, d'anticiper sur les tactiques de l'adversaire, y compris sur ces concessions humanitaires en forme d'association ou de gouvernement mixte. Sa brochure de 1947 refuse toute solution intermédiaire entre dépendance et interdépendance. Renonçant au rêve d'unité africaine, il propose de mettre en place des organisations politiques nationalistes communes à l'Afrique occidentale.

Rentré au Ghâna en 1947, Nkrumah devient secrétaire général de la Convention unie de la Gold Coast. Emprisonné après l'organisation d'une grève générale, il louvoiera ensuite dans des gouvernements mixtes, ceux-là mêmes qu'il avait

1. *Vers l'indépendance coloniale*, 1947.

dénoncés dans *Towards colonial Freedom*. C'est en 1953 qu'on trouvera une formulation d'indépendance clairement exprimée. C'est celle de Majhemout Diop : « L'unique issue : l'indépendance totale. (...) La seule voie : un large mouvement d'union anti-impérialiste. (...) L'assimilation est à la fois utopique et non souhaitable, car le désir d'indépendance est le seul dénominateur commun actuel entre les adeptes de toutes les doctrines, de toutes les idéologies, de toutes les religions africaines. Il ne fait appel qu'au désir de chaque individu de vivre libre; il s'agit simplement de vouloir l'indépendance de l'Afrique et d'y travailler [1]. » Rappelons qu'en face, on prône cyniquement l'interdépendance des peuples, cet ancêtre du néo-colonialisme. Bref, pour les étudiants africains, l'indépendance doit être conquise. Au colonialiste qui déclare : « Vous ne savez pas fabriquer une aiguille et vous parlez d'indépendance », il faut répondre. Aussi trouvera-t-on diverses réponses chez les dirigeants politiques. Sékou Touré prêchera l'indépendance. Mais, ne voulant pas briser les liens avec la métropole, il réclamera une égalité bien floue...

Après l'indépendance, en 1957, l'action et la pensée de Nkrumah, ses « détours tactiques », vont se confondre avec ceux du Continent. Abandonnant la rigueur de l'analyse de l'exploitation économique, Nkrumah se fait plus vague, plus « idéologue ». Mais à partir de l'indépendance du Ghâna et de la Guinée, la libération va se poser en d'autres termes. Accra réunit une conférence des peuples africains à laquelle assiste Lumumba.

En effet, le Congo s'éveille tout juste à la vie politique. Mais il y a un vide congolais qu'on ne peut combler en répondant au roi des Belges : « Nous n'oublierons jamais qu'hier vous nous pendiez haut et court. » C'est la solidarité africaine qui pousse Lumumba à tenter l'expérience de l'indépendance, sans cadres techniques, sans cadres politiques, sans organisation nationale. L'indépendance congolaise réalise le

1. *Présence africaine*.

paradoxe d'un pouvoir vide, vacant. Pendant un temps, le Congo cesse d'exister en tant qu'unité politique (les Belges misant sur l'éternité de leur domination n'avaient formé qu'une sommaire couche administrative). Le mouvement congolais ne représente que quelques centaines de personnes et, immédiatement, les vieux clivages tribaux réapparaissent. On ne peut parler ici de scission entre masse et organisation. L'affaire est plus grave : il ne se passe rien, et au moment de l'indépendance, les organisations sont dans la pure illusion du pouvoir. L'ancienne force publique s'était à ce point identifiée aux colons que le soldat congolais se conduit, lui aussi, comme un gangster en uniforme. Formellement, tout est en place pour l'indépendance; Lumumba est au gouvernement, Kasawubu à la présidence, les députés à leurs bancs. Mais cette machine, qui copie à la perfection les modèles occidentaux, tourne à vide. Le monde entier écoute les discours de Lumumba, mais à Léopoldville, personne ne se déplace pour l'écouter. Le Congo, indépendant; mais sans relève, pose à tous la question de l'indépendance.

Cependant, le panafricanisme va se montrer vivant pendant la guerre d'Algérie. Une victoire française aurait en effet sonné le glas du mouvement africain. Nkrumah continue à prôner l'unité africaine [1]. S'appuyant sur les Constitutions russe et américaine, il propose à l'Afrique un gouvernement central. Insistant sur l'arbitraire de la carte héritée, Nkrumah veut opposer l'unité aux conflits interafricains « téléguidés par l'impérialisme ». Il est, dit-il, « impossible de sortir du sous-dévelopement dans le cadre d'Etats qui ne disposent pas, pour la plupart, de population suffisante tant du point de vue du marché que de la main-d'œuvre ». Mais, comment faire passer dans les faits ces perspectives exaltantes? L'Afrique contemporaine n'a pas encore répondu.

1. *Africa must unite.*

### Guevara : « deux, trois nouveaux Viêt-nams »

Guevara a joué, joue encore un rôle d'icône; mais ses *posters* ne doivent pas masquer sa pensée. « Il faut, écrit-il, tenir compte du fait que l'impérialisme est un système mondial, le stade suprême du capitalisme et qu'il faut le battre dans un grand affrontement mondial. » Guevara participe de l'enthousiasme de Diên Biên Phu, de la victoire de la Sierra Maestra, de celle du F.L.N. algérien; il ne mentionne ni n'analyse les Huks philippins, la défaite malaise. Sa théorie du *foco* participe de trois axes :

1° Les guérilleros peuvent l'emporter sur l'armée régulière.

2° La guérilla a la campagne pour terrain.

3° Le foyer insurrectionnel peut créer les conditions du déclenchement de la lutte.

C'est la troisième thèse qui est nouvelle. On sait que Guevara veut créer « deux, trois nouveaux Viêt-nams ». C'est pourquoi, utilisant ce modèle, il ne prendra pas parti dans le conflit sino-soviétique. Pourtant, dès 1965, dans son discours d'Alger, Guevara critique la politique commerciale soviétique à l'égard du tiers monde. « Comment peut-on appeler *bénéfice mutuel* la vérité des prix de marché mondial, de produits bruts qui coûtent aux pays sous-développés des efforts et des souffrances sans limite et l'achat à des prix de marché mondial de machines produites dans les grandes usines automatisées qui existent aujourd'hui [1]. » Mais Guevara est, en un sens, héritier de Bolívar, et il entend faire de la cordillère des Andes la Sierra Maestra du continent américain. Les continents ont des particularismes; leur langue, leurs coutumes, leur religion sont des facteurs d'unité; de plus, ces facteurs seront renforcés par le rôle international de l'impérialisme américain.

Mais le *foco*, c'est aussi la réhabilitation de la subjectivité.

1. Cité dans *Les Marxistes et la Politique*, Thémis, P.U.F.

Il doit fabriquer le « mûrissement de la conscience populaire ». A la différence de Mao, Guevara minimise le rôle du parti d'avant-garde; pour lui, le politique et le militaire forment un tout organique. Le projet de Guevara s'inscrit dans la perspective d'un humanisme révolutionnaire. C'est le même Guevara qui veut libérer de la soumission politique et de la tyranie de l'argent [1].

Ministre, il a préféré des stimulants idéologiques aux stimulants financiers; guérillero, il continue de privilégier ceux-ci.

S'il est trop facile, aujourd'hui, jouant les chouettes de Minerve de critiquer les erreurs du Che, on doit pourtant s'interroger sur son aventure bolivienne. Un fait s'impose quand on lit Guevara : la fascination de sa propre mort. Là non plus, sans vouloir jongler trop aisément avec Thanatos, il est sidérant de le voir la prédire : « Pour que d'autres hommes se lèvent pour entonner des chants funèbres dans le crépitement des mitrailleuses et de nouveaux cris de guerre et de victoire. » Cet écrit se révèle tragiquement prophétique [2], et seule sa mort l'a fait entrer dans la société bolivienne. Debray [3] note qu'en Bolivie, le centre de la vie économique nationale ne se situe pas à la campagne. Bref, l'encerclement des villes à partir de la campagne n'avait pas de sens; cela, le Che le savait, aussi son projet n'a de sens qu'à l'échelle d'une stratégie continentale [4]. Il s'agissait de créer un pouvoir populaire soutenu par une force militaire autonome. A la différence des courants qui prétendent s'emparer d'abord du pouvoir d'Etat pour le renverser ensuite, le Che voulait commencer par la construction effective d'un pouvoir

1. *La banque, le crédit et le socialisme, Œuvres complètes,* tome IV, Maspéro.

2. Dans *La Révolution cubaine,* Fidel Castro écrit : « Che était un soldat insurpassable, mais il avait un talon d'Achille, son excessive agressivité, son mépris absolu du danger. »

3. *La critique des armes,* Seuil.

4. Varlin étudie dans « Hérodote » n° 5 les manques d'analyses géographiques, comme les erreurs d'échelle du Che.

populaire. Guevara est, là aussi, l'héritier de ce continent conquis par une poignée (Pizarre, Cortés), puis libéré par une autre poignée (Bolívar, San Martín). Mais comment libérer les masses, quand elles manquent physiquement? Debray note [1] « qu'en deux semaines de marche dans la forêt, la colonne du Che rencontre en tout et pour tout une famille de paysan, et de surcroît, pas n'importe lequel : Rojas, celui qui vendit toute l'arrière-garde ». Entre le Che de la Sierra Maestra et le Che du Nancahuazu, il y a une différence fondamentale. Dans le premier cas, le débarquement a lieu dans une île où un réseau national composé de collaborateurs, de complices, de relais démultiplie la force réelle de l'organisation castriste. Une autre différence fondamentale change la perspective. Les castristes ne se réclamaient en rien du socialisme ou de la révolution et, sans laisser faire, les Etats-Unis ne sont pas intervenus brutalement. Dans l'autre cas, la colonne de Guevara s'est trouvée isolée, attaquée par les Rangers, elle a perdu l'initiative. Ce qui avait été pensé par le Che comme une zone d'entraînement s'est transformé — à son insu — en tragique théâtre d'opération...

### Fin de l'euphorie tiers-mondiste

A l'enthousiasme passé, il convient, si l'on se veut politique, donc pratique, de substituer l'analyse du présent. Les libérations ont modifié les cartes, mais les petites bourgeoisies nationalistes ou les bureaucraties qui ont succédé au pouvoir colonial font mal au grand rêve d'émancipation socialiste. Partout l'Occident s'était allié aux couches dominantes indigènes, aux propriétaires terriens; partout, les paysans furent jetés dans le marché mondial. L'Occident avait, partiellement, amené les économies précédentes au stade capitaliste. Mais le cadre du développement s'était révélé limité autant qu'inégal. Rien n'empêchait, en droit, que la France déve-

1. *La critique des armes.*

loppe l'Algérie; elle ne le fit pas. Le modèle « socialiste » s'est imposé comme idéologie de la libération. Mixte de réformes agraires, d'étatisation de l'industrie et du commerce et de planification, il fascine des dirigeants indigènes. Il permet — idéalement du moins — l'autocréation de capital « par l'exploitation du travail » autant que les investissements d'Etat. La Chine, puis l'U.R.S.S. furent les pôles de ces espérances étatistes, planificatrices (ce que Maxime Rodinson a appelé « ce stalinisme des sous-développés »). Mais si ce modèle permet de satisfaire une partie des cadres, les trop fameuses élites, il n'a pas grand-chose à voir avec une émancipation réelle des masses. Le modèle de bureaucratie politique qui se forge au cours de la lutte, qui emporte l'adhésion des masses, s'est mué après la conquête de l'indépendance en bureaucratie politico-économique. Efficaces dans la liquidation de la domination coloniale, les partis ont gommé l'antagonisme des classes, ont gommé la question du néo-colonialisme, bref, la question du pouvoir. Si, aujourd'hui encore 70 % de la population du globe vit de 22 % du revenu mondial, le tiers monde n'est qu'une zone secondaire dans l'investissement des capitaux. De plus, le tiers monde n'existe pas; ce pseudo-concept ne recouvre rien. L'Inde n'a pas grand-chose de commun avec l'Ouganda... Plus encore, les analyses en termes de pillage qui viennent de Rosa Luxemburg demandent révision [1] (les Etats-Unis se développent au moins autant sur eux-mêmes que sur ce pillage). Tibor Mende a calculé que « l'aide s'élève, en fait, à 0,2 % du P.N.B. des pays sous-développés » (les économistes libéraux la chiffrent à 0,7 %). Bref, partout, l'histoire a donné raison à Hegel, qui la décrivait comme « la vallée des ossements ».

1. Dans la mesure où, insistant sur les facteurs externes, elles ont tendance à minimiser les facteurs internes.

## L'État, toujours l'État

Pour Hegel, l'humanité s'affranchit de la servitude par la servitude. L'histoire universelle n'est pas le lieu de la félicité. Qu'est-ce, par exemple, que l'Afrique pour Hegel? — C'est le « continent de l'enfance, de l'immédiateté ». Il est hors de l'histoire proprement dite. Hegel n'a-t-il pas tragiquement raison? Mais Hegel nous importe au sens où il saisit l'émergence de l'Etat. Qu'est-ce que l'Etat? C'est la médiation la plus générale, celle qui capte toutes les autres, villes/campagne, agriculture/industrie, savoir/production. Mais celui-ci ne se construit/constitue que sur/avec la société civile. Suivons les *Principes de la philosophie du droit.* « La société civile (qui fait cruellement défaut dans le tiers monde) implique que chaque personne particulière soit en relation avec la particularité analogue d'autrui, de sorte que chacun s'affirme et se satisfasse par le moyen de l'autre et soit en même temps obligé de passer par la forme de l'universalité. Le but égoïste fonde donc un système de dépendance réciproque au sein de la société civile. » C'est ce que nous appelons l'économie. Production, répartition et consommation de biens font système; mais ce système est contradictoire, antagonique; ainsi la corporation est relativement indépendante de l'Etat. Signe de santé; ces contradictions, ces luttes sont nécessaires; gommées, l'Etat se fait totalitaire, monstre froid. Car ces oppositions, loin de se nier se renforcent. Leur disparition entraîne la régression dans le magma indifférencié, dans la barbarie de l'Un. Hegel pense donc l'Etat comme une présence qui rassemble les rationalités diffuses. Mais, c'est, pour lui, le fruit de la Raison parvenue à maturité. L'Etat, selon Hegel, se trouve à la fin, il est cause finale. On voit toute la distance de cette pensée avec les caricatures de tyrannie administrative que réalisent la plupart des bureaucraties, incapables même de parvenir à l'accumulation primitive. Ce constat est amer. D'un côté le développement colonial a créé un marché mondial, semant en même temps la servitude et l'idée d'autonomie; l'Occident a fabriqué la domination la plus brutale, comme sa contestation la plus radicale. Mais ce que nous nommons crise de valeurs, des identités, des religions, des sexes, ne serait pas advenu sans les luttes de libération, sans leur retour au sein de l'Occident le plus développé. Cleaver, Angela Davis, la *New Left* américaine, les fuites nomades sont nés de ces luttes. Mais le « tiers-mondisme » se fondait sur un renversement simple. De la misère et de l'humiliation devaient sortir des régimes révolutionnaires. C'est cette surévaluation des désirs et des capacités des masses par les intellectuels occidentaux que nous devons aujourd'hui prendre en compte. Car de jeunes taupes, encore inconnues, encore invisibles, rongent, encore...

**Bibliographie**

François Maspéro a joué et joue encore un rôle considérable dans l'édition de textes du tiers monde. Signalons également la Collection « Histoire immédiate » dirigée par Jean Lacouture (Seuil).

Quelques titres :

BENOT (Y.) : *Indépendances africaines,* Maspéro.
CHALIAND (G.) : *Mythes révolutionnaires du tiers monde,* Seuil.
GENDZIER : *Fanon,* Seuil.
GIAP : *Guerre du peuple, armée du peuple,* Maspéro.
GUEVARA : *Œuvres,* Maspéro.
HEGEL : *La Raison dans l'histoire,* U.G.E.
HEGEL : *Principes de la philosophie du droit,* Idées, N.R.F.
JALÉE (P.) : *Le pillage du tiers monde,* Maspéro.
JOMO KENYATTA : *Au pied du mont Kenya,* Maspéro.
LACOUTURE (J. et S.) : *Viêt-nam, Voyage à travers une victoire,* Seuil.
MAO : *La guerre révolutionnaire,* U.G.E.

# 3

## Idéologie et révolte

par André Glucksmann

La preuve de l'existence des révoltes est offerte par les révoltes, elle n'est pas « idéologique » quel que soit le sens donné au mot idéologie : illusion pré-, crypto-, antiscientifique ou encore mythe, religion, activité symbolique, etc.

Les révoltes contemporaines existent malgré les idéologies modernes qui tendent à les « dépasser » de différentes manières, pacifiques ou violentes, au nom du progrès technique, de l'expansion économico-culturelle ou de la révolution internationale et finale. Toutes les idéologies dominantes au XX<sup>e</sup> siècle (marxismes, libéralismes, etc.) enseignent que le temps des révoltes est passé. Toute l'histoire du XX<sup>e</sup> siècle est tissée de révoltes inattendues pour les pouvoirs en place (soulèvements anticoloniaux, résistances antifascistes, insurrections « antisoviétiques » des populations de l'Est). L'essentiel des stratégies gouvernementales consiste à maîtriser et manipuler les possibilités de révolte qui couvent dans la société contemporaine.

Surgissent des pas-prévus dans les programmes du rétablissement de l'ordre : paysans « barbares » des colonies et protectorats « sous-développés » ou bien « marginaux » (étudiants, petits commerçants, paysans) des sociétés dites de pointe. Marginales le plus souvent — elles viennent des zones d'ombre que le pouvoir central ne contrôle pas absolument, marginales donc par rapport aux techniques de domination —, les révoltes, par là distinctes du terrorisme individuel ou de petits groupes, ne sont pas minoritaires : leur force est de se constituer, dans les campagnes, comme dans les rues des villes modernes, en « mouvements de masses ». Dans les territoires et couches sociales qu'elle enflamme, une révolte se fait nécessairement majoritaire — il faut que, dans leur milieu, les révoltés soient comme « poissons dans l'eau » disent les théoriciens chinois et vietnamiens de la guerre populaire.

Sans Etat, mais s'opposant à un Etat, sans police, mais affrontés à de multiples polices, sans institutions mais quadrillés par les institutions adverses, si les révoltés ne gagnent pas, ou perdent, la complicité plus ou moins tacite d'une population, la révolte est promise à disparition. La technique contre-feu des pouvoirs en place consiste symétriquement à minoriser la révolte jusqu'à extinction des feux. L'enjeu de la révolte comme de la contre-révolte est de *gagner la majorité*. A coups de fusil, certes. Par la vertu psychologique ou militaire de moyens militaires, bien entendu. Mais cela ne suffit pas, il faut doubler l'armée du fusil par une seconde : « l'armée de la plume » (Mao). D'un côté comme de l'autre, tracts, discours, radios, prophéties, libelles, traités, livres, Livre des livres se font valoir comme ce sans quoi on ne gagne pas la majorité. Idéologie *et* Révolte : la coordination « et » s'avère stratégique, elle contribue à décider du destin de la révolte et de la contre-révolte.

### Révolte et idéologie font deux

Révoltes d'esclaves et guerres anticoloniales déchirent longtemps l'Empire romain. Si la « guerre des Juifs » a pris dans cette longue histoire une importance plus grande que ne le voudrait son extension géographique et militaire, c'est déjà parce qu'une armée de la plume s'est jointe aux révoltes traditionnelles en tout l'empire : « Ce sont les particularités de la religion juive, le fait que le messianisme soit assumé à la fois par des paysans et des scribes... qui donnent à ce qui se passe en Palestine une exceptionnelle originalité [1]. »

L'invention de l'imprimerie, la traduction de la Bible en langue vulgaire produiront des effets analogues dans les révoltes populaires à la fin de la Renaissance. Petits avocats des centres urbains devenus orateurs des clubs révolutionnaires ou ministres, petits curés du bocage rédigeant les cahiers de doléances les plus radicaux, puis propageant l'insurrection vendéenne : l'armée de la plume fut divisée pendant la Révolution française. Se présentant comme théoriciens, apportant de l'extérieur au prolétariat la science de la Révolution (Lénine), c'est à nouveau cet antique office de scribes qu'exerceront en fait les marxistes du XX<sup>e</sup> siècle. Cela explique à la fois la rapidité des retournements contre ceux « au service » de qui on écrit comme la multiplicité des « interprétations scientifiques » des parvenus au pouvoir.

Voir l'armée de la plume comme le facteur idéologique présent dans toute révolution — et l'armée du fusil comme sa force matérielle — risque d'introduire un découpage par trop exclusivement moderne. La séparation du matériel et du moral, de la base et de la superstructure, de la plume et du fusil est elle-même produite par les sociétés environnantes : capitalistes, socialistes, rationnelles ou disciplinaires. Déjà douteuse dans sa pertinence actuelle, la distinction du matériel et du moral devient proprement anachronique quand il s'agit de révoltes passées. Armées de la plume et armées du fusil ne se laissent point séparer à la hache lorsque l'armée elle-même n'a pas encore cet ordre disciplinaire qui définit le soldat par sa visibilité dans un espace maîtrisé par l'œil

1. P. VIDAL-NAQUET : Préface à *La guerre des Juifs* de Flavius Josèphe, Paris, 1977, p. 88.

du chef [1]. Les armées modernes ne doivent pas être comptées composantes de révoltes qu'elles sont nées pour réduire.

Plutôt que d'interroger les rapports entre le fusil et la plume — ce qui les fait séparer au départ, indûment —, il convient de se demander si les révoltes « idéologiques » pensent de la même manière qu'elles s'arment. Les révoltes, stratégiquement, sont défensives, c'est-à-dire *non conquérantes*. Leurs tactiques peuvent être actives ou passives, d'attaque ou de retrait, offensives ou défensives, au gré des circonstances. Mais leur stratégie et plans de guerre sont essentiellement défensifs, pour ce que les révoltes sont d'indépendance ou d'émancipation, mais point de conquête. Le révolté ou bien se bat sur son terrain avec « ses » masses. Ou bien il perd. Ou bien il devient conquérant et la révolte tourne à l'agression ou à la guerre impériale.

Bien qu'elles visent à renverser un pouvoir, les révoltes mènent une guerre défensive. Le paradoxe n'est qu'apparent si l'on tient compte de la nécessité pour une révolte qui se veut victorieuse de gagner la majorité; elle doit montrer le pouvoir adverse comme minoritaire, arbitraire, devenant étranger, occupant un territoire rebelle. La guerre de défense n'est pas le symétrique inversé d'une guerre offensive. Au contraire : l'originalité et la suprématie des guerres défensives menées par les peuples en révolte ont façonné la carte de l'Europe et du monde. Les Suisses, par leur révolte nationale et populaire, à la fois bourgeoise et paysanne, ont renouvelé la stratégie militaire à la fin du Moyen Age. Machiavel, à leur lumière, montrait « que l'argent n'est pas le nerf de la guerre, quoique ce soit l'opinion générale » ; au contraire, la *virtù* fait qu'un peuple résiste ou non à un envahisseur. Cette supériorité du combattant qui lutte sur sa terre, pour ses foyers, au sein de son peuple, *pro aris et focis,* on la retrouve dans les guerres anticoloniales. Dans leur défense, les révoltes utilisent les avantages du temps et de l'espace, elles peuvent au gré des circonstances, « abandonner les

1. Cf. Michel FOUCAULT : *Surveiller et punir,* N.R.F., 1975.

villes et les encercler par les campagnes » (Mao Tsé-toung), user l'adversaire en refusant de se jeter dans une bataille décisive, finalement et, en toutes circonstances, résister.

Si les guerres des révoltés ne ressemblent pas aux guerres des oppresseurs, qu'en est-il des « idéologies » ? Là, le paysage semble beaucoup plus symétrique. Au départ, un petit noyau de révoltés s'oppose à une petite poignée de gouvernants (quand la majorité en vient à se révolter, les gouvernants ont fini de gouverner). Entre les deux états-majors, la grande masse, qu'on prétend se disputer à coups de proclamations, promesses, menaces et différents programmes d'éducation ou d'action psychologique. Stade du miroir entre deux quartiers généraux idéologiques? L'idéologie de la révolte serait-elle tout aussi conquérante et envahissante que celle de ses adversaires?

Tout se passe comme si les révoltés devaient mener des guerres défensives stratégiquement, mais, par nécessité, offensives idéologiquement. Pour ou contre, la grande majorité des théoriciens actuels l'affirme. Une révolte de masse compenserait sa faiblesse matérielle par son fanatisme moral et son millénarisme prophétique : le faible ne se révolte que s'il a tout à gagner. Voire! Tout à gagner ou tout à sauver?

Tout à sauver : fanatisme à l'ancienne. On part en croisade en brûlant son hérétique. Les révoltes sociales ou nationales n'y échappent pas : violence, violations, viol de la culture des dominants et des dominants eux-mêmes sont affirmations d'une culture opprimée qui prétend jouer son va-tout; elle tuera pour s'affirmer vivante et, pour échapper au génocide, elle rêvera de dominer son dominant, c'est-à-dire, pour elle, la terre entière. Quel peuple ne se trouve pas, dans sa mythologique généalogie, élu? La révolte qui vise à sauver sa culture est supposée en réaliser les promesses. « Le règne, la domination et la grandeur des royaumes sous tous les cieux seront donnés au peuple des saints du Très-Haut », chante Daniel (7,27) peu avant la guerre des Juifs contre Rome.

Tout à gagner : fanatisme moderne. Les messies traditionnels font le détour par un autre monde, invoquent des puissances symboliques que la révolte à son tour éveille, protège, arme, mais ne crée pas. Au contraire, armées de la plume et armées du fusil semblent désormais vouées à parcourir des campagnes vierges : pas d'au-delà, pas d'en deçà, rien qu'un futur qui se décide ici et maintenant. « La Chine est une page blanche », affirme Mao Tsé-toung en lançant la Longue Marche. La révolte moderne passe pour rompre non seulement avec l'oppresseur, mais avec tout le passé indistinctement mêlé à lui, elle balaie l'Ancien Régime et repart de zéro. Sinon en fait, du moins dans les têtes, en fonction du modèle très dominant fabriqué à partir de la Révolution française. La révolte est ce moment supposé initial, toujours recommencé, où « tout est possible » (Michelet).

Le messianisme moderne se donne pour mission de radicaliser les révoltes. Il les inscrit dans de nouveaux décors; il ne s'agit plus de sauver, mais de gagner, pas de défendre un peuple, ses moyens de communications matériels et culturels, mais de créer un homme nouveau, de forger la culture de l'avenir, de rompre une fois pour toutes avec le passé, « préhistoire de l'humanité » (Marx), de procéder au « décollage » (les experts américains disent *take off*), d'arracher les « vieilleries » (vieilles idées, vieilles cultures, etc. selon Mao).

Les cinq derniers siècles de l'histoire européenne puis mondiale furent, par là, ceux de la sécularisation des révoltes *en même temps* que du désenchantement, de la bureaucratisation, de la commercialisation du monde. A partir du puritanisme protestant, l'idéologie fait produire aux révoltes les structures élémentaires de la société moderne, désignée comme « capitaliste » par Marx : un travailleur « libre » se retrouve flottant et sans attaches face à un pouvoir libre de l'exploiter. La révolte radicalisée à la moderne devient Révolution. Pour organiser le nouveau monde, l'Etat contraint les paysans à se transformer en « gueux sans feu ni lieux » (cas classique de l'Angleterre) ou en « prolétaires libres » (cas des pays autoproclamés socialistes).

L'Etat et l'économie moderne ont besoin de « casser le vieux monde » pour installer leurs rapports de pouvoirs et d'exploitations, puis de briser ceux-là devenus vieux pour les réajuster; on appelle Révolution ces ruptures. Lorsque l'idéologie moderne s'empare des révoltes, elle les capte dans une révolution présentée chaque fois comme scientifique, radicale et finale. C'est au nom de la Révolution qu'à peine au pouvoir, Lénine proclame en janvier 1918 sa volonté de « nettoyer la terre russe de tous les insectes nuisibles », entendez de tous ceux qui ont quelque indépendance par rapport au pouvoir en place, poètes, errants, popes, petits paysans (90 % de la population russe d'alors), petits commerçants et artisans, ouvriers indisciplinés... Le pouvoir au peuple révolté! disaient les révoltes d'antan, sans jamais définir absolument ce qu'elles entendaient par peuple au pouvoir, inscrites qu'elles étaient dans une culture et un tissu social qui le définissaient pour elles. Par là, elles paraissent toutes avoir failli à un regard moderne : elles n'ont pas recommencé le monde à zéro. Tout au contraire, la révolution scientifique se donne tout pouvoir sur le passé pour le prendre sur l'avenir et finit par chanter : tout pouvoir au pouvoir.

La notion d'idéologie est de création récente et apparaît, comme par hasard, juste à la suite de la Révolution de 1789. Avant que la plume soit simplement pensée comme une « arme », l'armée de la plume comme une armée et l'idéologie comme un moyen (bon ou mauvais) de reconstruire (scientifiquement) le monde à partir de rien, qu'en est-il? Si on ne veut pas céder à l'illusion rétrospective il faudra prendre l'idéologie comme un sens très large qui échappe aux tâches (bonnes ou mauvaises) qu'on assigne aux idéologies modernes. Ainsi Dumézil : « La fonction de la classe particulière de légendes que sont les mythes est en effet d'exprimer dramatiquement l'idéologie dont vit la société, de maintenir devant sa conscience non seulement les valeurs qu'elle reconnaît et les idéaux qu'elle poursuit de génération en génération, mais d'abord son être et sa structure mêmes, les éléments, les liaisons, les équilibres, les tensions qui la constituent, de justifier enfin les règles et les pratiques traditionnelles sans quoi tout en elle se disperserait [1]. » Dans ce cas, idéologie et révolte font deux. Elles sont liées : la révolte se réclamera de l'idéologie du peuple qu'elle défend, l'idéologie peut à sa manière raconter des révoltes. Mais elles n'ont pas le même point de départ : dans l'idéologie au sens large une collectivité s'adresse à elle-même, dans la révolte elle s'adresse à ses ennemis. L'idéologie de la mythologie propose des solutions aux contradictions « au sein du peuple », la révolte est un moyen de résoudre une contradiction belliqueuse entre le peuple et ce qui ne l'est pas. Entre les deux fêtes, charivaris et carnavals font le pont.

Au contraire les idéologies modernes prétendent inscrire leur loi sur la page blanche d'un avenir vierge de tout passé avec des peuples libres de toutes traditions. Les révoltes, devenues alors révolution par la grâce de l'idéologie, ont le même point de départ que l'idéologie devenue science, parce que science de la révolution : toutes deux le cherchent dans cette rupture avec le passé qui semble rendre « tout possible ».

### Le terrorisme idéologique dans la révolte moderne

Toutes les révoltes des temps passés ont échoué. Devant quoi? Devant la prise du pouvoir. Echec des paysans allemands à l'époque de Luther (Engels). Echec des Communards parisiens partant à l'assaut du ciel (Marx). Ils n'ont pas pris, encore moins gardé le pouvoir. Ils ne se fixaient point ce but? Aveu d'un double échec! Leur révolte ne fut point une révolution réussie et leur idéologie était confuse.

Cet apparent échec (pour tous les esprits modernes,

1. *Heur et malheur du Guerrier.*

pas seulement les marxistes) fait énigme : les révoltes ne posent pas de but en blanc la question du pouvoir, elles défendent simplement la manière propre par laquelle une collectivité résout ce problème ailleurs — mythologiquement, structuralement, plus ou moins inconsciemment, voire démocratiquement. On se révolte pour pouvoir poser la question du pouvoir, non pour la résoudre. Se donner les moyens de la question ne revient pas à imposer une réponse.

Pain, paix, terre, liberté : les exigences qui agitent les paysans-soldats russes de 1917 renversent un pouvoir, le pouvoir tsariste, mais ne résolvent pas *la* question du pouvoir. L'idéologie moderne se trouve alors prête à interroger la révolte (« sans théorie révolutionnaire pas de mouvement révolutionnaire », selon Lénine). Elle demande : que veux-tu? — c'est la question de la révolution. Que proposes-tu? — c'est la question de l'Etat. La révolution change tout et l'Etat organise tout.

Chaque révolte tire sa force de gagner la majorité. En élargissant la majorité à gagner, on maîtrise la révolte au nom des révoltes. Les Vendéens sont majoritaires en Vendée, minoritaires en France, leur révolte prise dans le cadre de la Révolution française est réprimée comme fédéralisme, puis comme contre-révolution. Cette opération « élargissement de la cible » ne concerne pas simplement le territoire, mais aussi bien les buts de la révolte : le paysan qui a renversé le tsar pour conquérir la terre qu'il travaille devient rapidement contre-révolutionnaire aux yeux de qui instaure une société sans classes, sans inégalité aucune, donc sans propriété. Le prolétaire qui tient au droit de grève, à la limitation conquise du temps de travail, etc., devient vite « économiste », petit-bourgeois lorsqu'on l'appelle à « lutter contre l'égoïsme », soit parce que la patrie est en danger, soit parce que la lutte est finale et qu'il doit accepter de tout perdre pour pouvoir exercer le pouvoir en tout. Les révoltes sont bridées, refoulées, à l'occasion massacrées, au nom... des intérêts généreux de la révolte, devenue révolution.

Les révoltés ont tout à vouloir : premier et dernier mot des idéologies modernes. Valeurs, idéaux, liaisons, équilibres, tensions, tout ce par quoi une collectivité se règle et se décide, ce que Dumézil désigne en bloc comme « idéologie » dans les sociétés anciennes, toute cette vie collective passe pour être redéfinie à nouveau. La révolte moderne sera radicale, mais à peine se trouve-t-elle investie de ce pouvoir de la table rase qu'il lui échappe : la cible est placée si haut qu'elle se met hors d'atteinte d'une révolte ordinaire; il faut un géant de la pensée pour décocher la flèche; il faut que les révoltés se laissent guider par ceux qui possèdent la science de la révolution. Radicaliser la révolte et en faire un objet de science, on donne les deux pour le prix d'un seul!

On demandera : quelle est la révolte qui ne prétende pas avoir un monde à gagner? Cette promesse ne serait-elle pas à mettre au compte du millénarisme spontané des foules, exacerbée à l'occasion par le messianisme d'une élite démagogique? Cette vue trop générale manque une distinction essentielle; le monde à gagner auquel toute révolte se réfère est proposé de façon toute spécifique aux modernes non pas à côté, au-delà ou en deçà, mais seulement au bout de la révolte. « La révolution va jusqu'au fond des choses » (Marx).

Leur monde à gagner, les révoltes le posent comme déjà là dans la vie d'une collectivité rebelle à « l'occupant » (que cette occupation soit sociale — la chasse du seigneur, le patron « lock-outeur » — ou ethnique). Non point qu'elles soient conservatrices, car la dynamique des révoltes transforme les révoltés et régénère la collectivité. Mais la révolte ne se donne pas pour tâche de « tout » définir à nouveau, elle est dans son monde à gagner comme poisson dans l'eau. Sauf quand on l'affirme Révolution, acte d'absolue naissance, accouchement violent.

Entre les révoltes et la moderne révolution qui forge une société et un homme nouveau, une « science » assure le passage, saisit la révolte et la catapulte dans les hautes sphères des re-créateurs du monde. La science de la révolution est le commencement de la sagesse moderne et de la science des sociétés. Pas seulement pour les révolutionnaires. Le père de la dialectique marxiste, le philosophe allemand Hegel, n'est en 1825, depuis des décennies, plus un extrémiste, s'il l'a jamais été; on l'accuse même, un peu légèrement, d'être devenu le « philosophe officiel de l'Etat prussien », homme d'ordre, il n'en tient pas moins à saluer la Révolution française : « Depuis que le soleil se trouve au firmament et que les planètes tournent autour de lui, on n'avait jamais vu l'homme se placer la tête en bas, c'est-à-dire se fonder sur l'idée et construire d'après elle la réalité... C'était donc là un superbe lever de soleil. Tous les êtres pensants ont célébré cette époque. Une émotion sublime a régné en ce temps-là, l'enthousiasme de l'esprit a fait frissonner le monde... »

Hegel ne célèbre pas la révolution en souvenir de ses juvéniles enthousiasmes : cette formidable impression, c'est l'homme d'ordre qui la reçoit.

Très vite, la révolution est devenue ce au nom de quoi on maîtrise les révoltes. S'il convient de reconstruire le monde entier à partir de la théorie, le révolté sera vite convaincu d'irresponsabilité. Mieux, il se convainc lui-même. Les descriptions et les interprétations « scientifiques » des révolutions sont innombrables, mais la tâche semble unique que la révolution assigne à l'homme moderne : faire surgir un ordre définitif d'un chaos supposé absolu. Canoniques également, les étapes dans lesquelles se développe ce drame éternel :

*La préparation idéologique*

La révolution violente est précédée d'une révolution « silencieuse » (Hegel) qui bouscule les préjugés, révolutionne les esprits, dépouille l'Ancien Régime de sa traditionnelle légitimité. On ne croit plus. Tout vacille. L'exemple type de cette première étape est offert par la « philosophie des Lumières ». Pourtant Voltaire, Diderot et même Rousseau, tous conseillers des despotes éclairés, ne programment pas 1789. Ni Lénine, 1917. Si Mao fut préparé « par le marxisme-léninisme », ce fut à tout, sauf à frayer avec les gueux des campagnes. Historiquement, cette étape première est pure reconstruction arbitraire. Reste Hegel : « Toutes les révolutions importantes et qui sautent aux yeux doivent être précédées dans l'esprit de l'époque d'une révolution secrète qui n'est pas visible pour tous... » Reste Mao : « Pour renverser un pouvoir politique, on commence toujours par préparer l'opinion publique et par faire un travail idéologique. » Depuis deux cents ans la science passe pour déclencher la révolution et le révolté pour s'allumer à la science.

*Le terrorisme ou la montée aux extrêmes*

Le rayonnement des esprits est mortel, non seulement pour l'« ancien régime » en ruine, mais également pour les esprits. S'ils se retournent les uns sur les autres — c'est le règne de la loi des suspects. Chacun transportant dans sa tête des pensées dynamite, il est compréhensible que la révolution fasse tomber les têtes, « comme des poireaux », précise Hegel, en tombeau aux guillotinés de 1793.

Cette deuxième étape, tous les penseurs et idéologues l'ont à l'esprit quand ils théorisent la lutte à mort, soit lutte des consciences (Hegel), soit aliénation et lutte des classes (Marx).

*Savoir terminer une révolution*

« Le fleuve rentre dans son lit » (Trotski). La stabilisation s'impose, dont Hegel (pensant à Napoléon) a recensé les thèmes fondamentaux : union contre la menace extérieure, fin des tempêtes et paix civile à l'intérieur, redivision officielle de la société eu égard aux fonctions, aux compétences, voire aux richesses. De là, les grands travaux présentés à l'Etat par la « Raison hégélienne » ou la « Dictature du Prolétariat » : la guerre, la domination politique de l'économie, l'ordre et l'éducation de la majorité.

Entre les deux dernières étapes, le rapport est plus étroit encore qu'entre la première et la seconde. Il faut bien que la lutte supposée à mort cesse; tout le radicalisme affiché des révolutions culturelles maoïstes n'empêche que la normalisation s'annonce d'entrée en toute mobilisation de masse : « Se préparer en prévision d'une guerre et de calamités naturelles et tout faire dans l'intérêt du peuple » (Mao), c'est déjà en appeler aux fonctions essentielles reconnues à l'Etat pour combler l'abîme creusé à coups de luttes à mort. Qui a pensé, au départ de toute révolution, la toute-puissance de la préparation idéologique, qui l'a vécue, non comme dîner de gala mais comme dévoration réciproque, doit aboutir nécessairement au Directoire, à l'Empire ou à la N.E.P., ces figures transitoires d'une éternelle troisième étape. Malraux projette ce schéma dans la révolution espagnole : l'espoir, l'apocalypse et l'organisation de l'apocalypse (en l'occurrence l'ordre du Parti communiste et des policiers russes à Madrid).

L'histoire des révolutions peut être ainsi contée comme l'histoire des masses qui se cultivent (première étape), s'éduquent dans l'angoisse (deuxième étape) et s'autodisciplinent (troisième étape). Ou contée comme l'Iliade de l'Etat qui perd son ancien régime (1), s'évanouit dans une crise (2) dont la profondeur le fera ressortir d'autant plus rationnel et implacable (3). Ou fabulée comme l'Odyssée des intellectuels qui pensent librement et anarchiquement (1) : « règne animal de l'esprit », dont l'anarchie devient sanglante (2) et à qui l'angoisse fait retrouver leur raison, principe d'ordre (3). Aussi bien : la rectification d'une déviation idéaliste de droite (1) par une déviation aventuriste de gauche (2) au bénéfice final d'une autorité qui se garde à gauche comme à droite. Aussi bien : les mésaventures des jeunes générations qui croient tout permis (1) et finissent mal (2), à moins de faire une fin (3).

Ce qui fonctionne comme révolution radicale est une moderne matrice d'ordre qui, au nom de la révolte ellemême, soumet le révolté à la science, une révolte à la Révolution, la collectivité au terroriste providentiel. Etape première : la science peut tout; étape seconde : la collectivité peut n'importe quoi; étape terminale : l'Etat fait l'ordre. On conçoit qu'une même idée de la révolution puisse être commune aux pacifiques et aux violents; tous ces scientifiques chemins mènent sinon à Rome du moins au pouvoir central de l'Etat moderne.

La révolution s'avère expérience mentale plus qu'historique, moment initial où la science (humaine) de l'organisation de la société inscrit sur la feuille vierge de la société présente l'épure calculée de la société future. En somme, la révolution est, pour un moderne, le moment où on passe de la préhistoire à l'histoire, de la nature à la culture, du règne de la nécessité à celui de la liberté. Moment d'initiale initiation autour duquel tournent tous les mythes anciens, selon Lévi-Strauss. Ce qui donnerait à penser qu'en s'étant laissé investir de l'intérieur par la révolution, les révoltes du siècle se sont inscrites tout naturellement dans les modernes — donc scientifiques — mythologies qui décrivent l'origine « future » de l'homme et de la société humaine. « Mon frère Evguéni disait que le rôle déterminant dans la mise au pas des intellectuels avait été joué, non pas par la peur ou la corruption (bien que ni l'une ni l'autre eussent fait défaut), mais par le mot Révolution auquel on ne voulait renoncer à aucun prix. Ce mot était pourvu d'une force si grandiose qu'on ne comprend même pas pourquoi nos maîtres ont eu besoin des prisons et des exécutions massives [1]... »

### La révolte interminable

L'ossification des révoltes sous la charge de la révolution finale et radicale naît d'un refus : il s'agit d'éliminer ou d'oblitérer le caractère proprement *interminable* que les révoltes semblent partager avec les psychanalyses — selon

1. N. MANDELSTAM : *Contre tout espoir.*

Freud — réussies. Quand s'arrête la Révolution française? En 1791, comme l'affirmait déjà Barnave? Avec le sommet jacobin, comme le déplore la moyenne des historiens léninistes devant la chute de Robespierre? Avec le Directoire qui institue la République « des affaires » et « des professeurs », comme l'insinuent d'autres historiens? Avec Bonaparte, proclamant un 18 Brumaire : « La révolution est finie » ? Avec Louis-Philippe, qui scelle définitivement le caractère bourgeois de la France (Albert Soboul) ? Acteurs, historiens, philosophes semblent bien en peine de terminer la révolution autrement que par arbitraire.

La Révolution française, comme toutes les révolutions, n'est peut-être qu'un nœud de révoltes concourantes mais aussi bien concurrentes; seul l'Etat prétend les unifier définitivement par leur annulation légale. Les révoltes ont deux manières de se reconnaître dans la révolution de 1789. La première est de s'y mirer terminées; la révolution est alors l'acte de naissance d'un ordre moderne qui terrorise définitivement les révoltes. Point de vue de l'Etat et de la science de la Révolution. Ou bien, seconde référence, la Révolution est sans cesse recommencée sans elle-même avoir jamais vraiment commencé. Machiavel, à la lumière des révoltes de Florence, signifiait déjà que l'Etat avait cycliquement à renaître en se dissolvant dans des mouvements populaires.

C'est étrangement une idée analogue que certains passages de Marx semblent insinuer. Il explique que les révoltes ouvrières, loin d'entraîner la chute de l'économie dominante, sont au contraire facteur irremplaçable de son renouvellement, de sa modernisation et de son expansion. Double ironie qui fait que les révoltes, quoiqu'elles en aient, ne sont pas définitives ni finales, puisqu'elles renouvellent leur adversaire; réciproquement, cet adversaire ne se conserve pas par conservatisme, mais au contraire en se laissant secouer par les révoltes. Aujourd'hui, l'économie moderne fonctionne mieux à l'Ouest qu'à l'Est parce qu'elle y est plus contestée et que les possédants ne s'y peuvent assoupir dans leur propre graisse : « (...) Depuis 1825, presque toutes les inventions furent le résultat des collisions entre l'ouvrier et l'entrepreneur, celui-ci cherchait à tout prix à déprécier la spécialité de l'ouvrier. Après chaque nouvelle grève tant soit peu importante, surgit une nouvelle machine[1]. » Misère de la planification soviétique : pas de « nouvelles grèves tant soit peu importantes », donc pas de nouvelles machines, donc stagnation. Marx dit encore : « Ricardo fait cette juste remarque, que les machines sont en concurrence perpétuelle avec le travail et que, bien souvent, il faut attendre, pour les introduire, que le prix du travail soit convenablement élevé... »

Entendez ce « convenablement » ! Sainte expansion ! Sainte révolution technique et scientifique ! Combien de grèves, de manifestations, d'émeutes, combien de révoltes individuelles et collectives sont nécessaires pour élever « convenablement » le prix du travail et, par là, inciter les possédants à lancer de nouvelles recherches, rentabiliser des inventions, investir dans un développement ?

Les révoltes font la force productive de l'histoire moderne. Pas seulement les révoltes des ouvriers anglais, qui forcent, par contrecoup, l'accélération du développement technique et capitaliste. Aussi bien les révoltes américaines de 1930, qui entraînent un virage dans les rapports entre les différents secteurs de la production, engendrant la production massive de moyens de consommation qu'on nomme abusivement « société d'abondance ». En limitant le taux de chômage supportable par une société moderne, les luttes qui accompagnèrent la grande crise économique de 1930 ont infléchi toute la vie économique, réorienté les investissements, etc. Les révoltes anti-guerres du Viêt-nam et la résistance des contestataires russes risquent également d'exercer leur influence jusque dans cette « base économique » que les experts marxistes et libéraux pensent à mille lieues

1. K. Marx : *Misère de la philosophie.*

des remous « psychodramatiques » des révoltes actuelles.

A condition d'abandonner les œillères idéologiques des révolutions finales et des contre-révolutions apocalyptiques, on découvrira dans les révoltes sociales, intellectuelles et culturelles, ni tout, ni rien, un ressort de l'histoire, le sel de la terre.

# Conclusion

Il ne saurait être question de conclure, ni même, comme dans les tomes précédents, de marquer des repères. Puisque, tout au long de cette recherche, le point de vue des philosophies de l'histoire, quelles qu'elles soient, a été récusé comme imposant *a priori* et autoritairement un sens unique au devenir des sociétés et des hommes, l'idée de dresser un bilan est déjà exorbitante. Elle supposerait qu'on puisse assigner un ordre d'apparition qui soit en même temps un ordre d'intelligibilité. Or, ce qui apparaît — et il importe de s'en tenir fermement à ces apparences —, c'est une dispersion temporelle et territoriale des idées et des assemblages d'idées. S'il est possible d'unifier conceptuellement des problématiques — celle du capitalisme naissant, celle de l'Etat-nation ou celle de l'Etat savant —, on constate, quant aux réponses idéelles qui sont inventées pour les penser ou pour fournir des justifications aux forces politiques qui s'en emparent, que ces réponses n'émanent point d'un centre préconstitué — une classe sociale, par exemple —, qu'elles ne se réduisent pas à la mise en forme des intérêts conscients ou inconscients de ce centre — qu'elles ne sont pas « fonctionnelles » —, qu'elles ne viennent pas, en leur temps, occuper une place dans le déploiement des figures de la culture universelle. On constate qu'elles sont contingentes. Cela ne signifie nullement qu'elles sont des « créations » de la subjectivité nue, ou qu'elles sont des élucubrations. Ce sont des réponses précisément, qui s'élaborent dans un contexte dont la diversité ne s'étend point à l'infini, usant d'un langage sémantiquement analysable et de moyens intellectuels — la tradition — historiquement dénombrables.

La relation de l'idéologie au pouvoir n'est ni de détermination, ni même d'expression. Elle est, du côté du pouvoir, de captation (et de détournement) et du côté de l'idéologie, d'effort, plus ou moins réussi, de dépassement ou, plus exactement, de débordement. Cet effort s'est accru à l'époque contemporaine, à cause probablement de l'importance prise par les moyens de communication de masse, au point que cette puissance de débordement est, plus que par le passé, utilisée, en tant que telle, comme instrument d'assujetissement politique. Il n'y a pas si longtemps — une dizaine d'années —, on se plaisait à proclamer, de la Maison Blanche à la Place Rouge, en passant par leurs relais européens et « tiers-mondistes », la mort des idéologies : au nom de la science, de la positivité logique et expérimentale sur les rives « systémiques » de l'Atlantique, ou du socialisme scientifique enseigné dans l'Est du vieux continent. Or, jamais les idéologies n'ont été aussi actives : elles servent à légitimer le calcul étatique, à masquer la précarité des sociétés civiles, à juguler les révoltes, comme l'établit la quatrième partie de cet ouvrage. Certaines d'entre elles affichent une grande rigueur formelle, d'autres puisent dans l'arsenal des « idées-forces » des peuples concernés, d'autres enfin, plus raffinées, jouent de l'inconsistance et de l'ouverture. Toutes sont le produit de bricolages dans les opérations et les matériaux desquels se mêlent des éléments divers. Et bien qu'elles soient l'objet des soins empressés des préposés qui en ont la charge, on se demande souvent quelle force de persuasion elles pourraient exercer si elles n'étaient assorties des moyens classiques de la répression gouvernementale — l'armée et la police — à laquelle s'ajoute aujourd'hui plus qu'auparavant le lourd quadrillage matériel de l'existence que l'organisation technobureaucratique fait peser sur les sociétés et les individus.

Dès lors, ce qu'on peut tout juste faire dans ces pages finales, c'est dessiner à grands traits un croquis de la situation contemporaine. Il est aisé de caractériser celle-ci par le partage du monde entre deux idéologies dominantes, ayant pour pôles les deux super-puissances qui seront qualifiées, selon les convictions, comme étant l'une capitaliste, impérialiste, cosmopolite, bourgeoise, ou libérale, universaliste, démocratique et progressiste, comme étant l'autre collectiviste, expansionniste, bureaucratique, autoritaire ou socialiste, internationaliste, planificatrice et scientifique. Chacune dira de l'autre qu'elle représente le passé et qu'elle-même exprime et porte la modernité; et à y regarder, même rapidement, il est bien clair que l'une et l'autre, à se situer sur leur terrain commun, disent vrai. A époque régulière, quelque groupe de nations — comme ce fut le cas à Bandoeng — ou quelque gouvernement — cela a été naguère la prétention de la Chine populaire — annonce la bonne nouvelle d'une autre conception du monde qui, elle, saurait se dégager des positions partisanes. Rien de ce qui est venu des Etats (ou des institutions internationales — l'O.N.U. — ou cosmopolites — la papauté romaine par exemple) n'a manifesté l'amorce d'une quelconque réussite de cette prétention. Il peut être amusant de dresser un tableau des traits pertinents antithétiques. La passion polémique ou sceptique s'y exerce volontiers. Mais le plaisir est bien vite gâté par le fait que l'opposition s'effiloche lorsqu'on s'aperçoit que bien des caractères s'échangent — ou qu'ils se retournent — pour peu qu'on interroge les pratiques dont ces constructions idéelles affirment rendre compte. Il en est de même lorsqu'on tente, à l'intérieur d'un même camp, de découper des variantes « locales » : ou bien c'est un jeu de l'esprit ou bien, si l'on procède sérieusement, les espèces de chaque genre constituent autant de pièces d'un puzzle dont on se demande si certaines n'entreraient pas plus aisément chez le voisin. Les régimes dont les constitutions et le droit se réclament du libéralisme politique savent mettre au point des réglementations et des techniques d'administration, lorsque commande « la raison d'Etat » ou lorsqu'il s'agit de protéger une féodalité qui paraît particulièrement précieuse aux gouvernants en place, qui ne le cèdent en rien, quant à l'autoritarisme et à la pratique du secret aux régimes qu'ils condamnent à juste titre comme totalitaires. Et ceux-ci, qui exhibent bien souvent comme légitimation à l'ordre qu'ils imposent, les impératifs de l'intérêt général, ménagent une large place à des procédures de gestion n'ayant rien à envier au « sens des affaires » et à la recherche des profits personnels si durement reprochés aux tenants du Capital.

Au vrai, les deux conceptions du monde, qui n'hésitent pas à user de la force armée et des différentes variétés de contrôles massifs et de camps de concentration pour être tenues pour dominantes, ont un fond commun. Formellement, ce fond revient au fait qu'elles sont la légitimation et l'apanage du pouvoir d'Etat, de ces Etats riches et puissants dont Noam Chomsky, après le président Eisenhower a dit que le noyau est formé par un « complexe militaro-industriel ». Dès lors, dans la mesure où des pouvoirs d'Etat, qui se veulent éternels comme la Providence, sont en droit de soutenir ce qui peut les maintenir et accroître leur durée, ils accueillent et renforcent les ensembles d'idées dont ils jugent qu'ils ont cet effet. « Libérales » ou « socialistes », les idéologies d'Etat, aujourd'hui, entretiennent, avec plus ou moins d'autorité ou d'habileté, tout ce qui légitime l'idée que la forme étatique est inéluctable. Hors de l'Etat, point de salut ! Arbitre, patron, puissance tutélaire, émanation ou produit de tous, il est posé comme ce sans quoi ni les individus ni les groupes ne pourraient trouver la sécurité, la justification de soi, le bonheur matériel possible ou légitime — bref, « l'humaine vie », comme disait déjà Aristote. Mais, au temps d'Aristote, l'« Etat » n'était point séparé de la société.

Actuellement, par différents procédés et manipulations, il se dresse comme la nouvelle idole, comme le juge de ce qui est au-dessus des tracas et des petites joies des hommes. Il est la Nécessité une qui, pour se mieux asseoir, monnaye une part de son pouvoir — selon des modalités diverses, qui, elles, pourraient permettre, d'une certaine manière, de distinguer des espèces à l'intérieur d'idéologies d'Etat contemporaines — à des institutions publiques ou privées qui ne peuvent requérir l'obéissance qu'autant qu'elles s'inscrivent dans cette toute-puissance.

L'autre notion commune repérable est la Science. Voilà qui distingue profondément la rationalité classique qu'on a vue à l'œuvre de l'Age des Lumières à Hegel, des formes contemporaines de la Raison. Aujourd'hui, alors que les disciplines formelles et expérimentales constatent la constante diversification de leur champ d'investigation, alors que l'unité de la Science, pour le plus grand bien de la recherche, est de plus en plus mise en question, la Science est exaltée comme naguère les métaphysiciens adoraient l'idée du Savoir. La forme Savoir de la métaphysique demeure, alors que les connaissances fondamentales s'attachent à échapper à ce carcan. L'extrême spécialisation des sciences est recouverte par l'unité autoritaire de l'administration scientifique. Et comme, d'autre part, l'évolution propre de la recherche et l'exigence de réalisation technique qui lui a été associée impliquent la mise en œuvre de moyens considérables, les sciences comme « forces productives » se sont vues progressivement intégrer aux lourdes machineries d'Etat. L'épisode de la conquête de l'espace — telle qu'elle s'effectue maintenant — est un des aspects de cette intégration. De mince intérêt pour la recherche scientifique, semble-t-il, et de grand profit pour les Etats ! La rationalité contemporaine a des mains. Et il ne faut pas s'en réjouir. Ce sont celles des technobureaucrates qui confisquent les connaissances pour les « appliquer » — de quelle façon ! si l'on en juge par ce qui reste des sciences sociales lorsqu'elles deviennent instrument de gestion — et pour les utiliser pour organiser les sociétés dans, par et pour les Etats. Ce n'est pas seulement dans la guerre que les sciences ne sont plus innocentes, c'est aussi dans cette paix menacée qu'on appelle la « sécurité ». Positiviste et logicien, matérialiste et dialectique, l'ordre idéologique dominant souscrit aux mêmes valeurs. Ni d'Alembert, ni Kant, ni Hegel, ni Marx ne sont responsables de cette situation. Il y a le fait du pouvoir d'Etat, présent, actuel, agissant, qu'il y a à comprendre l'efficace. Cela veut-il dire qu'il n'y ait pas de débat idéologique ? Que c'en est fait précisément de la lutte des idées ? Ce serait aller vite en besogne que de l'affirmer. Car tout ne vas pas pour le mieux. Beaucoup s'en faut. Hegel voyait juste lorsqu'il concevait que le seul Etat tranquille, parce que sûr d'avoir maté la société, est l'Etat mondial. Celui-ci n'est pas en vue. C'est plutôt l'autre mouvement qui s'amorce : celui d'une diversification des puissances et des pouvoirs se développant en dépit des normalisations unificatrices de l'Etat. Il y a aussi les révoltes ; il y a aussi la non-obéissance, qui consiste à se mettre à distance, là où cela est possible, de la machination étatique. L'auto-éducation du genre humain, disait-on au Siècle des Lumières... L'auto-éducation des individus, des groupes, l'audace de comprendre que le pouvoir que se donnent l'Etat et les institutions intra et paraétatiques n'a d'autre source que la puissance qui est en chacun. Contre les désordres du Capital dont le corps subtil s'épand sur l'ensemble de la planète et les irrationalités d'un pouvoir technologique désormais incapable de se maîtriser, contre l'accumulation d'armes de destruction dont le potentiel ne cesse de grandir, contre l'injustice lourde de menaces et d'horreur qu'impliquent l'opulence de l'hémisphère Nord et l'insupportable misère de l'hémisphère Sud, ni le système qui continue de se prévaloir du libéralisme, ni celui qui, par un véritable déni de signification, se nomme socialiste ne semblent capable d'apporter de remèdes. La politique des Etats, grands, moyens ou petits, qu'il marchent en « blocs » (deux ? trois ? quatre ?) ou fassent mine de se concerter au sein d'Assemblées internationales, est disqualifiée. Aux féodalités économiques, militaires ou partisanes les vieilles Eglises à vocation universaliste (accompagnées en cela par de nouvelles sectes qui ne trouvent à opposer à l'eau trouble des politiciens que l'eau tiède de la bonne conscience) militent pour un renouveau spirituel dont, exclue la guerre sainte, les effets risquent de ne point aller au-delà de ceux que produisent les entreprises charitables ou les missions de bons offices. Comme naguère celle de Beauté, l'idée de Révolution est rassise. Bien qu'objet d'innombrables rabachages, la seule perspective qui paradoxalement possède aujourd'hui quelque nouveauté est celle de *démocratie* : théorisée de multiples manières en des contextes divers, sa dynamique n'a jamais pu *s'exercer* pleinement et durablement, sinon par bribes. Cette dynamique qui sitôt institutionnalisée, défait ce qu'elle ordonne, paraît seule capable de contrecarrer, de manière réaliste, les inerties de la société et les pouvoirs exorbitants des Etats et de leurs bastilles scientifico-techniques. C'est en elle probablement que s'exprime actuellement la puissance inventive qu'on a constamment rencontrée dans cette *Histoire des Idéologies*, puisque celles-ci témoignent tout autant des contraintes pesant sur les collectivités que de la liberté dont ceux qui les constituaient firent *preuve*...

François Châtelet

# TABLE DES MATIÈRES

Achevé d'imprimer sur les presses de **Scorpion**,
à Verviers pour le compte des Nouvelles Editions **Marabout.**
D. 1981/0099/147
ISBN 2-501-00130-3